教育部人文社会科学重点研究基地

浙江大學
漢語史研究中心

浙江大学汉语史研究丛刊

汉语平比句和比拟句历史发展与演变机制研究

高育花 著

中西書局

本书出版得到浙江大学汉语史研究中心资助

丛书编委会

目　　录

绪　论*

一、有关汉语平比句和比拟句的理论问题

比较和比拟是人类认知世界的重要手段，各种语言都有表达比较和比拟的方式。从《马氏文通》开始，汉语语法学界就注意到比较这一语法范畴。Greenberg（1963）通过对30种语言的研究，提出了45条主要和语序有关的语法普遍现象，其中第22条和形容词的比较结构有关："在形容词比较级结构中，如果唯一的或可能交替的语序之一是基准—标记—形容词的话，那么这种语言是后置词语言。如果唯一的语序是形容词—标记—基准，那么这种语言除了偶然出现的情况外，绝大多数是前置词语言。"①现代汉语是前置词语言，也有专门的比较标记，典型的比较结构语序却是标记—基准—形容词，不属于上述两种比较句语序结构中的任何一种。汉语比较结构的语序与Greenberg这一研究结论的相悖，再次引起了海内外学界对汉语语序尤其是汉语比较句语序的关注。

关于汉语的比较范畴，早期学者多从语义角度出发，比照印欧语系来构建，比如马建忠（1898）、太田辰夫（1958）的"平比、差比和极比"，黎锦熙（1924）的"平比、差比和极审决"。21世纪，学者们开始试图将语义和句法结合起来，进一步明确汉语比较范畴的范围。刘

---

* 该章中部分内容曾在《励耘语言学刊》2016年第2辑（总24辑）刊出，此处有修改。

① 参看 Joseph H. Greenberg：《某些主要跟语序有关的语法普遍现象》，陆丙甫、陆致极译，《国外语言学》1984年第2期。

焱(2005)从认知语法学的角度提出比较是一种“语义—句法”范畴，指出从内涵上来看，汉语表示比较的语义范畴只有“平比”和“差比”两种。许国萍(2005)利用认知语言学的原型范畴理论(prototype category)和处理句法范畴的方法，通过确定核心成员的8个属性①，建立了汉语比较范畴的句法性范畴。虽说比较范畴的建立始终存在争议，但“平比”和“差比”却一直是各家比较范畴的典型成员。关于比较句，学界也从语义功能和句法特点上给出了明确的界定：“比较句，就是表示比较关系且由相关的比较参项构成一定格式的句子。”②从比较句已有研究成果看，近十年来，重差比句轻平比句的现象虽然有一定程度上的改观，但关于汉语平比句和比拟句，依然有较大的研究空间。

1.1　学界关于平比句和比拟句的界定问题

由于汉语平比句和比拟句往往采用相同的句法形式③，甚至相同的形式标记，因而在以往的研究中，平比句和比拟句常常纠缠在一起。同一材料，有的学者处理成比较句，有的学者处理成比拟句。另外，因为“古今比较句差异显著，治汉语史的学者关心较多；至于比拟，它向来是修辞学研究的对象，历史语法学家少有涉足。由于缺乏通盘考虑，两者如何区分的问题一时未能深究”④。

国内对平比句最早作出界定的是马建忠的《马氏文通》，从而也

---

① 这8个主要属性是：(1) 至少有两个参与者，一个是比较主体，一个是比较基准。(2) 参与者属于同一范畴，且一般为基本范畴的事物。(3) 参与者有明确的指称。(4) 参与者的所指不同。(5) 参与者具有共同的属性，这个属性通常可以明确出现。(6) 参与者之间的比较关系明确，而非隐含的、推理的。(7) 比较结果清晰。(8) 比较结果是从和比较基准的比较中得出的，不是独立存在的。参看许国萍：《现代汉语差比范畴研究》，博士学位论文，复旦大学，2005年，第27页。

② 参看李蓝：《现代汉语方言差比句的语序类型》，《方言》2003年第3期。

③ 从句法形式上看，比拟句和平比句相关；但从语义上看，不少比拟句更类似于修辞学中的比喻。本研究的着眼点主要是语法形式与语义的匹配关系，所以不再从修辞角度进一步细分比拟句和比喻句，而一律称之为“比拟句”。

④ 参看李崇兴、丁勇：《元代汉语的比拟式》，《汉语学报》2008年第1期。

开创了现代语言学意义上的汉语平比句研究的先河，“平比者，凡象静字以比两端无轩轾而适相等者。等之之字，为‘如’‘若’‘犹’‘由’诸字，参诸所比两端以准其平”（吕叔湘、王海棻，2000：234）。从定义中可以看出，《马氏文通》对平比句的定义完全从语义出发，不涉及语法形式，也未区分平比句和比拟句。此后学者多沿用这一框架进行研究。

吕叔湘（1993：353、357）从表达论的角度出发，指出“比拟”“近似”均属比较句，比拟“表示两物或两事之间的类似关系，白话用‘象’，文言用‘似’‘如’‘若’‘犹’等”，近似“就是明明不会有这样的事，只是就象有这样的事似的。表示这种近似的概念，白话用‘象’和‘似的’；文言多用‘若’字，‘如’字较少，更不用‘犹’，底下常有‘然’字或‘者’字相呼应”。可以看出，吕先生在论述比较句时虽然也是从语义角度出发的，但已经涉及了比较标记问题；而从比较标记看，“比拟”和“近似”有交叉之处。此后，太田辰夫（2003/1958），史佩信（1993），李讷、石毓智（1998），刘焱（2004），许国萍（2005）等或从语义出发，或从语义—句法出发，大都将比较句分成两大类：平比句和差比句，但都没有明确区分平比句和比拟句。

李焱、孟繁杰（2010：2）明确指出，“所谓的平比还是比喻（比拟句），这只是从语义上的分类，从句式结构类型来看，两者是统一的”。该书还从语义、功能、形式三个方面对平比句进行限定。从语义上看，平比句是表示比较双方相同或相似的一种句式，包括三个层次：等比、相似、比拟。从功能上看，平比句分成两个层次：一个是平比结构直接充当句子的谓语，另一个是平比结构充当中心语的限定语。从形式上看，平比句具有两个成分：比较对象、比较标记。

与上述其他研究者对平比句和比拟句描述的语焉不详有所不同，李焱、孟繁杰明确指出平比句是比拟句的上位概念，比拟包含于平比之中。

从汉语历史发展看，平比句和比拟句的语义和句法形式并非都是泾渭分明,但在某些历史时期,有些平比句与比拟句的演变路径确实并不相同;即使具有相同结构形式的汉语平比句和比拟句,在深层形式上也还存在一定的差别。区分平比句与比拟句,对于汉语史上比较范畴演变的研究具有重要的意义。

丁声树等(1999: 107、108)是最早注意到比较句(平比句)和比拟句有所不同的学者,在讨论次动词"跟、和、同"语法意义和用法时,丁文指出"'跟、和、同'也常常用在表示比较的句子里,后头的格式很有限,最常见的是'一(个)样、一般、相同、相近'之类",并举了一些例子,但随即又指出:"严格地说,有的句子只是比拟,不是比较。"不过,丁文并未就比较和比拟的不同展开详细论述。

20 世纪 80 年代始,学界开始关注比较句与比拟句的不同。陆俭明(1980)在讨论"还""更"的不同时,开始注意到了比较句(差比句)与比拟句的不同,指出在"X 比 Y 还 W"句式中,句子中语句重音的不同,所表达句义也明显不同,当语句重音在"Y"上时,就是表示比拟。朱德熙(1982)则更进一步,不仅从语句重音的角度进行了考察,而且对句式结构也进行了对比。朱文指出,在"跟……一样"连用格式中,重音在"跟"的宾语上时,是修辞的比拟,说明两事类似,"跟"能换成动词"象","一样"能换成"似的";重音在"一样"上时,是实际的比较,说明两事相同,"跟"不能换成动词"象","一样"不能换成"似的"。而且两组格式的构造也不一样,表示比拟时,谓语部分是述宾结构: 跟+(N+ 一样);表示比较时,谓语部分是连谓结构: (跟+N)+一样①。

殷志平(1995)从语义的角度分析了比较类"X 比 Y 还 W"句和比拟类"X 比 Y 还 W"句的不同,殷文指出: 比较类"比"字句预设 Y 具

① 参看朱德熙:《说"跟……一样"》,《汉语学习》1982 年第 1 期。这里所谈的比较和比拟与欧洲语言(European languages)的平比结构(equative construction)和比拟结构(similarivc construction)有相似之处。平比和比拟拥有同形特征是欧洲语言的一种普遍现象,但在一些欧洲语言中,平比结构包括参数标记和基准标记,而比拟结构只使用基准标记。可参看 Haspelmath, M. & Oda, Buchholz. (1998)。

有 W 所表示的性状、程度，且 Y 处于 W 所表示的性状、程度的两极之间的某一位置；比拟类“比”字句预设在特定的语境中，Y 具有最高的性状、程度，Y 处于 W 所表示的性状、程度的极端位置，通常 Y 超过 X。

李崇兴、丁勇（2008）主要从语义出发提出两条区分标准：“第一，比较在同类事物之间进行，比拟在不同类事物之间进行；第二，比较是在参与比较的两项中作出异同高下的权衡与仲裁，比拟是以甲喻乙。比较主要是述实，比拟主要是想象”①。于立昌、夏群（2008）认为比较句和比拟句在语义功能上有区别，前者是一种叙实句，着重客观描述，而后者是一种说明句，强调主观看法，两者既有纠缠又有深层的语义区别。于、夏二人指出要根据句式语义内容、比较项和比较参项的同类与否以及功能语法的名词指称分类等，综合判断孰为比较句孰为比拟句。

魏阳阳（2019）认为，平比句和比拟句可以使用一套相同的表层句法形式，但深层语义范畴有一定的区别，平比范畴的基本语义特征可分析为[+显性比较][+显性相似][+排斥差异]，比拟范畴的基本语义特征可分析为[+隐性比较][+显性相似][+隐性差异][+显性夸张]，另外，语法化程度上也存在着平比标记<比拟标记的梯级差异。

现代汉语和古代汉语平比句的语序明显不同，学者们在关注平比句和比拟句不同时，多从现代汉语中选取例句进行比较分析，鲜有从汉语史的角度进行观察，所以学界所提出的划分标准是否适合区分各个历史时期的平比句和比拟句，还有待进一步考察。

1.2　基于历时考察的汉语平比句和比拟句界说

语法研究中的比拟句与平比句在语义上都是对事物之间关系加

① 参看李崇兴、丁勇：《元代汉语的比拟式》，《汉语学报》2008 年第 1 期。

以陈述、比较，以乙事物来说明甲事物。在形式上也非常相似：平比句有比较主体、比较基准、比较标记和比较结果四项；比拟句包括本体、喻体、比拟标记和比拟结果四项。另外，比较标记类型和比拟标记类型常常重合，如都有“若/似/如/与/同/像”和“一样/一般”等。因而在以往的研究中，同一材料，如《马氏文通》中所举“且君子之交淡若水，小人之交甘若醴”（《庄子·山木》），有的学者处理成比较句，有的学者处理成比拟句。但正如前面所说，汉语平比句和比拟句在深层语义范畴上存在一定差异，在某些历史时期，平比句和比拟句的发展路径也并不一致，因此，有必要对汉语的平比句和比拟句加以界定。

第一，从形式上看，汉语平比句都是一种表示程度等同的独立句式①，在具体上下文中，充当主语或话题的比较主体有时会省略②。不同历史时期，语序有所不同，分别是：比较主体+比较结果+比较标记+比较基准，比较主体+比较标记+比较基准+比较结果。例如：

（1）董阏于为赵上地守。行石邑山中，涧深，峭如墙，深百仞，因问其旁乡左右曰：“人尝有入此者乎？”（《韩非子·内储说上》）

（2）群橘少生意，虽多亦奚为？惜哉结实小，酸涩如棠梨。（唐·杜甫《病橘》）

（3）王子宫室、车马、衣服多与人同。（《孟子·尽心上》）

（4）道念其间，从水上流下一片大石，如席来大小。（《全相平

① Martin Haspelmarh with Oda Buchholz（1998）认为，在欧洲语言（European languages）中，比较结构符合西方语言中词素中心传统，而且比较结构是一种表达程度的形式，也可以看作一种表达程度的状语小句。

② 本书认为，有些平比句，虽然在具体的上下文中比较主体有时会省略，但比较基准、比较标记和比较结果一般不能省略，只有这样，才能够反映出比较主体和比较基准的程度关系，也只有这样的句法格式，才是真正的平比句。像“人主于说也，皆如燕王学道也”（《韩非子·外储说左上》）等比较结果没有出现的句子，都应视为只是表示等比关系的句子，而非平比句式。

话·武王伐纣》)

以上例(1)(2)比较主体“山”“实”都承前省略了,比较结果(“峭”“酸涩”)都位于比较基准(“墙”“棠梨”)前;例(3)(4)比较结果位于基准后,例(3)比较结果为形容词“同”,例(4)比较结果为名词“大小”,比较基准和比较结果之间还出现了表示概数的助词“来”。

而比拟句在形式上既可以是独立的句子,也可以是充当句子成分的结构(这时通常称为“比拟式”)。不同历史时期,比拟句主要有以下几种句法格式:本体+比拟标记+喻体,本体+比拟结果+比拟标记+喻体,本体+比拟标记+喻体+比拟结果。例如:

(5) 有鸟焉,其名为鹏,背若太山,翼若垂天之云。(《庄子·逍遥游》)

(6) 张晃出阵打话,二骑相交,惹起四野愁云,震起满天杀气;人似南山虎,马若北海龙。(《全相平话·秦并六国》)

例(5)中本体是“背”“翼”,喻体是“太山”“垂天之云”,比拟标记是“若”;例(6)中本体是“人”“马”,喻体是“南山虎”“北海龙”,比拟标记是“似”“若”。两句都未出现比拟结果。

(7) 是故圣王之德,融乎若日之始出,极烛六合,而无所穷屈;昭乎若日之光,变化万物,而无所不行。(《吕氏春秋·勿躬》)

(8) 含歌媚盼如桃叶,妙舞轻盈似柳枝。(唐·方干《赠美人四首》)

例(7)中本体是“圣王之德”,喻体分别是“日之始出”“日之光”,比拟标记是“若”,比拟结果是“融乎”“昭乎”;例(8)中本体分别是“含歌”“妙舞”,喻体分别是“桃叶”“柳枝”,比拟标记分别是“如”“似”,比拟结果分别是“媚盼”“轻盈”。

(9) 岁寒不易和松操,鉴照无亏似镜明。(《敦煌变文·维摩诘经讲经文》)

(10) 西门庆见粉头肌肤纤细，牝净无毛，犹如白面蒸饼一般柔嫩可爱。(《金瓶梅》第59回)

例(9)中本体是“鉴照无亏”，喻体是“镜”，比拟标记是“似”，比拟结果是“明”；例(10)中本体是“肌肤”，喻体是“白面蒸饼”，比拟标记是“犹如”，比拟结果“柔嫩可爱”。

以上例中的比拟格式都是以独立的句子形式出现，所以本书称之为比拟句。但在不同的历史时期，这三种格式也可充当句子的句法成分，一般称之为比拟式。例如：

(11) 猛如虎，狠如羊，贪如狼，强不可使者，皆斩之。(《史记·项羽本纪》)

(12) 一边是火杂杂的怒如虓虎，一边静悄悄的屹若长城。(《九尾龟》第179回)

例(11)中“猛如虎，狠如羊，贪如狼”用作代词“者”的定语，例(12)“怒如虓虎”“屹若长城”用作谓语。此类充当句子成分的比拟式，本体一般都承前省略。

比拟式除以上三种形式外，还出现了“喻体+比拟助词”的格式，在句中可以充当定语、状语和补语。例如：

(13) 枉塑下观音般像仪，没半点慈悲的面皮。(《元杂剧·张鼎智勘魔合罗》)

(14) 这镘刀是俺亲眷家的，不付能哀告借将来，风刃也似快，恁小心些使，休损了他的。(《原本老乞大》)

(15) 这就无怪其然你把个小脸儿绷的单皮鼓也似的了，原来为这桩事！(《儿女英雄传》第23回)

以上例中的比拟式“观音般”“风刃也似”“单皮鼓也似的”分别用作定语、状语和补语。

第二，从整个句子所表达的意义看，平比重在说明两种具有某种现实联系的不同事物、行为在性质、程度、状态、数量等方面的等同关系；比拟强调两事物的相似点，把甲物当作乙物来描写，或者把人当作物或把物当作人来描写①，在夸张、凸显相似点的同时，也隐含二者之间的不同。平比句中的“比”是认知主体通过对比较主体和比较基准的考察，寻找二者在某一属性上的相同点②；比拟句中的“比”是认知主体通过周密观察，找出本体和喻体之间的相似性，“拟”是“拟人之体，代行其事”，通过特定的修辞手法，描写（甚至夸张描写）本体和喻体的相似点，引发种种联想，使人更容易间接地认识本体事物特征，同时也可感受到喻体特具的意蕴所表达的特定情感和意义，这种相似点是复杂和多维的。因此比拟不但可以明物状物，还可以渲染情感，表达内心感受，揭示事物意义，创造一定的意境。例如：

(16) 臣弃老母于东周，固去自为而行进取也。今有孝如曾参，廉如伯夷，信如尾生。（《史记·苏秦列传》）

(17) 你奸似赵盾，我饱如灵辄。（《元杂剧·关大王单刀会》）

(18) 藐姑射之山，有神人居焉，肌肤若冰雪，绰约若处子。（《庄子·逍遥游》）

(19) 锦袷胡儿黑如漆，骑羊上冰如箭疾。（唐·贯休《塞上曲二首》）

例(16)中比较主体（“臣”，承前省略）和比较基准“曾参”“伯夷”“尾生”之间的相同点（比较结果）分别是“孝”“廉”“信”；例(17)中比较主体“你”“我”和比较基准“赵盾”“灵辄”之间的相同点（比较结果）分别是“奸”“饱”，两个例句都是“举同说明”，都是典型的平比句。例(18)中用喻体“冰雪”来形容肌肤洁白滑润，用“绰约”来形容

① Martin H aspelmarh with Oda Buchholz (1998) 指出：从语义上看，平比结构(equative construction)表示等同的程度(extent)，比拟结构(similarivc construction)表示等同的方式(manner)。程度是一种简单的纬度，而方式则更为复杂和多维，因此平比结构只能表达等同，而比拟则可表达相似性。

② 这一“属性”学者也称之为“比较点”，是与形容词语义直接关联的成分。

女子姿态柔美；例（19）借助“漆”来描摹颜色之黑，借助“箭”说明速度之快，两个例句都是通过寻找或体悟本体和喻体之间的相似点，把属于喻体的属性特征移植给了本体，使得这些相似点具体可感，都是比拟句。

第三，从比较/比拟参项的语义范畴看，情况比较复杂。语文学界在区分平比和比拟时，一般都会借用钱锺书（1980：75）先生“凡喻必以非类”“同类作比即比较”的观点，即比较双方属于同一范畴则为平比，否则即为比拟。但该书中的“类”究竟是指属概念还是种概念，并未明确界定。邓文彬（1987）指出：只有性质相同、语义上也具有相同因素的东西才能进行比较，这种比较才有意义①。也就是说，比较句必须是同类事物之间的比较，平比句是比较句的一种，因此平比句的两个比较项必须是同一属概念下的两个同层级的种概念，如例（16）（17）两句比较项都是人，但又是特点各异的不同个体。比拟句是针对甲乙两种不同的事物，通过联想、想象，把甲事物的一般表象通过乙事物的突出表象展现出来，如例（18）中本体“肌肤”和喻体“冰雪”就是完全不同的概念，但一说到“冰雪”，人们想到的自然是洁白、光滑这样的内蕴意义，用“冰雪”的这种突出特征来描写肌肤，能给人具体形象的感受。

比拟句中的本体和喻体虽然是不同概念，但二者有相似之处，因此“在观念上有联络，想象上能变通”②。词的意义包括理性意义和内蕴意义，理性意义是事物本质属性在语言中的反映，内蕴意义是事物的非本质属性在语言中的反映。比拟句中本体和喻体的不同是指本质属性的不同，事物的本质属性是客观的，人对它的认识是相同的，是超越社会、时代的，对非本质属性的认识则可以具有主观性。对同一个事物，不同的社会、个人可能会有不同的认识。因此本质属性不

---

① 参看邓文彬：《“比”字句生成过程中的条件与制约》，《河南大学学报》1987年第5期。

② 参看于立昌、夏群：《比较句和比拟句试析》，《语言教学与研究》2008年第1期。

同的两个事物,其非本质属性却有可能相似或相同。例如:

(20) 且君子之交淡若水,小人之交甘若醴。(《庄子·山木》)

该例中“君子之交”和“水”“小人之交”和“醴”都是完全不同的概念,但人们认为二者在某些性质上(即“淡”“甘”这种味觉属性)是相同的,因此可以通过“水”和“醴”这些具体事物来认识、理解抽象事物“君子之交”“小人之交”,也就是说人们把“水”和“醴”的突出特点投射到“君子之交”“小人之交”上。

笔者认为,“凡喻必以非类”“同类作比即比较”中的“类”应该是指属概念。平比句中的比较项和比较基准属于同一属概念,但分属同一层级的不同种概念;比拟句中本体和喻体分属不同属概念,或分属不同属概念之下的种概念,但种概念不一定是同一个层级的。例如:

(21) 火山五月行人少,看君马去疾如鸟。(唐·岑参《武威送刘判官赴碛西行军》)

《尔雅》把动物分成了虫、鱼、鸟、兽四类,例中马与鸟分属不同属概念(“兽”与“鸟”)下的种概念,按本书前面的标准,这种句子在语义上应该属于比拟而非比较。从句法形式上看,“马去疾如鸟”在句中做宾语,也属于比拟式。可以说,这类比拟句,形式与意义达到了统一。

再例如:

(22) 一见九老爷到,九老妈的眼睛立刻闪烁出翠绿的光芒,像被恶狗逼到墙角旮旯里的疯猫的眼睛。(莫言《红蝗》)

该例语义结构其实是“……的眼睛像……的眼睛”,两个参项是典型的同类关系。但这两个定中结构,领属定语“九老妈”“疯猫”和中心语“眼睛”的关系都是不可让渡的,是恒久的,因此确定两个参项是否同类时,领属定语的种属关系似乎更为重要,而“九老妈”和“疯猫”分属不同属概念，因此理解成比拟句更为合理①。

通过以上的考察和分析，笔者认为，在一个表示比较或比拟关系且由相关的比较或比拟参项（即比较主体/本体、比较基准/喻体、比较标记/比拟标记和比较结果/比拟结果）构成一定格式的句子中，如何判定其是平比句还是比拟句（或比拟式），可以从以下几个方面进行界定：

（一）如果该格式是在句中充当句法成分的结构形式，该格式就是比拟式；

（二）如果该格式是独立的句子，则既可能是平比句，也可能是比拟句：

1. 如果主体和基准项确定属于同一属概念，但分属同一层级的不同种概念，且比较结果显现，则是平比句；如果比较结果隐现，则该句为表示比较关系的句子而非平比句（也非比拟句）。

2. 如果主体和基准项确定分属不同属概念，或分属不同属概念之下的种概念，无论比较结果是否显现，均是比拟句。

因为比拟句探寻的是本体与喻体间的相似点，喻体一般是具体的、有所认识的事物，人们是通过喻体来认识或阐释比拟本体的，也就是把喻体的特点投射到本体上，而这些特点是复杂和多维的，所以有些句子虽然没有具体的比拟结果（如例 5、6），但读者可以通过联想、想象，感知到二者之间的相似性。而平比句强调的是比较主体和比较基准间的相同点，是有待说明的情况，是对比较主体的陈述，必须加以明确说明，否则有可能会出现意义上的差别，因此属性词（即比较结果）不可省略。

---

①　口头表达中经常还会遇到这样的句子“我的小女儿已经和书桌一样高了”，从表面看，似乎是两个非同类的事物（“小女儿”“书桌”）在作比。事实上，该句子比较点高度，和比较结果“高”关系紧密，很容易被激活和感知，因此可以不出现。也就是说，该句中，两个比较参项分别是“小女儿的身高”和“书桌的高度”，限定语“小女儿”“书桌”与比较属性“高度”的关系是疏离的，可让渡的，两个比较参项实际上属于同一层级的不同种概念，因此是典型的平比句。

在形式和句义中，形式优先，即如果该结构形式只是在句中充当句法成分，则这一结构就是比拟式。如果是独立的句子，再根据句义和比较参项的语义范畴以及比较结果是否出现来判定其是平比句还是比拟句，抑或只是表示比较关系的句子。

虽然，本书试图从结构形式、句义和比较参项的语义范畴等三方面对汉语的平比句和比拟句做出更为明确的区分，但通过大量的、不同时期的语料调查，笔者深切地体会到：在实际语言运用中，平比句和比拟句之间的关系错综复杂，"斩不断，理还乱"，尤其在形式相同，需要依靠比较（或比拟）参项的语义范畴确定时。严格意义上的属概念和种概念，应该分别是真包含关系和真包含于关系中外延较大的概念和外延较小的概念的一种别称。划分之后的种概念外延较小，种概念的外延之和也必须和原来的被划分的属概念外延相等。如果以"凡喻必以非类""同类作比即比较"作为区分比拟句和比较句的一个重要标准，就意味着语言必须拥有一个完备而等级分明的范畴层级体系，这样同类和非同类可以自然地区分开来。但在真实语言生活中，这样的划分基本上是不可能实现的。由于不同时期，人们对事物的认识存在一定的差异，所以划分标准并不是固定的，也经常出现等级不严格、界限不分明的情况，甚至常常由于有新的概念产生，从而导致概念类别空缺、交叉现象频现。因此，所谓事物是否同类，或者说两事物是否属于同一语义范畴，是一个很复杂的问题。

而人们之所以采用比拟句，是感知到现实形式与语言成分及结构之间的相似性。词的意义是事物属性在语言中的反映：词的理性意义是事物的本质属性在语言中的反映，词的内蕴意义则是事物对象的非本质属性在语言中的反映。事物的本质属性是客观的，人对它的认识是相同的，是超越社会、时代的。但对非本质属性的认识，则可以具有主观性。对同一个事物，不同的社会、个人可能会有不同的认识。比拟句中，本体和喻体两者之间的相似则指的是非本质属性的相同、相近。因此，人们运用比拟之前，势必要将本体与喻体进行比较,再进一步利用喻体的特征进行相应的联想,最终获得修辞的效果,这其中比较的环节不能避免。这也就造成了比较句和比拟句的混同。依据比较参项是否处于同一语义范畴这一标准,能够在一定程度上对平比与比拟加以区分,但在实际语料中,依然存在部分用例无法明确划分的问题,笔者根据基准项的不同将其共分为五类:

1. 神仙鬼怪类

(23) 因为他又会瞧病,又会算势,又会画两笔画儿,又会圆光扶鸾,又能谄媚又能拍,所以把小额家里上上下下全给朦背啦,大家敬的他真如同圣人一般。(《小额》)

(24) 又过了一会,里面的门吱的响了一声,出来个又高又瘦的人,口中正嚼着一口什么东西。他象个大烟鬼。(《四世同堂》第85章)

神仙鬼怪既有"菩萨""天神""妖怪"等完全属于非人间的神魔,也有像例(23)和(24)这样的特殊情况。例(23)中"圣人"是接近于神仙的人,例(24)中"烟鬼"并不是真正的鬼,而是指嗜烟如命的人,"圣人"和"烟鬼"与"人"是否处于同一语义范畴难以判定。

2. 人物类

① 小孩类

(25) (何秀妹)那哭的神气就像一个小孩子。(《子夜》第14章)

② 亲属类

(26) 太太平日又最疼这个丫头,疼的如儿女一般。(《儿女英雄传》第35回)

③ 职业类

(27) 只见赵朴斋脸上沾染几搭乌煤,两边鬓发长至寸许;身穿七拼八补的短衫裤,暗昏昏不知是甚颜色;两足光赤,鞋袜俱无,俨然像乞丐一般。(《海上花列传》第29回)

④ 历史人物类

(28) 她比她的丈夫的气派更大，一举一动都颇象西太后。（《四世同堂》第2章）

⑤ 其他

(29) 她露不出自己的威风，而只缩头缩脑的站在那里，象个乡下来的傻丫头。（《四世同堂》第70章）

(30) 秋谷是素来认得，不必说了；看了春树，朱唇粉面，那相貌竟同大家闺秀一般，也觉脉脉无言，芳心自动。（《九尾龟》第15回）

以上例中主体和基准都属于人这一属概念，似应属同一语义范畴，属平比句（至少也是表示平比关系的句子），但在大多数读者看来，这些句子更像是比拟句。例(25)何秀妹哭得像小孩子，但实际并非小孩子；例(26)这个丫头可疼，但并非儿女；例(27)赵朴斋"两足光赤，鞋袜俱无"，看着像是"乞丐"可毕竟不是乞丐；例(28)大赤包气派大像"西太后"但不是西太后；例(29)和例(30)亦是如此。而且，这里的基准项"小孩子""儿女""乞丐""西太后""乡下来的傻丫头""大家闺秀"，无论是哪一种都带着作为某一类人物的独特特征，比较项与基准项之间有比较的意味，也有利用这种特征说明、描摹另一事物和抒情达意的倾向，类似于比拟。

3. 动作类

(31) 他脸上还是木然没有表情，说起话来，象背诵一个听过许多遍的故事。（《四世同堂》第92章）

4. 情境类

(32) 朴斋剔亮灯心，再睡下去，这一觉冥然无知，俨如小死。（《海上花列传》第30回）

(33) 安老爷道："大家且静一静，我这半日只像在梦境里呢！"

(《儿女英雄传》第 36 回)

动作类和情境类一样,很难说明它们是否属于同一语义范畴,即使确定不属于同一语义范畴,基准项事件是否具有特征性也难以判断。如例(31),他说起话来“象背诵一个听过许多遍的故事”,“背故事”隐含着老生常谈或是说话木无表情,既可以是单纯的比较,也可以是用隐含特征进行比喻。

以上这些例句,无论从句义上,还是比较参项的语义范畴上,都很难说其是典型的平比句或比拟句①。正如袁毓林(1995)所言,“句法结构也是一种原型范畴,是人们根据不同实例在结构方式上的种种相似性而概括出来的类型,属于同一种结构类型的实例有典型和非典型之分”②。平比与比拟之间不是截然对立的两面,而是处于认知关系的连续统,当比较项与基准项之间的语义域差距变大时,平比就有向比拟过渡的趋势,成为平比句中非典型成员。而“如果某一范畴的非典型成员又和其他范畴的典型成员具有一定的相似性,那么这种事物就处在两类的边界”③。因此可以说,上面所列举的几种情况,从语义范畴的角度看,既不是平比句的典型成员,也不是比拟句的典型成员。但是不能因为这些而将平比句和比拟句混在一起,如果能用原型范畴的眼光重新看待不同时期的平比句和比拟句,人们对两者关系的理解与认识也就会不断加深。

二、平比句和比拟句研究综述

自 1898 年《马氏文通》提出“平比”概念之后,不少学者如吕叔湘(1993/1942),太田辰夫(2003/1958),贝罗贝(1989),魏培泉(2001、

---

① 如果严格采用形式优先的原则:视即使两个比较参项属于同一语义范畴但比较结果没有出现的句子为表示平比关系的句子或而非平比句式,视在句中充当限定语或补足语的结构为比拟式,那么上述部分例句的划分就不存在问题;但像例(27)(30)这类从句法形式上看符合平比句要件的句子,却很难说是典型的平比句。

② 参看袁毓林:《词类范畴的家族相似性》,《中国社会科学》1995 年第 1 期。

③ 同上。

2009)，谢仁友(2003)，李崇兴、丁勇(2008)，张赪(2010)，李焱、孟繁杰(2010)，高育花、华雨(2016)，姜南(2016)，魏阳阳(2019)等都从不同角度对平比句进行了探讨，取得了一定的成果。但相比于差比句，平比句研究成果较为零散，系统性较弱，在广度和深度上都有进一步研究的必要。

2.1　平比句研究综述①

2.1.1　平比句历时研究

汉语平比句研究，系统的历时研究总体较少。目前所见，主要有：太田辰夫(2003/1958)《中国语历史文法》，只是对平比句的表示方式和古今语序的差异做了简单说明；贝罗贝(1989)"History of the Comparative Construction in Chinese from the 5th Century B.C. to the 14th Century A.D."分春秋战国到汉代、魏晋南北朝到唐代、宋元三个时期，讨论了汉语比较句的历史演变，认为宋元时期是汉语平比句产生巨变的阶段，不仅语序结构发生了变化(从先秦到魏晋南北朝的比较结果位于比较基准之前，发展为此期的比较结果可以位于基准项之后)，而且原有平比句结构的语义功能也发生了扩展，"如""似"等平比标记此期也兼具差比的语义功能。贝罗贝认为此期之所以会发生如此巨大的变化，是上古汉语"于"字差比句的衰落而激发的。谢仁友(2003)《汉语比较句研究》以大量的文献为基础，考察了汉语中正差比、平比和负差比三类比较句从先秦到清代2000多年的演变历程，同时基于汉语比较句的类型演变，从跨语言研究和认知的角度出发，考察了汉语比较句在语言类型学上的共性表现以及汉语比较句的类型学特点，并由此归纳出汉语比较句演变的动因。但是谢文关于平比句式的研究范围比较宽泛，研究重在解释新句式结构的出现。

① 因为目前大部分研究成果尚未对"平比句"和"比拟句"做出明确的区分，所以此处的"平比句研究综述"其实也涵盖了本书所定义的相当部分的比拟句研究成果。

张赪(2010)在《汉语语序的历史发展》中专章分析了汉语平比句从唐至清的历史演变,并对平比句语序变化以及“与”字框式平比句的来源做了探讨。李焱、孟繁杰(2010)《汉语平比句的语法化研究》以朝代和平比标记为划分标准,通过定量统计和定性分析的方法,梳理分析了先秦至现当代平比句的发展演变,指出汉语介词结构类型的调整是汉语平比句结构类型发生语法化的主要诱因。但该书将平比句和比拟句混淆在一起,并未对二者进行区分。蔡莹(2012)的硕士论文《汉语平比句历史演变研究》,选取了先秦以来的各个时代若干代表性文献,对其中平比句的语序变化与词汇替换现象进行考察和梳理,寻找不同时期汉语平比句的特点,并从语法化的角度对其中一些问题进行了初步探讨。该论文虽然也意识到了汉语平比句和比拟句的不同,但并未从理论和具体操作上进行区分。

关于汉语平比标记的历时演变研究则更为少见,仅有几篇文章论及。章新传(2002)《汉至清之“比”字句》描述汉代至清代三个时期表示平比关系的“比”字句演变轨迹。黄健秦(2010)《“有”类平比标记的来源、发展及其机制》把“有……那么”纳入框式介词范畴,考察了平比标记前置词“有”和后置词“那么/这么”的来源、发展,并推导其生成机制。近几年来,关于平比后比标记(有时也可表比拟)“一般”的词汇化与语法化,学界关注较多,如姚尧(2015)、胡承佼(2015)、陈勇(2017)、张福通(2021),学者们对其演变路径的看法也较为一致,即:数量短语>形容词>助词,但在演变的时间节点及源句式上,不同学者观点有所不同。与此标记密切相关的、现今仍活跃在汉语中的平比句(有时也表比拟)“X 与 Y 一般/一样 W”,对其来源、发展演变问题,学界存在一定的争议。主要有以下四种观点,分别是:① 语序变化说,代表学者为 Peyraube(1989);② 添加说,代表学者有李讷、石毓智(1998),张美兰(2003),姚尧(2015),关于添加成分,学者意见也不一致,李讷、石毓智、张美兰认为添加成分是比拟助词“一般”,而姚尧认为是在“XY 一般”式上添加了像义动词“似/如/

像";③ 类推说,代表学者有魏培泉(2009)和张赪(2010),分别认为是由"X 如 Y 一种""如/似……相似/一般"类推而来;④ 词汇兴替说,代表学者为姜南(2016),认为是对中古框式等比结构"如……等/许"词汇替换的结果。

2.1.2 平比句共时研究

相较于历时研究,平比句共时研究成果相对较多,其中又包括专书中的平比句研究、断代平比句研究,以及平比标记的共时研究。

专书中的平比句研究大多散见于比较句的专书研究中,如:刘建国(2011)《〈朱子语类〉比较句研究》,马希(2011)《〈祖堂集〉比较句研究》,蓝越(2012)《〈醒世姻缘传〉比较句研究》等十余篇学术论文和学位论文,都有平比句的相关论述。

断代研究相对较少,主要有:魏培泉(2003)《中古汉语新兴的一种平比句》、韩立秋(2010)《上古汉语平比句研究》和崔载荣(2010)《元代比较句研究——以"比"字句和平比句为例》。魏文指出,中古汉语中的平比句有两类:甲式"X+A+如+Y"和乙式"X+如+Y+A"。乙式为新出现的平比句,产生于六朝时期的南方地区,后由南方扩展到北方,并最终取代原有句式"X+A+如+Y"。引起这种变化的原因是中古时期"之"字名词化语法手段的消失以及双音节化引起的反义并列复合词的流行。韩文以先秦至魏晋南北朝时期的平比句为研究对象,考察了"如/若/似"字句、"比"字句、"异同"句三类句式在不同时期结构和功能上的特点,并初步讨论了不同句式形成、发展的动因和机制。崔文梳理了元代 4 种文献中的平比句,展示了元代平比句的基本面貌。

平比标记的共时研究主要集中在"跟""比""有"等几种标记上。姜南(2012)《汉译佛经等比标记"如……等/许"探源》借助现有的梵汉对勘材料,研究汉译佛经等比标记"如……等/许"的来源,指出中古新兴的等比标记"如……等/许"是前置词"如"和后置词"等/许"在仿译原文同型等比结构的基础上,临时搭配而成的句法格式。

耿直(2013)《基于语料库的比较句式“跟”“有”“比”的描写与分析》,详细分析了现代汉语口语语料库和书面语语料库中表示等同比较和不同比较的“跟”句式、“有”句式和“比”句式,并统计分析了各自的语体差异、表义倾向、搭配选择等特点。

对于“有”类词是否属于平比标记,学界有一定争议。有的学者从语法的角度出发,如吴竞存、梁伯枢(1990)《“有三米高”和“有他高”的结构分析》,指出“有”为动词;但丁声树(1961)《现代汉语语法讲话》指出“有”具有“达到、企及”某一性状或程度的意义,表平比或近似。李向农(1999)把“有”纳入平比,并在和“跟……一样”“像……似的”对比后,指出“有……那么”格式的涵盖面最大。耿直(2013)则认为应将“有+数量词+形容词”看作一种比较句式。首先是因为该句式符合比较句式的核心语义特征:将事物进行量化分级;其次是因为该句式符合比较句式的典型认知框架:比较项+比较标记+比较基准+比较结果,比较结果是一种比较属性,由“形容词”来体现,比较基准是一种确切的数量,由“数量词”来体现;最后,该句式也符合比较句式的句法、词汇特征,以单独成句为主,以引导定语为辅。但熊仲儒(2016)认为量度“有”字句中的形容词没有受到比较范畴的扩展,不属于比较句。

汉语方言平比句研究也是平比句共时研究的一个重要组成部分。如汪国胜(2000)考察了大冶方言中表等比的四种句式,其中“A+跟+B 一样”“A+跟+B 一样+W”“A+有+B+W”三种与普通话基本相同,只有“A+敌(得)倒/赶(得)倒+B”为该方言所特有。黄映琼(2009)调查了梅县方言中的等比句式,指出其与普通话的平比句格式大致相同,区别在于所用介词和比较结果的修饰词语不同。吴晓红(2009)指出安徽颍上方言中特有的平比句式有五种:比较项$_1$+赶上+比较项$_2$+W;比较项$_1$+跟+比较项$_2$+一般/一样+W;比较项$_1$+给+比较项$_2$+样;比较项+给+啥样;Z+比较项+(都)一般/一样+W。

魏阳阳(2019)从语义范畴出发,归纳了汉语系统中表达平比概念的句式种类，通过数据统计，确定了真实语料中不同平比句式出现的频次倾向；比较了汉语与其他语言的平比句在编码类型及语序类型上的异同，并对平比或等同范畴的语法化路径和方向做出构拟。

2.2　比拟句研究综述①

长久以来，比拟始终多为修辞学研究的对象，历史语法学家涉足较少。比拟句的语法研究成果也相对较少。

2.2.1　比拟句历时研究

比拟句的历时研究多通过分析比拟句的历时发展，探讨其结构类型的演变机制。如江蓝生（1992、1999）《助词“似的”的语法意义及其来源》《从语言渗透看汉语比拟式的发展》两文，通过考察分析汉语比拟式的相关比拟标记和句式，指出金元时期由于受到了阿尔泰语系的影响，使得汉语模仿了阿尔泰语比拟表达的词序，出现了汉语比拟标记后置的现象。李思明《晚唐以来的比拟助词体系》（1998）认为晚唐五代时期就存在作谓语的“如……相似”结构，该结构通过改换、减少、增加等方式成为“似”系比拟助词的来源。

详尽系统考察汉语各个时期比拟句发展情况的研究很少见，目前所见的仅杨翠（2012）《汉语比拟句的历时研究》硕士学位论文一篇。杨文以比拟句的形式标记为依据，考察了不同比拟句的历史发展及其特点，以及比拟项的语义类型和相互关系，勾勒出了不同比拟句的演变轨迹，初步探讨了比拟句的发生机制。

2.2.2　比拟句共时研究

比拟句的共时研究主要分为专书研究、断代研究。其中专书研究数量相对较多，主要有：叶建军（2004）《〈醒世姻缘传〉中的比拟句》，陈群（2005）《〈型世言〉中的比况助词考察》，田敬丽、唐韵

---

① 因为以往的研究中，比拟句和比拟式并未有明确区分，两者基本上是互相包含，所以本部分研究综述也将二者融合在一起论述，即此处所谓的“比拟句”同时也包含“比拟式”。

(2011)《〈三遂平妖传〉里的比拟句》,方吉萍(2012)《〈五灯会元〉比拟句式研究》,高乐(2013)《论〈元刊杂剧三十种〉的比拟式》等学术论文和学位论文,都对各专书中比拟句类型以及比拟助词的使用情况作了较为详细的描写和分析。

还有一些研究散见于其他语法研究成果之中。如张美兰(2003)《〈祖堂集〉语法研究》一书,详细描写、分析了《祖堂集》中的比拟句式,并通过考察唐五代旧式比拟句与该书的新、旧比拟句,探讨了新式比拟句在宋元明时期的发展,以及"喻体+比拟助词+NP"新式偏正式比拟结构产生的认知基础、语序原则和生成途径。叶建军(2010)在《〈祖堂集〉疑问句研究》中论及了《祖堂集》中的糅合式比拟句式,打开了比拟句研究的新视角。

关于比拟句的断代研究比较少见,而且大多散见于专书语法研究中。代表性成果是魏培泉(2009)《中古汉语时期汉文佛典的比拟式》,文章对中古汉语时期佛典中新出现的"X 如 Y 一种(等)""X 如 Y 相似(类)""X 如 Y 无异"等句式做了详尽的描写和分析,推测其来源于复句的紧缩,并且是仿效表类同或等同的"与"字式而产生的。断代研究中,值得一提的是元代的比拟句研究。较之其他朝代,元代的比拟句研究更为充分,如丁勇《元刊杂剧的比拟句式》(2007)和王琴的《元曲中的比拟句考察——兼论比拟句的历史发展》(2008)分别归纳了元刊杂剧和元曲中比拟句式的类型,李崇兴、丁勇的《元代汉语的比拟式》(2008)则对元代汉语中的 6 式 25 目比拟式做了全面的描写和分析,并进一步讨论了"喻体+似""喻体+也似"的来源问题。

与此同时,随着语言类型学、语言接触等理论的兴起成熟,以及汉语方言语料和少数民族语言材料的扩充,比拟句的研究不再仅限于描写,而是进一步深化到发展来源与演变机制的探索上,如李讷、石毓智(1998)提出谓词前比拟构式的形成主要是受到了优势语序的影响,刘丹青《语言类型学与介词理论》(2003)运用联系项原则来解释汉语中比拟焦点前面出现的比拟助词的情况,等等。

2.3 小结

从《马氏文通》最早提出汉语平比句的概念和名称,距今已有百余年。汉语平比句和比拟句的既往研究可以用这样几句话来概括:部分平比句式和比拟句描写比较细致,个别比拟助词探源较为深入,也有一定的理论思考。但在系统性考察和理论探讨方面,仍存在较大的研究空间。

第一,平比句和比拟句的界定问题。首先是如何区分平比句和表示平比关系的句子,其次是如何区分历史发展过程中具有相同标记的平比句和差比句、平比句和比拟句、差比句和比拟句。如果仅以意义为标准,有时难免会陷入主观。而要真正做到形式与意义的有机结合,不仅要考虑时间因素,也需考虑空间(地域)因素,同时更需考虑语体、语境等语用因素。

第二,系统的平比句和比拟句分类考察。已有研究多将比拟句裹挟于平比句中,或仅考察比拟句而不考虑其与平比句的关系。不同历史时期、不同语体中的平比句和比拟句,"分""合"情况各异,只有系统地梳理清楚不同时期不同语料中二者的使用情况及关系,才有可能清晰勾勒出二者的发展轨迹。

第三,汉语平比句和比拟句的历史演变机制问题。不同时期汉语平比句和比拟句的语序变化是否具有类型学意义?造成二者变化的机制是什么?目前尚未见到深入的探讨。而这些都是本书希望能重点解决的问题。

三、本书的主要内容、研究思路及语料选取

3.1 主要内容

本书旨在系统考察不同历史时期不同语料中汉语平比句和比拟句的使用情况,并力图探究造成二者语序、标记等变化的动因和机

制。主要内容有三：

第一，全面考察汉语史中所出现的平比句和比拟句式，归纳总结出每一阶段平比句和比拟句（比拟式）的具体类型和使用情况。根据已有研究所总结的不同阶段的语法特点及平比句和比拟句大致使用情况，笔者拟分为以下五个时期考察：先秦至西汉时期，东汉魏晋南北朝隋时期，唐宋时期，元代，明清时期。因为先秦至西汉时期平比句和比拟式类型相对较少，所以中古（东汉魏晋南北朝时期）和近代（隋至清）汉语时期是考察的重点。中古时期是汉民族和相关少数民族密切接触和深度融合的时期，也是佛经传入的早期阶段，佛典中比拟句（比拟式）常见且种类相对丰富，充分考察这一时期的中土文献和汉译佛经，可为深入了解汉语平比句和比拟句的演变和发展提供切实可能。唐宋时期，变文、禅宗语录、唐诗、宋词的大量涌现，使得平比句和比拟句（比拟式）的使用更为广泛；元明清时期，阿尔泰语与汉语的接触空前强烈，出现了一些与此前迥然不同的平比句和比拟句（比拟式）类型，而这又为从语言接触角度来讨论某些平比句和比拟句（比拟式）类型的来源提供了语料和语言事实的支持。

第二，在努力弄清各主要历史阶段汉语平比句和比拟句（比拟式）使用情况的基础上，探究汉语平比句和比拟句二者句法结构之间的历史演变关系。

第三，在考察清楚汉语平比句和比拟句（比拟式）历史演变的前提下，结合语言类型学、认知语言学等研究成果，对相关语言事实作详细、深入的分析，并力图对汉语平比句和比拟式的发展演变规律作出较为清晰的解释。

与已有研究不同的是，本书在全面考察不同阶段平比句和比拟句使用情况时，也充分考虑平比句和比拟句（比拟式）使用中的地域异质性问题。即在历史语料的选择上，既要考虑时间先后，也要考虑作者方言背景的不同。因为“在语言发展的过程中起作用的不但有时间因素，也还有地域因素”（吕叔湘 1955），“语言不是一种同质系统，共时语言中的有些差异不一定都是其单线条历时层次的反映，而可能是语言渗透、语言融合造成的”（江蓝生 1999）。希望通过深入研究，努力实现共时差异与历时演变的相互印证。

3.2　研究思路和方法

首先，通过对历时语料的考察和已有相关研究的了解，对汉语中的平比句、比拟句和比拟式做出明确的界定。然后再对各个阶段代表性语料中平比句和比拟句（比拟式）的使用情况做穷尽式考察，对其句法结构和语义功能做尽可能详尽、深入的描写、归纳、统计和分析，并据此概括出先秦至清各个时期汉语平比句和比拟句（比拟式）的主要类型及其演变脉络。最后运用历史句法学、语言类型学、认知语言学等相关理论和方法，对汉语平比句和比拟句（比拟式）的比较标记、比拟助词的演变以及结构式的语序演变动因和机制作出合理的解释，力求揭示出汉语平比句和比拟句（比拟式）发展演变的规律。

3.3　语料选择、相关术语及符号使用说明

3.3.1　语料选择

正如蒋绍愚（2019）先生所言“汉语史的研究是通过对各时期接近口语的文献资料进行研究，来描写汉语历史发展的状况并寻找其演变规律”，蒋先生同时将各个时期接近口语的文献资料确定为“上古是文言，中古和近代是古白话、白话”①。事实上，中古至近代，虽然语料总体上可以划分为文言和白话两大类，但究竟哪些才是口语语料，还需要仔细鉴定。比如中古时期的语料，不仅有早期的汉译佛经，中土文献的构成非常复杂，其中有不少是“衍生性文本”（真大成 2020），而且“书面材料驳杂不纯，包含许多不同层次的语言现象。如

---

① 参看蒋绍愚：《汉语史的研究和汉语史的语料》，《语文研究》2019 年第 3 期。

果不是经过严格的选择和分析，凭这样的资料得出的结果恐怕既不足以反映口语，也不能真正显示书面语的特点”①。

另外，比拟句和修辞也有着千丝万缕的联系，语体不同，即使同一时期的语料，其使用情况也可能千差万别。尽管“语体不同于文体”，但“语体”和“文体”密切相关。考虑到语料的同质性问题，本书尽量选择口语色彩较浓、体裁较接近的语料。选择同一体裁的语料，以期能在一定程度上保证语料内部的均质性，从而增强所得语法规律的约束力。当然，不同历史时期，富含当时口语成分的文献体裁可能会有所不同，比如东汉以后出现的汉译佛经，与中土文献差别就比较大；唐宋时期诗词、变文、传奇、传记、禅宗语录等，体裁千差万别，但都在一定程度上反映了当时的口语情况。因此，在语料的选择和使用上，优先选择口语性较强的文献资料，然后再酌情考虑体裁问题；在具体例句及数据分析上，则尽量细化以上问题。

3.3.2　相关术语及符号使用说明

单标记平比句，是指只出现一个比较标记的平比句。单标记平比句中的标记，大多出现在基准项之前。

双标记平比句，是指句中有两个比较标记，出现在基准项之前的称为前比较标记，出现在基准项之后的称为后比较标记②。

不同历史时期，比较标记的词性不一定完全一致，早期有的还是实词（如像义动词、形容词），随着时间推移，有的逐渐语法化为介词、连词甚至助词。

本书中，X 表示主体（本体），Y 表示基准（喻体），W 表示结果（有的学者也称之属性词）。

---

① 参看朱德熙：《现代书面语里的虚化动词和名动词》，《北京大学学报》1985 年第 5 期。

② 有的研究也将这两种标记分别称为“基准标记”和“结果标记”。

第一章

先秦至西汉时期汉语平比句与比拟句研究

一、引　　言

从有系统文字记载的殷商时期至西汉末年，历时1 300余年①，但从现有语言材料看，"由相关的比较参项构成一定格式的"严格意义上的比较句式，应该是西周以后才出现的事情②。在语料的选择上，本书立足语言特点，同时结合时代，把这一时期分为西周至战国中期、战国末期、西汉三个阶段，每一阶段选择几部语言时代相对可靠的传世文献和出土文献进行考察。这些文献以散文为主，韵文为辅。这些代表性语料有③：

西周至战国中期：《尚书》《诗经》《左传》《论语》《孟子》《庄子》；

战国末期：《睡虎地秦墓竹简》《战国纵横家书》《荀子》《韩非子》《吕氏春秋》；

西汉：《战国策》④《淮南子》《新书》《新语》《史记》《春秋繁露》

① 这一时期的汉语，学界一般将其称之为"上古汉语"。以下论述中，凡涉及此期的表述，本部分一律写作"上古汉语"。

② 主要依据早期比拟标记"于(於)""如""若""犹"等出现时间来确定。

③ 代表性语料，基本上就是所要考察统计的语料。但可能是因为篇幅太短《战国纵横家书》中既未发现平比句，也未发现比拟句。

④ 关于《战国策》的作者及语言所代表的时代，学界争议较大。目前比较一致的看法是，《战国策》三十三篇系刘向奉召校书时，依据宫内所藏战国时期众多策书以多补少，删除重复所得，其书既非出自一人一手，也非出于一时一地。其内容绝大部分应是出于战国末年游士众人之手，也有少量可能是西汉人的作品。1973年长沙马王堆汉墓出土的帛书《战国纵横家书》，被认为是《战国策》的"同时资料"，但后经学者比勘，发现其内容多半不见于今本《战国策》。比如今本《战国策·魏策三》的"韩是魏之县也"，《战国纵横家书》（转下页）

《盐铁论》。

从总体上看，这些文献内部差别较大。体裁方面，有史书、散文、诗歌、政论文，在口语性强弱上存在一定差异；语言性质方面，极为复杂：有的文献具体成书年代不确定，只能确定大致时段，如《尚书》《诗经》《论语》等；有的文献语言存在古今杂糅问题，尤其是西汉文献，经常直接引用早期文献中的语句，如《战国策》《史记》等。因此在统计、分析此期语言现象时，本书将剔除其直接引用的语言现象，对于间接引用的文献语言，则需重点考察其中的变化情况①。

下文分别对这些语料中平比句和比拟句的使用情况做细致的统计、描写和分析②。

二、上古汉语中的平比句

这一时期的平比句数量很少，形式也比较单一。在所统计的18部语料中③，《尚书》《论语》《荀子》三书中都没有出现平比句，其他14部语料中，平比句共出现了71次。根据比较标记的数量，分为两类：单标记平比句和双标记平比句。

2.1　单标记平比句

这一时期能够进入该类句式中的比较标记只有“如、若、于”三

（接上页）对应的语句则是“韩，魏之县也”，并无“是”字，此类情况，不一而足。从目前已有的关于《战国策》的各类研究成果来看，虽然《战国策》是研究战国历史的重要文献资料，但其作为语料的时代下限，定为西汉更为合适。

① 蒋绍愚（2019）指出：在上古汉语阶段，“言”“文”基本一致，文献中记录某人口头表达的语料和作者直接用文字叙述或议论的语料基本上没有差别，所以，在上古汉语研究中区分这两种语料意义不大。需要区分的倒是不同的语体。参看蒋绍愚：《汉语史的研究和汉语史的语料》，《语文研究》2019年第3期。

② 不同时期，笔者选择语料多寡不同，统计语料也并非都等同于所考察语料。所以凡涉及使用频次都会明确为“统计语料”。

③ 因为《战国纵横家书》中既未有笔者所界定的平比句，也未有笔者所界定的比拟句，所以该章统计表格中所呈现的语料都显示为17部。

个，句型有“X+W+如/若+Y”“X+W+于+Y”“X+如+Y+ W”三种，共出现29次，占整个平比句总量的40.85%。其中“X+W+如+Y”22次，“X+W+若+Y”1次，“X+W+于+Y”5次，“X+如+Y+W”1次。分别讨论如次。

2.1.1　X+W+如/若+Y

在所检阅的语料中，“X+W+如/若+Y”平比句战国中期才出现，比较结果多为单音节形容词，比较主体和基准基本为名词或名词性结构，不过比较主体经常承前省略。例如：

(1) 且夫属其性乎仁义者，虽通如曾史，非吾所谓臧也。(《庄子·骈拇》)

(2) 丞乙爰书：令令史某、隶臣某诊甲所诣子，已前以布巾裹，如衃血状，大如手，不可知子。(《睡虎地秦墓竹简》)

(3) 苏代谓燕昭王曰：“今有人于此，孝若曾参、孝己，信如尾生高，廉如鲍焦、史䲡，兼此三行以事王，奚如?”(《战国策·燕策一》)

(4) 余睹李将军悛悛如鄙人，口不能道辞。及死之日，天下知与不知，皆为尽哀。(《史记·李将军列传》)

(5) 天下之势，方病大尰。一胫之大几如腰，一指之大几如股，恶病也。平居不可曲信，一二指搐，身固无聊也。(西汉·贾谊《新书·大都》)

在所统计的语料中，“X+W+如/若+Y”平比句只有例(4)这一例的比较结果为双音节形容词，其余均为单音节形容词(而且以形容词“大”“通”为多数)。例(5)作为平比句比较特殊，因为按照本书对平比句的界定，其比较主体和比较基准必须属于同一属概念下同一层级的不同种概念，而且比较结果不能省略，例(5)中比较主体“胫”“指”和比较基准“腰”“股”都是分属同一属概念“身体”下的不同种概念，但其中“大”可否作为比较结果，有一定争议(因为“大”其实是主谓结构"N+之+AP"中的谓语)。虽然目前学界比较倾向将其作为主语中心词①,但这种名物化了的主谓结构,仍有侧重其中谓语的作用。即"一胫之大""一指之大"虽然相当于"一胫的大小""一指的大小",但从整个句义来看,其旨在凸显"胫""指"之大,而非其真正的尺寸大小。因此可以把这类句子也看作变形的"X+W+如/若+Y"平比句,其中"大"虽是主语中心词,也不影响其表达比较结果的作用②。此期所考察语料中,与此相似的还有两例,即:

(6) 谁谓荼苦?其甘如荠。(《诗经·邶风·谷风》)

(7) 举世混浊,清士乃见。岂以其重若彼,其轻若此哉?(《史记·伯夷列传》)

以上例(6)(7)中"其"作句子的形式主语,但"其甘""其重""其轻"结构都有侧重形容词谓语"甘""重""轻"的作用,强调的依然是比较结果。

2.1.2　X+W+于+Y

此类句式中,"W"均为表"齐同"义的形容词"同、齐、夷",整个句子主要说明比较主体和比较基准在某一方面是相同(或不同)的,但比较点不够明确,是非典型的平比句。在所统计语料中,共 5 例,其中有 1 例以否定形式出现。例如:

(8) 所谓言者,齐于众而同于俗。(《淮南子·修务训》)

(9) 若惠顾前好,徼福于厉、宣、桓、武,不泯其社稷,使改事君,夷于九县,君之惠也,孤之愿也,非所敢望也。(《左传·宣公十二年》)

(10) 故曰:道不同于万物,德不同于阴阳,衡不同于轻重,绳不

---

① 持此观点的主要有太田辰夫、魏培泉。参看太田辰夫:《中国语历史文法》(修订译本),蒋绍愚、徐昌华译,北京大学出版社,2003 年,第 164 页;魏培泉:《中古汉语新兴的一种平比句》,《台大文史哲学报》2001 年总第 54 期。

② 在中古汉语中,这种句式依然有少量用例,也宜将其视作变形的"X+W+如/若+Y"平比句。

同于出入，和不同于燥湿，君不同于群臣。(《韩非子·扬权》)

2.1.3　X+如+Y+W

在所统计语料中，比较结果出现在比较基准后面的仅1例。即：

(11) 泄公劳苦如生平驩，与语，问张王果有计谋不。(《史记·张耳陈馀列传》)

例(11)中"驩"通"欢"，形容词，指关系融洽(后以"平生欢"专指素来交好)，作比较结果。"泄公劳苦如生平驩，与语"即为"泄公如生平驩，劳苦、与语"("泄公和张敖像平常一样关系融洽，慰问，和他交谈")，句子的比较点应是"关系"，两个比较参项实际上应该分别是泄公和张敖"此刻的关系"和"平素的关系"。

另外，在上古汉语中，"X+不如+Y+W"时或可见，例如：

(12) 孟子曰：仁言不如仁声之入人深也，善政不如善教之得民也。善政民畏也，善教民爱之，善政得民财，善教得民心。(《孟子·尽心上》)

(13) 陈平曰："陛下精兵孰与楚？"上曰："不能过。"平曰："陛下将用兵有能过韩信者乎？"上曰："莫及也。"平曰："今兵不如楚精，而将不能及，举兵攻之，是趣之战也，窃为陛下危之！"(《史记·陈丞相世家》)

如果仅从形式上看，此类句式可以看成是平比句的否定式，但如果从语义上看，这种否定式强调的是比较项和基准项在程度上的差别，而不是二者的不同，因而归入到差比句中更为合适。

在所统计的语料中，虽然从先秦到西汉，比较结果出现在比较基准后面的平比句仅1例，但不能因此否定上古汉语中"X+如+Y+W"式平比句已经萌芽的事实。魏培泉(2001)所说的上古汉语平比句只有"X+W+如/若+Y"的说法也值得进一步考察、验证。

2.2　双标记平比句

上古汉语中的双标记平比句和现代汉语所说的“框式结构”并不完全相同，现代汉语的框式结构平比句句式一般是“主体+比较标记(前比标记)+基准+助词(后比标记)+比较结果”，而上古汉语双标记平比句中所谓后比较标记并非助词，而是具有“相同/一样”“不同”含义的形容词，且其后再无其他成分，即后比标记和比较结果是合二为一的，是一种准双标记平比句。

在所检阅的语料中，此期前比较标记只有两个，一个是介词性质的“与”①，一个是像义动词“如”；后比较标记有“同、等、然、殊、异(无异)”等；双标记平比句共出现42次，占整个平比句总量的59.15%。其中“X+与+Y+同”28次(否定式3次)，“X+与+Y+等”1次，“X+与+Y+异/无异”4次，“X+与+Y+殊”1次，“X+如+Y+然”8次。下面分别讨论如次。

2.2.1　X+与+Y+同/等/异(无异)/殊②

在这种表示等同(或不同)关系的平比句中，肯定形式占多数，但也有一些否定形式。否定形式中，否定词既可以出现在前比较标记之前，也可出现在后比较标记之前。例如：

(14) 孟子曰：“何以异于人哉？尧舜与人同耳。”(《孟子·离娄下》)

---

① 在“X与Y同/等/相似”等类句子中，“与”并非典型的连词，而是处于介词到连词过渡阶段的特殊虚词。在此类句式中，比较主体X和比较基准Y之间的主从关系还很明显，比较主体X决定了对比较基准Y的选择，比较基准Y决定了对比较主体X的认识，不可前后调换位置，直至现代汉语也是如此。但此类“与”的语法功能和典型介词的语法功能(典型介词的语法功能是整个介宾结构修饰其后的谓语)又有所不同，“X与Y”更像是联合主语。所以笔者说其是“介词性质”的词语。

② 在所检阅的语料中，还出现了1例“与……相似”的用例，即“子夏曰：‘非也，是己亥也。夫己与三相近，豕与亥相似。’”(《吕氏春秋·慎行论》)此句中的“相似”，与中古出现的表平比的“如……相似”句还不一样，“如……相似”中的“相似”在功能上发生了变化，已经有助词化倾向，而《吕氏春秋》中的“相似”还是典型的形容词，在句中做谓语，将其归入“异同”类平比句，不太合适。

(15) 若使景与表等，则高与远等也。(《淮南子·天文训》)

(16) 人之视白黑以目，言白黑以口，瞽师有以言白黑，无以知白黑，故言白黑与人同，其别白黑与人异。(《淮南子·主术训》)

(17) 且夫韩入贡职，与郡县无异也。(《韩非子·存韩》)

(18) 如使口之于味也，其性与人殊，若犬马之与我不同类也，则天下何耆皆从易牙之于味也？(《孟子·告子上》)

在表异同关系的平比句中，句尾经常带有语气词“耳”“也”等。在所统计语料中，表示相异关系的平比句共3例。即：

(19) 我诸戎饮食衣服不与华同，贽币不通，言语不达，何恶之能为？(《左传·襄公十四年》)

(20) 夫断死与断生者不同，而民为之者，是贵奋死也。(《韩非子·初见秦》)

(21) 秦之欲并天下而王之也，不与古同。(《战国策·韩策三》)

在这类句子中，否定词的位置与否定焦点和立场表达密切相关。以上三句，从句义看，虽然都表示两个比较参项的不同，但例(19)(21)否定的分别是“与华同”“与古同”，例(20)否定的是比较结果“同”，例(19)(21)的主观性明显高于例(20)。例(19)是春秋时期戎子驹支与晋国卿相范宣子的一段对话，这段对话不仅是对“诸戎饮食衣服与华不同”这一事实的肯定，也表达了说话人戎子驹支对自己民族饮食衣服是否应与华同的一种主观态度，否定的焦点是“应与华同”这一观点；例(21)是韩人攻宋时，有人劝谏韩王不能与当时的大国秦国结盟，而应与赵、梁两个小国结盟的一段对话，说话人对秦国有较强的敌对心理，所以在说秦“与古”异同时，不只是要说明秦“王天下”的方式与古代有所不同，更是对秦“王天下”方式的否定。这两例不只是对比较结果的否定，更是对事件的否定，带有较强的主观性，传递着一定的人际立场，句中“与”是典型的介词，比较项和基准不能交换位置。例(20)中“与”更接近于连词，比较项和基准交换位置句子的意思基本不变。

“X+与+Y+同/等/异(无异)/殊”类平比句，基本上都是表示所比较的事物、性状相同或不同，有学者认为其只是表示“异同”关系的句子，而非真正的平比句。但是，正如吕叔湘《中国文法要略》“异同·高下”章所言：两件事情“必须有相同的部分，又有相异的部分，才能同中见异，或异中见同，才能有比较关系”(吕叔湘，1993：352)。这种表示“异同”关系的句子，虽然比较结果不具有量级特征，但也蕴含着一种质的比较，同时又具有比较句式所需的各种参项，理应是平比句的一个重要组成部分，只是非典型成员而已。之所以把这类句中的比较结果同时也视为后比标记，是因为该类句式和现代汉语常见的比较结果承前省略的双标记句“X+与+Y+一样”类同，从历史上看，二者又有一定的渊源关系；另外，上古汉语表异同的平比句比较点较为模糊，从而导致表“异同”关系的形容词语义有些虚化。基于以上原因，本书将其称为准双标记平比句。

2.2.2　X+如 Y+然

江蓝生(1999)指出：这一时期(先秦时期)的“D+X+然”式主要表示比喻和比拟，但同时又有表示一种疑似判断语气的用法①。在所统计语料中，先秦至西汉时期的“如/若……然”除表示比拟之外，“如……然”中间也加可入与“如”前事物为同一范畴的名词，构成双标记平比句，表示两种情况相同，“然”为助词，意为“那样”，同时也表肯定。共 8 次，全都出自《睡虎地秦墓竹简》。例如：

(22) 尉计及尉官吏即有劾，其令、丞坐之，如它官然。(《睡虎地秦墓竹简·效律》)

(23) 凡不能自衣者，公衣之，令居其衣如律然。(《睡虎地秦墓竹简·秦律》)

(24) “废禾若干石，仓啬夫某、佐某、史某、禀人某。”是县入之，

---

① 此处 D 就相当于本书所讨论的像义动词“如、若”等，X 就相当于本书所讨论的喻体“Y”。参看江蓝生：《从语言渗透看汉语比拟式的发展》，《中国社会科学》1999 年第 4 期。

县啬夫若丞及仓、乡相杂以封印之，而遗仓啬夫及离邑仓佐主禀者各一户，以气人。其出禾，有书其出者，如入禾然。（《睡虎地秦墓竹简·效律》）

《睡虎地秦墓竹简》这8例“X+如Y+然”平比句，均用于记载与法律条文相关的内容，确实也有一定的断定意味。但从句法结构看，该类句子又具备比较句所需的全部参项。从表达效果看，人类通过比较思维更容易认识世界，法律文书更是如此，通过“如”后的比较基准，人们更容易认识其前的比较主体（话题或主语）。这8例“X+如Y+然”，不仅明确地表达了两种事物之间的等同关系，也通过句尾的“然”加强了肯定判断的语气①，这与司法语言应具有“确定性、逻辑严密性、格式化”的特性高度契合，这可能也是此类文献使用该句式较多的一个重要原因。

2.3　小结

本书统计了先秦到西汉时期的18部语料中平比句的使用情况，具体使用频次见表1.1。

表1.1　先秦到西汉时期各语料中平比句的使用情况

语　料	类型及使用频次								合计
	X+W+如/若+Y	X+W+于+Y	X+如+Y+W	X+(不)与+Y+(不)同	X+与+Y+殊	X+与+Y+等	X+与+Y+异/无异	X+如Y+然	
尚　书	0	0	0	0	0	0	0	0	0
诗　经	1	0	0	0	0	0	0	0	1
左　传	0	2	0	1	0	0	0	0	3

① 上古汉语中，“然”可以用于句末，表示比较肯定的语气，相当于“焉”。例如：若由也，不得其死然。（《论语·先进》）

续 表

语 料	类型及使用频次								合计
	X+W+如/若+Y	X+W+于+Y	X+如+Y+ W	X+(不)与+Y+(不)同	X+与+Y+殊	X+与+Y+等	X+与+Y+异/无异	X+如Y+然	
论 语	0	0	0	0	0	0	0	0	0
孟 子	0	0	0	2	1	0	0	0	3
庄 子	4	0	0	2	0	0	0	0	6
睡虎地秦墓竹简	4	0	0	0	0	0	0	8	12
荀 子	0	0	0	0	0	0	0	0	0
韩非子	0	2	0	3	0	0	1	0	6
吕氏春秋	0	0	0	14	0	0	2	0	16
战国策	9	0	0	1	0	0	0	0	10
淮南子	0	1	0	1	0	1	1	0	4
新 书	1	0	0	0	0	0	0	0	1
新 语	0	0	0	1	0	0	0	0	1
史 记	4	0	1	0	0	0	0	0	5
春秋繁露	0	0	0	1	0	0	0	0	1
盐铁论	0	0	0	2	0	0	0	0	2
合 计	23	5	1	28	1	1	4	8	71

通过以上分析和统计可以看出，上古汉语中的平比句具有以下几个特点：

第一，这一时期的平比句大多是比较典型的平比句式，即无论是单标记平比句还是双标记平比句，比较参项基本上都是名词性词语，比较结果也多为单音节形容词，但总体使用频次较低。在所统计语料中,《睡虎地秦墓竹简》全文仅 37400 多个字,是所检阅语料中字数相对较少的文献之一,但平比句的使用频次却是最高的,共出现 12 次,占到了总平比句使用总量的 16.44%。这可能和其所反映的内容有一定的关系:《睡虎地秦墓竹简》主要内容包括"蒙学"类知识、法律条律以及选择时日吉凶的数术,简明易懂、准确应是其写作目标之一,而"平比"则能清楚地明示两事物在某一方面具有相同或接近的量度,这正好与此目标相契合。《战国策》中,"X+W+如/若+Y"平比句虽然出现了 10 次①,但实际上只是同一句子"苏代谓燕昭王曰:'今有人于此,孝若曾参、孝己,信如尾生高,廉如鲍焦、史鰌,兼此三行以事王,奚如?'"(《战国策·燕策一》)在不同篇章中稍加改造而成,比较参项、比较结果及位置均无变化。所以,从实际用例看,先秦至西汉平比句使用并不广泛。

第二,从平比句使用类型来看,虽然貌似"种类繁多"(小类有 8 种),但实际使用频次仅集中在表示"异同"的"X+与+Y+同/等/异(无异)/殊"和表等同"X+W+如/若+ Y"两类上。"异同"类最多,共 28 次,占到了整个平比句的 39.44%。而"异同"类平比句并非平比句的典型成员,这也在一定程度上说明上古汉语的平比句尚不成熟。其次是"X+W+如/若+ Y"类,共 23 次,占 32.39%;其他 6 小类总计(20 次)仅占 28.17%。在"X+W+如/若+ Y"类句式中,表结果的 W 比较单一,仅单音节形容词"大"就出现了 7 次,占到该类句式比较结果总数的 30.43%。因此可以说,先秦至西汉时期的平比句类型相对比较单一。

第三,从地域和语体角度看,因为这一时期平比句总体使用数量偏少,无论是不同阶段、不同地域还是不同语体,都没有表现出明显的使用差异。

---

① 本书在统计数据时,"次"和"例"有时并非完全相同,有时 1 例可能会计不止 1 次。比如"今有人于此,孝若曾参、孝己,信如尾生高,廉如鲍焦、史鰌,兼此三行以事王,奚如?"对于"X+W+若+Y"类而言,就是 1 次,而对于"X+W+如+Y"而言,就是 2 次。本书中所有语料均按此方法统计。

三、上古汉语中的比拟句

根据是单独成句还是在句中充当句法成分,汉语中的比拟可分为两类:一类是单独成句的比拟句,一类是在句中充当句法成分的比拟式。在所统计的先秦至西汉时期的18部语料中,只有单独成句的比拟句,没有比拟式。比拟句数量很多,共出现971次;类型比较丰富,有"X+如/若/犹/似+Y""X+犹如/有若+Y""X+W+如/若/似+Y""X+如/若+Y+W""X+如/若+Y+然"等五种类型①。分别讨论如次。

3.1 X+如/若/犹/似+Y

这一格式是比拟句的基本形式,"如/若/似"在句中作动词,相当于现代汉语中的"像"或"同……一样",比拟结果W隐含在上下文语境中,没有出现②。在我们所统计的语料中,这种形式的比拟句最为常见,共有858次,占整个比拟句总量的88.36%。其中最常见的是"X+如+Y",共390次,其次是"X+若+Y"224次,"X+犹+Y"176次,"X+似+Y"最少,只有68次。例如:

(1) 勖哉夫子!尚桓桓,如虎如貔,如熊如罴,于商郊。(《尚书·牧誓》)

(2) 瞻彼淇奥,绿竹如箦。有匪君子,如金如锡,如圭如璧。(《诗经·卫风·淇奥》)

(3) 夫其败也,如日月之食焉,何损于明?(《左传·宣公十

---

① 这一时期"象(像)"主要表示类似,好像义。如《左传·宣公三年》"昔夏之方有德也,远方图物,贡金九牧,铸鼎象物,百物而为之备,使民知神、奸";《荀子·强国》"夫下之和上,譬之犹响之应声,影之像形也"。这些"象(像)"字句,主要强调二者之间具有相似性,是"述实"而非描写,既不需要明确二者之间的等同程度,也无意探寻本体与喻体间的相似点。但有一例与上述例句有些不同,即《荀子·乐论》"故其清明象天,其广大象地,其俯仰周旋有似于四时",和中古出现的"象"字比拟句已经很接近了。但从总体上看,这一时期的"X象Y"类的句子大多还不是真正的比拟句。

② 比拟句是通过特定的语法手段和修辞手法,描写本体和喻体的相似点,引发种种联想,使人更容易间接地认识本体事物特征,因此比拟结果经常隐含不现。

二年》)

(4) 民望之,若大旱之望云霓也。(《孟子·梁惠王下》)

(5) 至治之国,君若桴,臣若鼓,技若车,事若马。(《韩非子·功名》)

(6) 故贤主之用人也,犹巧工之制木也,大者以为舟航、柱梁,小者以为楫楔,修者以为榈榱,短者以为朱儒枅栌。(《淮南子·主术训》)

(7) 由其道,功名之不可得逃,犹表之与影,若呼之与响。(《吕氏春秋·仲春纪》)

(8) 南郭子綦隐机而坐,仰天而嘘,荅焉似丧其耦。(《庄子·齐物论》)

在"X+如+Y"比拟句中,本体和喻体多为名词性成分(如例1、2),动词性成分比较少见(如例3,本体是谓词性主谓结构,喻体是名词性结构);"X+若/犹/似+Y"中,本体和喻体多由谓词性短语或小句充当(例4、6、8),也可以是单个词语、词组(例5、7)。

多数情况下,这类句式中的本体和喻体是一对一的关系,如以上例(3)—(7);也有本体和喻体是一对多的关系,如例(1)(2)。还有一种情况是:本体和喻体虽然仍是一对一的关系,但是由几个形式和意义相仿或相对的比拟句以连用形式出现,形成一个句群。除了《诗经》这种特殊体裁外,先秦至西汉时期的其他散文类语料中也有使用。例如:

(9) 彼汾一方,言采其桑。彼其之子,美如英。美如英,殊异乎公行。彼汾一曲,言采其藚。彼其之子,美如玉。美如玉,殊异乎公族。(《诗经·魏风·汾沮洳》)

(10) 夫水遍与诸生而无为也,似德。其流也埤下,裾拘必循其理,似义。其洸洸乎不淈尽,似道。若有决行之,其应佚若声响,其赴百仞之谷不惧,似勇。主量必平,似法。盈不求

概，似正。淖约微达，似察。以出以入，以就鲜洁，似善化。其万折也必东，似志。（《荀子·宥坐》）

（11）水则源泉混混沄沄，昼夜不竭，既似力者；盈科后行，既似持平者，循微赴下，不遗小间，既似察者；循溪谷不迷，或奏万里而必至，既似知者；障防山而能清净，既似知命者；不清而入，洁清而出，既似善化者；赴千仞之壑，入而不疑，既似勇者；物皆困于火，而水独胜之，既似武者；咸得之而生，失之而死，既似有德者。（西汉·董仲舒《春秋繁露》卷十六）

这种由几个形式和意义相仿或相对的比拟句连用而形成的句群，使得比拟修辞效果更加凸显。

3.2　X+犹如/有若+Y①

这种形式的比拟句使用很少，而且出现较晚，战国中期才开始萌芽。在所统计的语料中，只出现 2 次。即：

（12）圣帝在上，德流天下，诸侯宾服，威振四夷，连四海之外以为席，安于覆盂，天下平均，合为一家，动发举事，犹如运之掌

---

①　在本书所检阅语料中，也出现了不少“X+譬如/譬若/譬犹+Y”类用例，例如：“边长不宁，中长不静，譬如伏虎，见便必动，将何时已！”（西汉·贾谊《新书》卷三）“堂鸡公曰：‘为人主而漏泄其君臣之语，譬犹玉卮之无当。’”（《韩非子·外储说》）这类句子经常以“X，譬如/譬若/譬犹 Y，S’（小句）”形式出现。虽然整个句子也能体现两事物的相似点，但这种句子的焦点并不是凸显二者的相似点，而是要凸显所陈述事物的某种特征。在凸显这种特征时，借用了一种更常见、更具体的事物为例，以使读者更容易理解和接受这种特征。因此，笔者更倾向于把这类句子看成是通过打比方的修辞手段来说明事物的普通陈述句而非比拟句。在《战国策》中还有“也”“似”相连出现的用例，即“夫物多相类而非也，幽莠之幼也似禾，骊牛之黄也似虎，白骨疑象，武夫类玉，此皆似之而非者也”（《战国策·魏策》），但该句中的“也”是句中表示停顿的语气词，“似”为像义动词，此类句子既非本书所界定的平比句（没有比较结果），也非比拟句（两个比较参项属于同一属概念）。此类“也似”和近代汉语中所出现的比拟助词“也似”在结构和语义上都不相干。另外，在所检阅语料中，也出现了 3 例“X 有似 Y”的句子，如“故其清明象天，其广大象地，其俯仰周旋有似于四时”（《荀子·乐论》），但这类句子也如同上面所讨论的“X 也似 Y”一样，既非平比句，也非比拟句。

中。(《史记·滑稽列传》)

(13) 今万物之来,擢拔吾性,攓取吾情,有若泉源,虽欲勿禀,其可得邪?(《淮南子·俶真训》)

例(12)中本体、喻体皆为动词性短语,例(13)本体“吾性”“吾情”承前省略,喻体为名词“泉源”。

3.3 (X+)W+如/若/似+Y

在所统计的语料中,此种句式共出现101次,占整个比拟句的10.4%。其中“(X+)W+如+Y”最为常见,共出现71次(占此类比拟句总量的70.3%);“(X+)W+若+Y”28次(占此类比拟句总量的27.7%),“(X+)W+似+Y”1例2次(占此类比拟句总量的2%)。这种句式西周即已出现,《诗经》中出现最多①。其中比拟结果W多为形容词(或形容词性词组),本体和喻体多为名词性成分。例如:

(14) 彼君子女,绸直如发。(《诗经·小雅·都人士》)

(15) 战战兢兢,如临深渊,如履薄冰。(《诗经·小雅·小旻》)

(16) 是故圣人论事之局曲直,与之屈伸偃仰,无常仪表,时屈时伸。卑弱柔如蒲苇,非摄夺也;刚强猛毅,志厉青云,非本矜也,以乘时应变也。(《淮南子·氾论训》)

(17) 渊渊乎其若海,魏魏乎其若山,终则复始也,万物皆将资焉而不匮。(《庄子·知北游》)

(18) 若然者,其心志,其容寂,其颡頯;凄然似秋,暖然似春,喜怒通四时,与物有宜而莫知其极。(《庄子·大宗师》)

在所检阅语料中,此种句式的比拟本体省略情况较多,如例(14)(15)(16)(18)等。例(17)中,比拟结果出现在了比拟本体之前,和

---

① 如果单纯从各语料中该类句式的使用次数看,在所检阅语料中,《荀子》《史记》的使用频次超过了《诗经》,但这两部语料中的“(X+)W+如/若/似+Y”句式多是对《诗经》及其他早期语料的直接引用或稍加改造,不宜看作这两部语料自身语言情况的真实反映。

上古时期的主谓倒装句(如《论语》“大哉,尧之为君也!”)一样,其目的主要是为了凸显比拟结果,多用于表示感叹的句子,比拟结果也多为表积极意义的词语。但这类比拟句在上古汉语中并不常见①。

另外,此类句式中还有一种比较特殊的用法,本体为代词“其”。例如:

(19) 委蛇,其大如毂,其长如辕,紫衣而朱冠。(《庄子·达生》)②

“(X+)W+如/若/似+Y”比拟句中,本体和喻体一般是一对一,但偶尔也有用多个喻体并列来比拟一个本体,然后用不同的形容词来说明比拟结果,本体和喻体在数量上形成一对多的关系。例如:

(20) 上得天时,下得地利,中得人和,则财货浑浑如泉源,汸汸如河海,暴暴如丘山,不时焚烧,无所臧之。(《荀子·富国》)

例(20)中本体为名词“财货”,喻体分别为名词“泉源”“河海”“丘山”,比拟结果分别为形容词“浑浑”“汸汸”和“暴暴”。

3.4　X+如/若+Y+W

这一句式在所统计的语料中出现了2例3次,2例均出自《诗经》。其中有1次是《荀子》对《诗经》句子的直接引用。即:

(21) 秩秩斯干,幽幽南山。如竹苞矣,如松茂矣。(《诗经·小雅·斯干》)

(22) 武王载旆,有虔秉钺。如火烈烈,则莫我敢曷。(《诗经·商颂·长发》)

---

① 如果按照太田辰夫(2003)关于“君子之交淡若水,小人之交甘若醴”的分析(即“君子之交”是话题成分,“淡”是主语,“若”是同动词),例(17)中的“渊渊乎”“巍巍乎”也可分析为母句主语,“其”为子句主语,“若”是做谓语的像义动词。参看太田辰夫:《中国语历史文法》(修订译本),第164页。

② 关于对此类形式的理解,具体如前“平比句”中的例(6)(7)。

以上例中的比拟结果 W“苞”“茂”“烈烈”均位于喻体之后，且均为形容词。

上古汉语中比拟句的这一特殊用法，可能是由诗歌这一特殊的体裁形式决定的，因为节奏的缘故而省说名物化标记“之”①。同样，《诗经》中也有喻体和比拟结果中间加名物化助词“之”的用例。例如：

(23) 如月之恒，如日之升；如南山之寿，不骞不崩；如松柏之茂，无不尔或承。(《诗经·小雅·天保》)

在西汉时期的语料中，如果比拟结果出现在喻体之后，其间依然都有助词“之”。例如：

(24) 梦中许人，觉且不背其信，陛下已诺，若日出之灼灼。(西汉·贾谊《新书》卷四)

不过，从总体上看，先秦至西汉语料中，无论喻体和比拟结果之间是否有助词“之”，比拟结果出现在喻体之后的用法都很罕见。

3.5　X+如/若+Y+然

在“X+如/若+Y”句式中，其后有时也会出现“然”字，构成“X+如/若+Y 然”这一准双标记比拟句式②。在所统计的语料中，“X+

① 参看魏培泉：《中古汉语新兴的一种平比句》，《台大文史哲学报》2001 年总第 54 期。

② 江蓝生(1999)认为先秦比拟助词还有“者”字，例证为：“之哭也，一似重有忧者”(《礼记·檀弓》)。参看江蓝生：《从语言渗透看汉语比拟式的发展》，《中国社会科学》1999 年第 4 期。这类句子并非本书所认定的比拟句，而是表示推测、像似意义的句子。虽然在所考察的语料中，也有“如……者”句子，例如“观其朝廷，其朝闲，听决百事不留，恬然如无治者，古之朝也”(《荀子·强国》)，但这类句中的“者”，基本上都用在动词性成分后，更接近于特殊指代词“者”。另外，在“X+犹+Y”后经常出现“也”字，构成“X 犹 Y 也”各式。例如“夫子之不可及也，犹天之不可阶而升也”(《论语·子张》)。在这类句式中，XY 基本由小句构成，小句末也都会出现“也”字，本书认为此类“也”字基本功能依然是表肯定判断，因此不将其归入此类双标记比拟句中。

如/若+Y 然”用例很少,共出现 6 例,“如……然”3 例,“若……然”3 例。即:

(25) 枉矢,类大流星,蛇行而仓黑,望之如有毛羽然。(《史记·天官书》)

(26) 两人相为引重,其游如父子然。(《史记·魏其武安侯列传》)

(27) 四法修于所故,祖于先帝,故四法如四时然。(西汉·董仲舒《春秋繁露》卷七)

(28) 夫道若大路然,岂难知哉?(《孟子·告子下》)

(29) 善养生者,若牧羊然,视其后者而鞭之。(《庄子外篇·达生》)

(30) 在人者,亦宜行而无留,若四时之条条然也。(西汉·董仲舒《春秋繁露》卷七)

在这些比拟句子中①,喻体多为名词性词组(例 25 为动词性词组)。此类句式中“然”字的性质问题,学界看法不一。江蓝生(1999)将其界定为“比拟助词”,李焱、孟繁杰(2010)将其界定为语气词。笔者更倾向于江先生的观点。因为在所考察语料中,“X+如/若+Y+然”类句式与类似的“X+犹+Y+也”句式相比,在表肯定语气的同时,表示 XY 二者相似的、夸张的意味更浓,“然”字在某种程度上,与比拟助词“一样”“相似”更接近,所以宜将此类句式纳入准双标记比拟句中。

3.6 小结

在所考察的语料中,五种形式的比拟句各小类在所统计语料中的具体使用频次见表 1.2。

---

① 以上 6 例中,例(25)(26)似乎也可以理解为比拟式,“如 Y 然”在句中做谓语,但本书认为将其看作省略了比拟主体的比拟句似乎更为合适,例(25)强调的是“枉矢”的形状,完全可以理解句读为“望之,(其)如有毛羽然”,例(26)强调两人关系之亲密,句意其实应是“两人相为引重,游,其如父子然”。

表 1.2　先秦至西汉时期各语料中比拟句使用情况

语料	类型及使用频次											总计
	X+如+Y	X+若+Y	X+犹+Y	X+似+Y	X+犹如+Y	X+有若+Y	X+W+如+Y	X+W+若+Y	X+W+似+Y	X+如+Y+W	X+如/若+Y然	
尚书	3	12	0	0	0	0	0	0	0	0	0	15
诗经	73	4	0	0	0	0	11	2	0	3	0	93
左传	42	0	2	1	0	0	0	0	0	0	0	45
论语	1	0	3	0	0	0	1	0	0	0	0	5①
孟子	14	2	18	0	0	0	0	0	0	0	1	35
庄子	15	34	7	38	0	0	2	10	2	0	1	109
睡虎地秦墓竹简	0	0	0	0	0	0	0	0	0	0	0	0
荀子	35	6	20	14	0	0	12	2	0	1②	0	90
韩非子	2	8	18	0	0	0	4	0	0	0	0	32
吕氏春秋	5	5	1	1	0	0	6	0	0	0	0	18
战国策	4	4	13	0	0	0	0	0	0	0	0	21
淮南子	39	51	40	0	0	1	12	5	0	0	0	148
新书	21	11	13	1	0	0	3	4	0	0	0	53
新语	2	5	2	0	0	0	0	0	0	0	0	9

① 《论语》中的"X+W+如+Y"用例引自《诗经》,因此并不能算是《论语》自身的语言实际情况。

② 《荀子》中的"X+如+Y+W"用例引自《诗经》,因此也并不能算是《荀子》自身的语言实际情况。

续 表

语料	类型及使用频次											总计
	X+如+Y	X+若+Y	X+犹+Y	X+似+Y	X+犹如+Y	X+有若+Y	X+W+如+Y	X+W+若+Y	X+W+似+Y	X+如+Y+W	X+如/若+Y然	
史记	89	24	0	3	1	0	16	1	0	0	2	136
春秋繁露	25	30	20	10	0	0	2	0	0	0	2	89
盐铁论	20	28	19	0	0	0	2	4	0	0	0	73
合计	390	224	176	68	1	1	71	28	2	4	6	971

通过以上分析和统计可以看出,上古汉语中的比拟句具有以下几个特点:

第一,从使用频次和具体类型看,这一时期的比拟句虽然使用数量较多,但句式类型比较集中,尤其是战国末期以前,基本上都集中在"X+如/若/犹/似+Y"这一句式上;西汉时,不同类型的比拟句式开始增多,基本上每部语料都会出现5种及以上类型(《史记》最多,达到了7种类型),但"X+如/若/犹/似+Y"使用频次依然占绝对优势。

第二,从语体差异看,不同体裁、不同写作风格的文献,比拟句的使用频次、类型差别显著,如《诗经》《庄子》《淮南子》《春秋繁露》《盐铁论》,比拟句使用很多,这应该与比拟句本身具有修辞作用有关。这些语料有的对韵律要求较高(如《诗经》),有的是通过寓言故事说明事理(如《庄子》),有的是通过对经典的阐释来说明己意(如《春秋繁露》),有的是通过辩论来论证自己的观点(如政论文《盐铁论》),运用比拟句不仅可以形象地阐明自己的观点,也可以增强作品的文学性,从而起到语义和修辞双赢的效果。《睡虎地秦墓竹简》大多是法令条文,语言要求准确、简洁,而比拟句作为一种修辞手法,其所表达的语义经常是超越社会和时代的,具有一定程度上的不确定性,所以《睡虎地秦墓竹简》未使用这种句式。

四、总　　结

通过以上研究可以发现,先秦至西汉时期的汉语平比句和比拟句主要有以下几个特点:

第一,从使用频次上看,比拟句占绝对优势。在所统计的18部语料中,比拟句共出现了971次,而平比句仅出现了71次,后者不及前者的十分之一。平比句与比拟句使用频次相差悬殊的原因,应该与二者的语义内涵密切相关。平比侧重等同的程度,是真实的等同意义,是一种实比;比拟侧重等同的方式,是一种虚比。程度是一种相对简单的维度,而方式则更为复杂和多维,需要听话人进行二次意义加工。在二次加工过程中,对同一个事物,不同的社会、个人可能会有不同的认识,因此表达形式更为多样和丰富。在所检阅语料中,一些比拟句,即使本体相同,但喻体却可以完全不同。例如同在《孟子·告子上》中,同样谈论人性,就分别用了"杞柳""湍水"两种完全不同的喻体来阐述:

> 告子曰:"性犹杞柳也,义犹杯棬也;以人性为仁义,犹以杞柳为杯棬。"
>
> 告子曰:"性犹湍水也,决诸东方则东流,决诸西方则西流。人性之无分于善不善也,犹水之无分于东西也。"

正因为比拟表达的丰富性,使得其使用频次要远远多于与其相似的另一种表达方式——平比句。

第二,从使用类型看,平比句和比拟句基本相当,都有8种小类型,而且不少类型句法格式基本相同。比如,都有"X+W+如/若+Y""X+如+Y+ W"形式;使用频次上,也都以"如"字句为最多。这也表明,从上古汉语开始,如仅以形式为标准,平比句和比拟句的界定甚至整个比较范畴的确定,都难以得到圆满的解决。

第三，从比较（比拟）标记看，在所检阅语料中，不同语料的前比标记（比较/比拟）大多都只有“如”一个。虽然《战国策》中有“如、若”两个，但平比句标记“若”只出现了1例。从时间角度看，早期前比标记以“如”为主，战国后期至西汉“犹”的使用频次开始增多。此期后比标记还处于萌芽状态，无论是异同句中的“同”，还是既可表平比也可表比拟的“如……然”中的“然”，都还表示一定的实在意义（尤其是“同”），都不是真正意义上的后比标记，至多只能算作准后比标记。

第四，从比较（比拟）结果看，无论是平比句还是比拟句，都以形容词性词语最为常见。从比较主体和比较基准来看，早期语料中较为单一，多为简单名词；战国末期直至西汉，比较主体和基准（尤其是比较基准），复杂化程度逐步增高，有时甚至以复句形式出现。

第五，从语序类型上看，此期平比句比较结果大多出现在比较基准的前边；比拟句比拟结果出现较少，在有比拟结果的句子里，也和平比句一样，比拟结果大多出现在喻体之前。在所统计语料中，只有2例比拟结果出现在喻体之后。

第六，从语体角度看，诗歌类（如《诗经》）、寓言类以及哲学类（如《庄子》《春秋繁露》《淮南子》等），比拟句的使用频次很高，平比句的使用频次很低甚至没有。另外，在所检阅的出土文献《睡虎地秦墓竹简》中，仅有平比句，且使用比率相对较高，比拟句未见使用。这说明，比拟句和平比句的使用频次，除与其各自的表达特点密切相关外，也与韵律、语料内容紧密相关。

另外，这一时期比拟的使用仅出现了独立成句的比拟句，没有出现充当句子成分的比拟式，笔者推测，除了因为“比拟”本身的发展还不够成熟和多样外，也与这一时期整个汉语句法表达还相对简单有关。

第二章

东汉魏晋南北朝隋汉语平比句与比拟句研究

一、引　言

东汉魏晋南北朝隋六百年间①，古代汉语起了质的变化，“最明显的特点就是接近口语的成分开始出现，并且呈现由少到多的发展趋势”（方一新、王云路，1993：2）。“就语法方面而言，其特点主要表现为自上古至近代的过渡，旧有形式仍然大量沿用，消亡者只是极少数；新兴形式已经陆续产生，但有待于进一步巩固发展，确立优势。因而整个中古时期反映了新旧语法形式的交替，诸多语法形式的萌芽或发展，至近代时期得到巩固流行，从而逐步奠定现代汉语语法的基础。”（高育花，2007：1）

虽然从东汉开始，就已经出现了在不同程度上反映当时口语的白话材料。但是，东汉魏晋南北朝隋这一时期的汉语还不是纯粹的口语，各种文献典籍的语言成分还比较复杂，“口语成分常常和文言成分交织在一起”（汪维辉，2000：17）。关于中古时期文言和白话的特点，胡敕瑞（2013）等学者已做了较为详细的探究②，本书在鉴定此

---

① 这一时期的汉语，学界一般将其称之为“中古汉语”。以下论述中，凡涉及这一时期的表述，本部分一律写作“中古汉语”。

② 胡敕瑞（2013）指出：中古文言和白话的差异，大致表现在 15 个方面，分别是：篇幅不同、字量不同、单复音词不同、常用词不同、常用义不同、通假字不同、否定词不同、量词使用不同、代词系统不同、介词系统不同、语气词系统不同、词类活用不同、标记成分不同、句式不同、语序不同。参看冯胜利主编：《汉语书面语的历史与现状》，北京大学出版社，2013 年，第 173—175 页。

期语料时，也尝试以此为标准。另一方面，语言不仅具有时代性，也具有地域性，桥本万太郎（1985/2008）把语言在地理上表现出来的类型推移，看作语言历史演变各层次的投射。南北朝时期“南方水土和柔，其音清举而切诣，失在浮浅，其辞多鄙俗。北方山川深厚，其音沈浊而鈋钝，得其质直，其辞多古语”（颜之推著，王利器集解，1993：529）。具体到汉语平比句和比拟句的使用上，是否也存在这种南北差异？这也是本研究要着重考察的内容之一。

另外，东汉佛教传入，“六朝时期，汉译佛经盛行，译文中也大量出现复音节词，显示出佛家不拘泥于传统的雅言而大量使用当时的口语词汇的迹象。但是，从语法上看，其中也出现了许多不符合汉语传统的不规则的说法”（志村良治，1995：6）。因此翻译佛经成为此时期最重要的语料之一，但译经本身是个非常庞杂的体系，佛经语料的性质、翻译年代、译者等问题的确定，都还存在一定的争议。所以此期语料，本书除了选择口语成分较多的中土文献外，也选择了一定数量的、已做过语言学考察的佛经语料。

同时，为了尽可能精确细致地反映这一时期不同时代、不同地域的汉语平比句和比拟句使用情况，本书又把这一时期分为四个阶段，每个阶段选择一定数量的不同类型的代表性语料。主要考察的语料分布如下：

东汉：《论衡》《太平经》《风俗通义》《伤寒论》《金匮要略》《汉末英雄记》《古诗十九首》；安世高译经、支娄迦谶译经、康孟详与其他高僧共译佛经、安玄译经、支曜译经等①；

魏晋十六国：《三国志》《抱朴子》《陶渊明集》《王羲之杂帖》《搜

① 安世高译经主要包括《长阿含十报法经》《佛说人本欲生经》《佛说一切流摄守因经》《佛说四谛经》《佛说本相猗致经》《佛说是法非法经》《佛说普法义经》《佛说八正道经》《佛说七处三观经》；支娄迦谶译经主要《道行般若经》《佛说兜沙经》《阿閦佛国经》《佛说遗日摩尼宝经》《文殊师利问菩萨署经》《佛说阿阇世王经》《佛说内藏百宝经》；康孟详与其他高僧共译佛经主要包括《修行本起经》《中本起经》；安玄译经（及与其他高僧共译）主要包括《法镜经》《阿含口解十二因缘经》；支曜译经主要包括《佛说成具光明定意经》。

神记》;魏晋诗歌①;支谦译经、法炬译经、竺法护译经、佛驮跋陀罗译经、瞿昙僧伽提婆译经、无谶译经、鸠摩罗什译经等②;

南朝:《世说新语》《后汉书》《文心雕龙》《殷芸小说》《南齐书》《宋书》;南朝诗歌③;求那跋陀罗译经、沮渠京声译经、畺良耶舍译经等④;

北朝:《洛阳伽蓝记》《齐民要术》《水经注》《颜氏家训》《魏书》;北朝诗歌⑤;昙无谶、佛陀扇多译经、求那毗地译经、菩提流支译经、般若流支译经等⑥;

考虑到汉语平比句、比拟句可能会因为语体不同而造成使用上的差异,本书又根据题材和体裁的不同,把这一时期的语料大致分为以下几类:

1. 传记、小说类　两汉以降,特别是魏晋南北朝时期,传记、志怪小说、志人小说、笔记小说开始涌现,如东汉王粲的《汉末英雄记》、晋干宝的《搜神记》、南朝宋刘义庆的《世说新语》、南朝梁殷芸的《殷芸小说》等。这些小说大都采用了较为口语化的语言,能够在一定程度上反映中古汉语的真实面貌。只是原书多已散佚,今天能看到的本

---

① 魏晋诗歌主要包括曹操、曹植、王粲、阮籍、陆机等人的诗歌。

② 支谦译经主要包括《佛说八吉祥神咒经》《佛说孛经钞》《佛说斋经》《佛说戒消灾经》《佛说老女人经》《佛说龙施女经》《五母子经》;法炬译经主要包括《佛说沙曷比丘功德经》《比丘避女恶名欲自杀经》《佛为年少比丘说正事经》《阿阇世王问五逆经》;竺法护译经主要包括《佛说盂兰盆经》;佛驮跋陀罗译经主要包括《大方广佛华严经》;瞿昙僧伽提婆译经包括《增壹阿含经》;无谶译经主要包括《优婆塞戒经卷第一》;鸠摩罗什译经主要包括《佛说阿弥陀经》《金刚般若波罗蜜经》《妙法莲华经》《维摩诘所说经》《摩诃般若波罗蜜大明咒经》《诸法无行经》。

③ 南朝诗歌主要包括谢朓、鲍照、王融、沈约、江淹、沈炯等人的诗歌。

④ 求那跋陀罗译经主要包括《杂阿含经》;沮渠京声译经主要包括《佛说末罗王经》《佛说摩达国王经》《佛说耶只经》;畺良耶舍译经主要包括《佛说观无量寿佛经》。

⑤ 北朝诗歌主要包括北魏孝文帝元宏、高允、刘昶、庾信等人的诗歌以及北齐的杂歌谣辞等。韩延之弃晋奔后秦又入魏,代表时代有争议,其诗歌在语料数据统计中无贡献,故去掉此人。

⑥ 昙无谶译经主要是《悲华经》;佛陀扇多译经主要包括《银色女经》《佛说转有经》;求那毗地译经主要包括《百喻经》;菩提流支译经主要包括《佛说大方等修多罗王经》;般若流支译经主要包括《无垢优婆夷问经》。

子,多数是经过后人辑录整理过的,难免有失真、掺假的情况①。如《搜神记》,今本二十卷,是明人所辑录,据汪绍楹先生考证,其中间有改动文字或误收他书之处。本书在引用该书中的例证时,注意到尽量与原出处进行核对,以保证例证的可靠性。

2. 史书类　包括《三国志》《后汉书》《南齐书》《宋书》《魏书》等。《三国志》作者陈寿(公元233—297年),其生命的大部分时光都在三国时期度过②;《南齐书》作者为齐梁皇族萧子显,是南齐开国皇帝萧道成的孙子;《宋书》作者沈约,历仕宋、齐、梁三朝,曾自称"少好百家之言,身为四代之史";《魏书》作者为北齐史学家魏收。这些史书作者所处的时代和所述史事的时代基本重合或相去不远,大体可视为当事人撰当朝史。虽然史书的语言,与小说和汉译佛经相比,口语性不算很强,但由于这几部史书"当事人撰当朝史"的特殊性质,仍不失为较多反映当时口语情况的文献。《后汉书》作者范晔为南朝刘宋史学家,其与所述史事的时代相隔一段距离,为后代人写前代事,不可避免地要参考大量原始材料和前人著作,所以在语料的鉴别上,本书将"舍弃后代萌生而前代尚未出现的用例,选用前代已经萌生或发展的用例"(柳士镇,2019：100)。

3. 道家、医学类　如《太平经》《抱朴子》《伤寒论》《金匮要略方论》,这些书由于其实用性目的,比较贴近人民的生活,材料的口语性强,本书也对此类语料做了重点考察。

4. 诗歌类　中古时期,诗歌的发展展现出异彩纷呈的局面,它上承《诗经》《楚辞》,下启唐诗,具有鲜明的时代特色,是研究这一时期文献语言的宝贵资料。汉魏六朝诗主要可分为乐府民歌和文人诗两

---

①　正如真大成(2020)所言,中古时期的名著《世说新语》就是典型的"衍生性文本"。衍生性文本不是一种共时文本,也不是一种同质文本,使用衍生性文本时,不妨面向多个维度,考虑多种可能性。参看真大成:《论中古"衍生性文本"的语料意义》,《中国语文》2020年第1期。

②　史书中《三国志》较为特别,考察时笔者不仅考察《三国志》本身,也考察了裴松之的注释,但在做数据统计时,因二者成书时间相差一百多年,故而将分别统计。

大类,都从不同侧面反映了社会现实。其中民歌口语化程度很高,文人诗对口语也有所反映,但不是很多。

5. 汉译佛经　由于此期汉译佛经的鉴别问题、译者本身的语言问题,“译师来自西域,汉语既不甚了解,笔受之人,语学与教理两皆未娴,讹谬浅薄,在所难免”(梁启超,2001：173),译经自身只能作为“后时资料”的问题,都使得笔者只能将其作为一种辅助语料。

6. 其他　既包括哲学类语料如《论衡》,也包括一些文学类、杂家类的,如《风俗通义》《陶渊明集》《王羲之杂帖》《文心雕龙》《齐民要术》《水经注》《洛阳伽蓝记》《颜氏家训》等。王充的《论衡》因其写作目的在于“冀俗人观书而自觉”,所以语言通俗浅白,正如作者所言“直露其文,集以俗言”“口则务在明言,笔则务在露文”①。《风俗通义》是东汉末年应劭所著的中国历史上第一部关于风俗学方面的散文著作,语言质朴,通俗易懂,有时几如口语白话②。《陶渊明集》共收录陶渊明作品 68 部(包括组诗在内),涵盖了其田园诗、咏怀诗、饮酒诗、散文辞赋和祭文,内涵丰富,平实醇厚。《王羲之杂帖》为东晋书法家王羲之与家人及友人间的私人书信往来,内容大都是家常问候、叙情怀、抒情感、论书法等琐事,都是随手写来,口语词汇多,能较为充分地体现东晋的口语特点。刘勰《文心雕龙》是较为典型的文言作品,成书年代较为清楚,表情达意十分清晰,虽然口语性较弱,但能在一定程度上代表中古语言的特点,可作为对照语料来考察。贾思勰《齐民要术》记录了南北朝时期系统、完整而又门类甚广的农业科学理论和实践经验,文笔流畅,保存了很多当时的俚俗口语。郦道元《水经注》是北魏时期一部重要文献,详细记载了河流所经地区的地理情况、建置沿革和有关的历史事件、民间传说,引书较多,但据已有

---

①　蒋绍愚(2019)指出：总的来说,《论衡》是新旧成分掺杂的,旧的成分较多,新的成分较少。但《论衡》也有一些口语成分,也有研究的价值,是研究东汉时期汉语的不可缺少的材料。参看蒋绍愚：《汉语史的研究和汉语史的语料》,《语文研究》2019 年第 3 期。

②　参看刘明怡：《〈风俗通义〉的文体特点及其文学意义》,《文学遗产》2009 年第 2 期。

研究看，也体现了许多中古汉语的语言特色。《洛阳伽蓝记》为北魏杨衒之所著，主要描述了北魏四十年间洛阳城佛教塔寺的兴废以及当时的社会政治和民间风俗，全书语言虽然总体上仍属文言，但风格较为统一，也运用了不少具有时代特色的口语（特别是记言和叙事部分）①。《颜氏家训》是南北朝时期颜之推用以训诫子孙的一部专著，语言上主要采用典正的传统书面语言，但也吸收了一些新的语言成分，能在一定程度上反映出南北朝时期语言的发展变化。虽然从总体上看，这部分语料口语性不是很强，但"我们或许需要更加重视这类口语化并不很高的语料反映出的总体面貌对于汉语发展变化的参照作用。这类语料既可以反衬口语的发展，又可以展现某一时期汉语使用的基本状况"②。

兹分别对这些语料中平比句和比拟句的使用情况做细致的考察、统计、描写和分析。

二、中古汉语中的平比句

这一时期汉语平比句的使用频次较上古汉语稍有增加③，尤其是比较结果位于基准项之后的使用频次。在本书重点考察、统计的语料中，汉语平比句共出现了 721 次。根据比较标记的数量，中古汉语平比句也可分为两类：单比较标记平比句和双比较标记平比句。

2.1　单标记平比句

这一时期能够进入该类句式中的比较标记和上古汉语一样，只有"如、于"两个，且主要集中于"如"和"于"字句上。此类平比句句式有"X+W+如+Y""X+W+于+Y""X+如+Y+ W"三种，在所具体考察

① 参看董志翘：《试论〈洛阳伽蓝记〉在中古汉语词汇史研究上的语料价值》，《古汉语研究》1998 年第 2 期。

② 参看柳士镇：《萧统〈令旨解二帝义〉中的选择问句》，《古汉语研究》2002 年第 4 期。

③ 不同阶段所考察语料的字数并不均衡，在比较时，并不能单纯比较各类句式出现的次数，而是要比较平均每百万字中各类句式所出现的大致频次。

语料中，共出现310次，占整个平比句总量的43%。分别讨论如次。

2.1.1　X+W+如+Y

在所统计的语料中，"X+W+如+Y"总共出现了167次，占整个单标记平比句总量的53.87%；没有发现比较标记为"若""犹""似"等的平比句用例。在"X+W+如+Y"中，比较结果多为单音节形容词，其中犹以"大"最为常见①；比较主体和基准多为名词或名词性结构，比较主体经常承前省略。例如：

（1）儒者明说一经，习之京师，明如匡稚圭，深如赵子都，初阶甲乙之科，迁转至郎、博士，人谓经明才高所得，非也。（东汉·王充《论衡·命禄》）

（2）黄汗之为病，身体肿，发热汗出而渴，状如风水，汗沾衣，色正黄如蘖汁，脉自沉，何从得之？（东汉·张仲景《金匮要略·水气病脉证并治》）

（3）五者陆地生莲花，大如车轮。（东汉·竺大力共康孟详译《修行本起经》）

（4）出彼玉池入金室，大如弹丸黄如橘，中有嘉味甘如蜜，子能得之谨勿失。（东晋·葛洪《抱朴子·内篇·微旨》）

（5）汉章帝元和元年，代郡高柳乌生子，三足，大如鸡，色赤，头有角，长寸余。（东晋·干宝《搜神记》卷六）

（6）如是众生临命终时悉来集聚生我世界，随其本相所受身色艾白无润，面目丑陋如毗舍遮，失念破戒臭秽短命，以此诸恶损灭其身。（北凉·昙无谶译《悲华经》卷六）

（7）六月丙戌，有流星大如鸭卵，从匏瓜南出，至虚而入。（《南齐书·天文志》）

（8）儿曰："见一禽，巨如羔羊，头上有角，其末有肉。"（《宋书·

---

① 此类平比句《齐民要术》中出现了97次，其中W均为"大"的就有79次；《南齐书》中共出现了27次，W均为"大"。

符瑞志上》)

(9) 下白米粉,大如酸枣,粉多则白。(北魏·贾思勰《齐民要术》卷五)

(10) 河水又南,瀵水入焉。水出汾阴县南四十里,西去河三里,平地开源,渍泉上涌,大几如轮,深则不测,俗呼之为瀵魁。(北魏·郦道元《水经注》卷四)

(11) 有一小鸟,素质墨眸,形大如雀,栖于崇庐,朝夕不去。(《魏书·孝感列传》)

这类平比句,大多用来表示X、Y两种事物在量度上具有等同关系,如以上例(3)(4)(5)(7)(8)(9)(10)(11);其他的或者表示X、Y两种事物在性质上等同,如例(1)(6);或者在程度上等同,如例(2)。

以上例句中"X大如Y"中比较点是比较项的量度,这些句子的两个比较参项分别是"X的大小"和"Y的大小",而非X和Y。所以无论X、Y是否属于同一属概念,"X大如Y"都是平比句。

这一时期语料中,也有一些反义并列复合词组充当比较结果的用例,例如:

(12) 四角锁上亦有金铎,铎大小如一石瓮子。(北魏·杨衒之《洛阳伽蓝记》卷一)

(13) 以手团之,大小厚薄如蒸饼剂,令下微浥浥。(北魏·贾思勰《齐民要术》卷七)

以上例(12)(13)中"大小""厚薄"形式上是形容词性的并列词组,语义上是指比较项的体积、厚度,是句中两个比较参项的比较点,已具有名词性质。但从句法形式上看,例(12)(13)的两个比较参项分别是"铎"与"石瓮子"、"神曲"与"蒸饼剂","大小""厚薄"依然是表示结果的属性词,和上几例中的"X大如Y"性质相同。

从整体上看,此类句式的平比句除《南齐书》和《齐民要术》外,其他语料中使用都比较有限甚至没有。而《齐民要术》虽为北魏贾思勰所编，但书中经常引用前人的著作。例如，在所统计到的《齐民要术》79次"X大如Y"用例中，有69次是引自《广志》《西京杂志》《邺中记》《诗义疏》《食次》《临海异物志》《杜兰香传》《神仙传》《汉武内传》《玄中记》《尔雅》《南方草物状》《南州异物志》《南州八郡志》《蜀记》《风土记》《交州记》等前人书籍；《南齐书》的27次"X大如Y"中，有25次X为"流星"，2次为"雹"。因此可以说，中古汉语中，"X+W+如+Y"式平比句形式并不丰富，使用范围也不普遍。比较结果也以单音节形容词最为常见。

在《世说新语》中，还发现了6次"W(X)不如Y"类比较句，例如：

(14) 明帝问周伯仁："卿自谓何如庾元规?"对曰："萧条方外，亮不如臣；从容廊庙，臣不如亮。"(南朝宋·刘义庆《世说新语·品藻》)

(15) 时人道阮思旷："骨气不及右军，简秀不如真长，韶润不如仲祖，思致不如渊源，而兼有诸人之美。"(南朝宋·刘义庆《世说新语·品藻》)

从形式上看，这些句子可以看成平比句"W(X)如Y"的否定形式，但从语义上看，"W(X)不如Y"着重强调的是两个比较项在W上的差异，而将W前置于基准，甚至主体之前，就是为了凸显二者的差异点，因此，此类句子也应归入到差比句中。①

2.1.2　X+W+于+Y

在所统计语料中，这类句式总共出现了108次。能够出现在这种表示异同类句式中的"W"主要有"同、异"2个②，其中"X同于Y"共

---

① 这与上古汉语中的"X+不如+Y+W"归入差比句中同理。

② 在所检阅的中古语料中，此类句式还出现"X类于Y""X殊于Y"的表现形式，例如：地水不异于盘中之水，身外之精，何故殊于身中之精?(东汉·王充《论衡·论死》)天子出征，类于上帝，推前所告者归必告至，则宜告郊，不复容疑。(《宋书·志第六·礼三》)但考虑到典型性问题，在统计数据时并未计入。

出现48次,否定形式“X不同于Y”共出现4次;“X异于Y”共出现49次,否定形式“X不异于Y”共出现7次。这类表示异同的平比句占整个单标记平比句总量的34.84%。两类句式中,肯定形式均远多于否定形式。例如:

(16) 故望见骥足,不异于众马之蹄,蹑平陆而驰骋,千里之迹,斯须可见。(东汉·王充《论衡·效力》)

(17) 今绍见编,会以礼游引耳,其义不同于此。(东汉·应劭《风俗通义·十反》)

(18) 乃下世子及大臣博议,世子以畴同于子文辞禄,申胥逃赏,宜勿夺以优其节。(《三国志·魏书·田畴传》)

(19) 其茧纶理厚大,异于常蚕。(东晋·干宝《搜神记》卷十四)

(20) 若欲度众生,勿分别其性,一切诸众生,皆同于涅槃,若能如是见,是则得成佛。(姚秦·鸠摩罗什译《诸法无行经》卷下)

(21) 烝豚肥美,异于常味。帝怪而问之,答曰:“以人乳饮豚。”(南朝宋·刘义庆《世说新语·汰侈》)

(22) 观兹四事,同于《风》《雅》者也。(南朝齐·刘勰《文心雕龙·辨骚》)

(23) 先儒云“特祀于主者,特以丧礼奉新亡者主于寝,不同于吉。……”(《南齐书·礼志上》)

(24) 寻台邸用米,不异于银,谓宜准银课米,即事为便。(《宋书·良吏列传》)

(25) 树前有大井,极香冷,异于凡水,不知何代所掘,不常浚渫,而水旱不减。(北魏·郦道元《水经注》卷二十四)

(26) 兄弟之际,异于他人,望深则易怨,地亲则易弭。(北齐·颜之推《颜氏家训·兄弟》)

(27) 去上国之美人,对下邦之鬼蜮。形既同于魍魉,心匪殊于蝥

贼。(《魏书·袁翻列传》)

通过考察发现,能够出现在此类句式中的异同类平比句,对于语料的选择比较一致,基本上只出现在史论类和史书类语料中;从使用频次看,时代差异也不太显著。从该类句的总体使用情况基本可以得出这样的结论:从上古到中古,“X同/异于Y”都不是平比句的优势句式。

2.1.3　X+如+Y+W

在所统计的语料中,“X+如+Y+W”总共出现了35次,占整个单标记平比句总量的11.29%。例如:

(28) 上自黄、唐,下臻秦、汉而来,折衷以圣道,析理於通材,如衡之平,如鉴之开,幼老生死古今,罔不详该。(东汉·王充《论衡·自纪》)

(29) 以苦酒渍乌梅一宿,去核,蒸之五升米下,饭熟,捣成泥,和药令相得,内臼中与蜜杵二千下,丸如梧桐子大,先食饮服十丸,日三服。(东汉·张仲景《伤寒论·辨厥阴病脉证并治》)

(30) 太尉乔玄,字公祖,梁国人也。初为司徒长史,五月末,于中门卧,夜半后,见东壁正白,如开门明。(东晋·干宝《搜神记》卷三)

(31) 至期,遣妻,百姓号泣追呼者数万人。行数十里,淮乃命左右追夫人还,于是文武奔驰,如徇身首之急。(南朝宋·刘义庆《世说新语·方正》)

(32) 治马中水方:取盐着两鼻中,各如鸡子黄许大,捉鼻,令马眼中泪出,乃止,良矣。(北魏·贾思勰《齐民要术》卷六)

(33) 一日再入,以手刺豆堆中候看:如人腋下暖,便须翻之。(北魏·贾思勰《齐民要术》卷八)

在所统计到的35次“X+如+Y+W”类平比句中,W为单音节形容词“大”的有28次(《齐民要术》中共出现了22次,其中W为“大”的有21次),其他7次中的W为其他单音节形容词,这和前面讨论的“X+W+如+Y”类平比句的情况基本一致。在《齐民要术》的21次“X如Y大”中,有12次是引自前人著作。这也与前文所讨论的“X大如Y”情况相契合。另外,在此类句式中,有4次用例是“X+如+Y之W”(在所检阅的上古汉语语料中,只有“X之W+如+Y”,并未发现“X+如+Y之W”用法)形式,如例(28)(31),另外1例为:

(34) 天下之人,有如伯夷之廉,不取一芥于人,未有不言、不笑者也。(东汉·王充《论衡·知实》)

从时段分布看,“X+如+Y+W”类平比句东汉就已经萌芽①,但整体发展比较缓慢,直至北魏,使用也都比较少(虽然《齐民要术》中出现了20次,但60%引自不同时期前人之作);从语体分布看,主要出现在实用性较强的语料中(如《齐民要术》《伤寒论》);从地域分布看,“X+如+Y+W”共出现33次,《齐民要术》中的12次引用主要来自南方籍作者著作,其他出现此类句式的语料,如《论衡》《搜神记》《世说新语》等作者也为南方籍,因此笔者基本同意魏培泉(2001)的观点:中古的“X+如+Y+W”可能是以南方为主要的流行区域②。

在所统计语料中,也出现了4例“X不如YW”和1例“X不若YW”的用法。即:

---

① 之所以称之为“萌芽”,是因为东汉时期,此类平比句基本上是“X+如+Y之W”,并非典型的“X+如+Y+W”式。

② 参看魏培泉:《中古汉语新兴的一种平比句》,《台大文史哲学报》2001年总第54期。同时,此处的南北方划分标准,也依据魏培泉(2001)提出的“以政治区域以及编撰者的年籍来区分南北”。真大成(2020)指出,有学者认为《世说》编撰者刘义庆一生均在南方活动,于是将《世说》视作5世纪的南方语料,这无疑将衍生性文本的复杂性简单化。参看真大成:《论中古“衍生性文本”的语料意义》,《中国语文》2020年第1期。笔者非常认可这种审慎分析语料尤其是衍生性文本的做法。不过,如果能确定所用的文本本身就是始源性的,“以政治区域以及编撰者的年籍来区分南北”也是一种可操作的方式。笔者对中古时期35次“X+如+Y+W”类平比句的使用情况进行了考察,基本可以确定使用该类句式的言者年籍为南方。

(35) 蝼蚁之体细,不若人形大,声音孔气不能达也。(东汉·王充《论衡·变虚》)

(36) 太祖曰:"甚欲使卿在亲近,顾以为不如此州事大。故《书》云:'股肱良哉!庶事康哉!'得无当得蒋济为治中邪?"(《三国志·魏书·温恢传》)

(37) 时论以固之丰华,不如曼之真率。(南朝宋·刘义庆《世说新语·雅量》)

(38) 王平子目太尉:"阿兄形似道,而神锋太俊。"太尉答曰:诚不如卿落落穆穆。(南朝宋·刘义庆《世说新语·赏誉》)

(39) 和帝永元十四年,待诏太史霍融上言:"官漏刻率九日增减一刻,不与天相应,或时差至二刻半,不如夏历密。"(《宋书·律历志中》)

这些例句和前面所讨论的"W(X)不如Y"一样,形式上可以看作平比句"W(X)如Y"的否定式,但语义上凸显的是二者的差异点,因此,也应归入差比句中。

2.2 双标记平比句

在所统计的中古汉语语料中,双标记平比句相对较多,共出现411次,占整个平比句总量的57%,但主要依然是表示"异同"类的准双标记平比句。其中,前比较标记主要是介词性质的"与",像义动词"如"也有使用,但使用频次很低;后比较标记(同时兼比较结果)有"同、等、异、相同、相似、相等、相类、不同、无异"等。分别讨论如次。

2.2.1 X+与+Y+同/等

在所统计的中古汉语语料中,此类表示比较主体和基准性状相同的平比句式是使用频次最高的平比句句式,共223次,占整个双标记平比句总量的54.26%。其中,"X+与+Y+同"205次;"X+与+Y+等"18次(仅出现在《论衡》中)。句末有时也会出现"耳、也、焉"等语气词。例如:

（40）巧人之精，与拙人等；古人之诚与今人同。（东汉·王充《论衡·儒增》）

（41）古之贤圣所行，与今同耳；古之小人所穷，亦与今同耳，明证若此。（东汉《太平经》卷四十）

（42）庙在河南荥阳县。河隄谒者掌四渎，礼祠与五岳同。（东汉·应劭《风俗通义·山泽》）

（43）《古今录验》续命汤：治中风痱，身体不能自收持，口不能言，冒昧不知痛处，或拘急不得转侧。姚云：与大续命同，兼治妇人产后出血者及老人小儿。（东汉·张仲景《金匮要略·中风历节病脉证并治》）

（44）服之三十日，无寒温，神人玉女侍之，银亦可饵之，与金法同。（东晋·葛洪《抱朴子·内篇·金丹》）

（45）昨即得丹阳水上书，与足下书同，故不送，昨诸书付还。（东晋《王羲之杂帖》）

（46）常恐沈黄垆，下与鼋鳖同。（三国魏·曹植《盘石篇》）

（47）玄听之良久，多与己同。玄就车与语曰：吾久欲注，尚未了。听君向言，多与吾同。（南朝宋·刘义庆《世说新语·文学》）

（48）昔立两铜柱于林邑岸，岸北有遗兵十余家，居寿灵之南，悉姓马，自相婚姻，今二百户，以其流寓，号曰马流。言语犹与中华同。（南朝梁《殷芸小说》卷三）

（49）当单衣白帢素带哭于中门外，每临辄入，与宫官同。（《南齐书·礼志下》）

（50）案太元十九年、义熙三年九月，四星各一聚，而宋有天下，与魏同也。（《宋书·天文志三》）

（51）食则面麦，不立屠煞。食肉者以自死肉。风俗言音与于阗相似；文字与波罗门同。（北魏·杨衒之《洛阳伽蓝记》卷五）

(52) 悉皆五、六月中概种，七月、八月犁稀杀之，为春谷田，则亩收十石，其美与蚕矢、熟粪同。(北魏·贾思勰《齐民要术》卷一)

(53) 河水又西迳月氏国南，治监氏城，其俗与安息同。(北魏·郦道元《水经注》卷二)

(54) 王羲之书，称彼之母与自称己母同，不云尊字，今所非也。(北齐·颜之推《颜氏家训·风操》)

(55)《汉书》载王莽篡位之前，彗星出入，正与今同。(《魏书·崔浩传》)

(56) 问松林，松林经几冬？山川何如昔，风云与古同。(北魏·元勰《问松林》)

在这类句式中，比较主体经常承前省略(如上例41、43、44、45、47、49、50、55等)；上古汉语中，“与”前基本上没有修饰性副词①，到了中古汉语中，“与”前修饰性副词逐渐增多(如上例40、47、48、55等)；上古汉语中，“X+与+Y+同/等”后经常出现句末语气词“也、矣、耳”等，中古汉语中，此类句式句末语气词大量减少(尤其是“也”字)，其中“矣”已不见用例。另外，从具体用例的语境看，基本上出现在叙述性语句中。

从上古到中古，“X+与+Y+同”都是平比句中使用频次最高的句式，无论是地域角度，还是语体层面，都没有明显差异。这除了与语言发展阶段有关外，也与平比句其他表达形式的不够成熟密切相关。

2.2.2　X+与+Y+相同/相似/相等/相类/相似类

这种表示异同的平比句式，是中古汉语中新出现的句式。“X与Y相似/相类/相似类”与“X与Y相同/相等”本来在语义上有一点差别：前者在指出X和Y近似的同时，也意含其有差异；后者主要是指

① 上古汉语中，“X+与+Y+同/等”共出现26次，“与”前出现副词的仅1例。即“善，鲁之十二公，至今之为政，足以知成败之效，何必于三王？故古人之所行者，亦与今世同”(西汉·陆贾《新语·术事》)。

X和Y间的等同关系而略其差异性。但由于这些句式在语义上本来就相近,时间一长,也就有了混同的趋势。所以在中古汉语中,用"X与Y相似/相类/相似类"表示平比关系的句子也很多。在所考察语料中共出现102次,占整个双标记平比句总量的24.82%。其中"X与Y相似"最多,有92次①;其次是"X与Y相似类"5次,"X与Y相类似"2次,"X与Y相同/相等/相类"各1次。例如:

(57) 上自黄帝,下至汉朝,锋芒毛发之事,莫不纪载,与太史公《表》《纪》相似类也。(东汉·王充《论衡·超奇》)

(58) 不然也,真人语几与俗人语相类似哉!(东汉《太平经》卷四十二)

(59) 一事名为元气无为,二为凝靖虚无,三为数度分别可见,四为神游出去而还反,五为大道神与四时五行相类,六为刺喜,七为社谋,八为洋神,九为家先。(东汉《太平经》卷七十一)

(60) 上三味,杵为散,取鸡子黄一枚,以药散与鸡黄相等,揉和令相得,饮和服之,日一服。(东汉·张仲景《金匮要略·疮痈肠痈浸淫病脉证并治》)

(61) 夫王气与帝王气相通,相气与宰辅相应,微气与小吏相应,休气与后宫相同,废气与民相应,刑死囚气与狱罪人相应,以类遥相感动。(东汉《太平经》卷二十九)

(62) 皆教以诚信不欺诈,有病自首其过,大都与黄巾相似。(《三国志·魏书·张鲁传》)

此类句式的出现,和东汉以来词语复音化脚步的加快密切相关。

2.2.3 X+不与+Y+同/X+与+Y+不同

此类句式都是"X与Y同"的否定形式,但否定位置有别。在所

---

① 92次中,有不少是同一句子在不同地方出现,如东汉《太平经》中,"自有自然元气阴阳,与吾文相似,各从其俗,记吾书辞而行之,即太平矣"就出现了20次。

统计语料中,“X 不与 Y 同”共出现 21 次,“X 与 Y 不同”共出现 30 次,二者占整个双标记平比句总量的 12.41%。例如:

(63) 夫怒喜不与人同,则其赏罚不与人等。(东汉·王充《论衡·祀义》)

(64)《魏书》云攸使人说卓得免,与此不同。(《三国志·魏书·荀攸传》裴松之注)

(65) 用四规所见,来神甚多,或纵目,或乘龙驾虎,冠服彩色,不与世同。(东晋·葛洪《抱朴子·内篇·杂应》)

(66) 帝曰:“朔欺久矣,名与前不同,何也?”(南朝梁《殷芸小说》卷二)

(67) 拒阳令,“拒”字与南上洛不同。(《宋书·州郡志三》)

(68) 良地十石,多种博谷则倍收,与诸田不同。(北魏·贾思勰《齐民要术》卷三)

(69) 济水当王莽之世,川渎枯竭,其后水流迳通,津渠势改,寻梁脉水,不与昔同。(北魏·郦道元《水经注》卷七)

(70) 河北切攻字为古琮,与工、公、功三字不同,殊为僻也。(北齐·颜之推《颜氏家训·音辞》)

(71) 复云:“芳之所造,又短先朝之尺。”臣既比之,权然相合。更云:“芳尺与千金堰不同。”臣复量比,因见其异。(《魏书·广平王传》)

上古汉语中,这两种否定形式“X 不与 Y 同”和“X 与 Y 不同”的使用频次都比较低,从语用看,二者的否定焦点和立场表达有所不同,其中,“X 不与 Y 同”的主观性明显高于“X 与 Y 不同”。在所统计的中古汉语语料中,二者的使用频次都有所增加,但“X 与 Y 不同”的使用频次明显高于“X 不与 Y 同”;二者的否定焦点和立场表达有时依然存在一定差异:“X 不与 Y 同”既是对事实的否定,更是对某种观念的否定。例如《三国志》和《三国志注》中的两个例子:

(72) 比来天下奢靡，转相仿效，而徐公雅尚自若，不与俗同，故前日之通，乃今日之介也。(《三国志·魏书·徐邈传》)

(73) 晋武帝闻而哀矜，即诏使炅长子袭爵，余三子皆关内侯。此与汉晋春秋所说不同。(《三国志·吴书·三嗣主传》裴松之注)

例(72)是对“与俗同”这种做法的一种否定，强调的是比较主体“徐公”的主观态度，句子的主观性更强；例(73)只是对客观事实的一种否定，主观性很低。

但也有些“X 不与 Y 同”的用例，所表达的也只是对客观事实的否定，不再带有主观性。例如：

(74) 如星审者，天之星而至地，人不知其为星也。何则？时小大不与在天同也。(东汉·王充《论衡·说日》)

在所统计语料中，“X 与 Y 相似类”“X 与 Y 相似”“X 与 Y 等”的否定词“不”都只位于“与”之前，分别出现了 3 例、2 例和 3 例。例如：

(75) 后当复出见之凤皇、骐驎，必已不与前世见出者相似类。(东汉·王充《论衡·讲瑞》)

(76) 江表传曰：历阳县有石山临水，高百丈，其三十丈所，有七穿骈罗，穿中色黄赤，不与本体相似，俗相传谓之石印。(《三国志·吴书·三嗣主传》裴松之注)

(77) 夫怒喜不与人同，则其赏罚不与人等；赏罚不与人等，则其掊夜姑，不可信也。(东汉·王充《论衡·祀义》)

这些用例也不带有主观性，所表达的也只是对客观事实的否定。从使用频次和语义表达的角度看，中古汉语中的“X 与 Y 同”等异同句的两种否定形式，都有了较为明显地趋于“X 与 Y 不同”的倾向。

2.2.4　X 与/如 Y 异/无(有)异①

在所统计语料中，这类表示异同的句式仅出现在东汉时期语料中(主要是《论衡》，共 27 次)，共 35 次，占整个双标记平比句总量的 8.51%。其中“X 与 Y 无异”29 次，“X 与 Y 异”1 次，“X 如 Y 无异”1 次，“X 如 Y 无有异”4 次。例如：

(78) 夫天体也，与地无异。(东汉·王充《论衡·变虚》)

(79) 冬温之毒，与伤寒大异，冬温复有先后，更相重沓，亦有轻重，为治不同，证如后章。(东汉·张仲景《伤寒论·伤寒例》)

(80) 幻与色无异也，色是幻，幻是色。(后汉·支娄迦谶译《道行般若经》卷一)

(81) 至二十九日月尽夜时，以珠悬于空中。在其国上，随国大小，明照内外，如昼无异，是故名为神珠宝也。(后汉·竺大力共康孟详译《修行本起经》卷上)

(82) 诸经法无所说教，如虚空无形，本无端绪，如泥洹无有异。(后汉·支娄迦谶译《道行般若经》卷九)

从以上讨论可以看出，中古汉语依然没有真正意义上的双标记平比句。与上古汉语相比，只是表“相同”义的比较结果兼后比标记的种类更加丰富，且双音节化趋势更为明显。

2.3　小结

本书统计了所检阅的中古汉语不同阶段各语料的平比句使用情况，具体使用频次分别见表 2.1—2.4。

---

① 魏培泉(2009)将中古汉语汉文佛典中的“X 如 Y 无异”“X 如 Y 相似”“X 如 Y 一种(等)”等称为比拟式。参看魏培泉：《中古汉语时期汉文佛典的比拟式》，《台大文史哲学报》2009 总第 70 期。在笔者所检阅此期语料中，并未发现“X 与 Y 相似”“X 如 Y 一种(等)”的用例。另外，根据前文所提出的 XY 如果属于同一属类的不同次类，“X 如 YW”即为平比句的标准，本书所检阅到的中古汉语中的“X 如 Y 无异”均为平比句而非比拟句或比拟式。

表 2.1　东汉时期各语料中平比句具体使用情况

语　料	类型及使用频次							合计
	X+W+如+Y	X+(不)同/(不)异于+Y	X+如+Y+W	X+与+Y同/等	X与Y相同/相似/相等/相类/相似类	X不与Y同/X与Y不同	X与/如Y异/无(有)异	
论　衡	2	17	3	47	0	13	27	109
太平经	0	0	0	20	52	0	0	72
风俗通义	0	1	0	2	0	0	0	3
伤寒论	1	0	7	0	2	0	1	11
金匮要略	3	0	0	1	3	0	0	7
汉末英雄记	0	0	0	0	0	0	0	0
古诗十九首	0	0	0	0	0	0	0	0
东汉译经①	2	0	0	0	0	0	7	9
合　计	8	18	10	70	57	13	35	211

表 2.2　魏晋十六国时期各语料中平比句具体使用情况

语　料	类型及使用频次							合计
	X+W+如+Y	X+(不)同/(不)异于+Y	X+如+Y+W	X+与+Y+同/等	X+与+Y+相同/相似/相等/相类/相似类	X+不与+Y+同/X+与+Y+不同	X+与/如+Y+异/无(有)异	
三国志	0	3	0	0	25	6	0	34
抱朴子	5	0	0	4	3	1	0	13
陶渊明集	0	0	0	0	0	0	0	0

① 在本书所考察东汉译经中，有不少译经如《长阿含十报法经》《人本欲生经》《一切流摄守因经》《四谛经》《本相猗致经》《是法非法经》《普法义经》《佛说八正道经》《七处三观经》中均既无平比句，也无比拟句。另外，双标记平比句“X 如 Y(无)有异”仅出现在汉译佛经中。

续　表

语　料	类型及使用频次							合计
	X+W+如+Y	X+(不)同/(不)异于+Y	X+如+Y+W	X+与+Y+同/等	X+与+Y+相同/相似/相等/相类/相似类	X+不与+Y+同/X+与+Y+不同	X+与/如+Y+异/无(有)异	
王羲之杂帖	0	0	0	5	0	0	0	5
搜神记	16	2	2	0	2	0	0	22
魏晋十六国诗歌	0	0	0	1	0	0	0	1
魏晋十六国译经	2	4	0	0	5	0	0	11
合　计	23	9	2	10	35	7	0	86

表 2.3　南朝时期各语料中平比句具体使用情况

语　料	类型及使用频次							合计
	X+W+如+Y	X+(不)同/(不)异于+Y	X+如+Y+W	X+与+Y+同/等	X+与+Y+相同/相似/相等/相类/相似类	X+不与+Y+同/X+与+Y+不同	X+与/如+Y+异/无(有)异	
世说新语	0	4	1	2	0	0	0	7
文心雕龙	0	3	0	0	0	0	0	3
殷芸小说	0	0	0	3	0	1	0	4
南齐书	27	6	0	10	0	0	0	43
宋　书	6	31	0	32	0	9	0	78
南朝诗歌	0	0	0	0	0	0	0	0
南朝译经	0	0	0	0	0	0	0	0
合　计	33	44	1	47	0	10	0	135

表 2.4　北朝时期各语料中平比句具体使用情况

语　料	类型及使用频次							合计
	X+W+如/若+Y	X+(不)同/(不)异于+Y	X+如+Y+W	X+与+Y+同/等	X+与+Y+相同/相似/相等/相类/相似类	X+不与+Y+同/X+与+Y+不同	X+与/如+Y+异/无(有)异	
洛阳伽蓝记	1	0	0	2	4	0	0	7
齐民要术	97	0	22	21	5	1	0	146
水经注	2	9	0	26	0	7	0	44
颜氏家训	0	2	0	3	1	1	0	7
魏书	3	26	0	43	0	12	0	84
北朝诗歌	0	0	0	1	0	0	0	1
北朝译经	0	0	0	0	0	0	0	0
合计	103	37	22	96	10	21	0	289

通过以上分析和数据统计可以看出，中古汉语的平比句具有以下几个特点：

第一，除了北朝以外，其他三个阶段都是双标记平比句的使用频次高于单标记平比句。

第二，单标记平比句中，比较结果位于比较基准之前的用例远远高于比较结果位于基准项之后的用例，前者是后者的5倍还多，不过二者都集中出现在《齐民要术》中。另外，“XW 如 Y”也是整个单标记平比句中最常见的句式，使用频次占整个单标记平比句的53.87%。但是从实际用例看，无论是“XW 如 Y”，还是“X 如 YW”，其比较结果 W 都比较单一，大部分为形容词“大”，比较主体和比较基准也集中在几类事物上①。从这一

① 如天文类的，比较主体主要是“流星”；动植物类的，比较基准多为“鸡子”等。

角度出发似乎可以得出这样的结论：在中古汉语中，单标记平比句的使用并不广泛。

第三，双标记平比句中，后比较标记仍以单音节“同”最为常见，使用频次占到整个双标记平比句的近乎50%。不过，与上古汉语相比，中古汉语双标记平比句中后标记复音节化（尤其是双音节“相似”）的趋势已经非常明显，使用频次占到整个双标记平比句的24.82%。但从句式结构上看，中古汉语依然未出现真正意义上的双标记平比句。

第四，从语序变化看，和上古汉语相比，中古汉语平比句最大的变化就是真正意义上的比较结果位于基准项之后的“X如YW”类句式正式出现且使用频次明显增多，但比较标记只有像义动词“如”一个。从语体分布看，此类平比句主要出现在实用性较强的语料中；从地域分布看，此类平比句以南方为主要的流行区域。

第五，从语料性质看，传记小说、诗歌、汉译佛经类平比句总体使用频次偏低；北朝《齐民要术》和东汉《论衡》使用频次最高，这应该与两书的性质以及作者的写作观念密切相关：《齐民要术·序》“鄙意晓示家童，未敢闻之有识，故丁宁周至，言提其耳，每事指斥，不尚浮辞。览者无或嗤焉”，《论衡·自纪》“冀俗人观书而自觉”“直露其文，集以俗言”“口则务在明言，笔则务在露文”，而平比句就是要把两事物真实的等同意义表达出来，是一种相对简单的维度，所以这两书使用较多。

第六，从时间纵坐标看，平比句的几种表达形式在本书所划分的中古汉语的四个阶段并未表现出明显差异。

三、中古汉语中的比拟句和比拟式

这一时期汉语，除了有大量单独成句的比拟句外，也有一定数量的在句中充当修饰或补充性成分的比拟式。在所统计的这一时期语料中，比拟句共出现2008次；比拟式共出现14次。

3.1 比拟句

中古汉语中的比拟句类型丰富,使用频次也很高,上古汉语中所有句式如“X+如/若/犹/似/像+Y”“X+犹如/有如/犹若/有若+Y”“X+W+如/若/似/犹+Y”“X+如/若+Y+W”“X+若+Y+然”等,此期也都有使用①;此期新出现的有“X+象+Y”“X+有似/譬如/譬犹/犹比/象如/象若/如似/比如/比若/似如/似若+Y”“X+象(像)+Y+W”“X+如+Y+馨”等形式②。下面分别讨论如次。

3.1.1 X+如/若/犹/似/象+Y

这是比拟句中最常见的形式,在所检阅的此期语料中都有出现,只是每部语料所出现的具体比拟标记有所不同,每个比拟标记出现的频次也不尽相同。在本书所统计的此期语料中,这类比拟句总共出现了1616次,占整个比拟句总量的80.48%。其中,最为常见的是“X+如+Y”,共1022次,占整个比拟句总量的50.90%;其次是“X+犹+Y”288次,“X+若+Y”233次。“X+似+Y”“X+象+Y”③很少,分别只有61次、12次。例如:

(1) 大风坏都,雨雹如桃李,深者厚三尺,狗马及人皆生角,大雪蝗虫。(东汉·应劭《风俗通义·正失》)

(2) 燕赵多佳人,美者颜如玉。(东汉《古诗十九首》之十二)

(3) 云千岁松树,四边披越,上杪不长,望而视之,有如偃盖,其中有物,或如青牛,或如青羊,或如青犬,或如青人,皆寿千岁。

① 在所检阅的中古语料中,没有发现上古汉语中就已经使用的“X+如+Y然”句式。

② 在上古汉语中,“X譬如/譬若/譬犹Y”也有使用,但基本都是以Y打比方来说明X,句子的核心不是凸显二者的相似点,而是要凸显所陈述事物X的某种特征,在“X譬如/譬若/譬犹Y”之后一般都还有一个小句,来补充说明这种特征,所以笔者认为此期的“X譬如/譬若/譬犹Y”句式还不是典型意义上的比拟句。当然,中古汉语中的“X譬如/譬若/譬犹Y”类句式也并非都是比拟句,有的也如同上古汉语一样,是用来打比方的,这在汉译佛经中尤为常见。

③ 此类句式中的“象”偶尔也写作“像”。

（东晋·葛洪《抱朴子·内篇·对俗》）

（4）加之以信诚好谋，达于听受，见善如不及，用人如由己，从谏如从流，趋时如响赴。（《宋书·符瑞志上》）①

（5）当日内乳涌出，如雨打水声，水乳既尽，声止沸定，酥便成矣。（北魏·贾思勰《齐民要术》卷六）

（6）八表归心，军威所及，如风靡草，万姓颙颙，咸思系命。（《魏书·太祖道武帝纪》）

在"X+如+Y"比拟句中，本体和喻体为名词性成分的依然占多数，但其他形式如动词性词组（如例4）、主谓结构（如例6）等比上古汉语也有了明显增加。例（3）喻体由几个同类属的名词构成，例（4）两个比拟句连用，二者都形成了小的比拟句群。

中古汉语中，"X+若+Y"233次，占整个比拟句总数的11.60%，与上古汉语相比，使用比率明显下降②。"X+犹+Y"如除去《论衡》用例，其总体使用比率也明显低于上古汉语"X+犹+Y"③。例如：

（7）民不好道者上之不明也，内怀奸心（无）明行也；不好为德反好兵也，父子分离居道傍，不得长生积死丧也，家有贫子若虎狼也。（东汉《太平经》补卷八十一）

（8）人生若尘露，天道邈悠悠。（三国魏·阮籍《咏怀八十二首》第三十二首）

（9）吾今羁旅，身若浮云，竟未知何乡是吾葬地；唯当气绝便埋之耳。（北齐·颜之推《颜氏家训·终制》）

（10）将暗道废，则俗吏乘贤儒，贤儒处下位，犹物遇害，腹在上而

---

① 此句中"见善如不及，用人如由己"虽然格式上也是"X+如+Y"，但从语义上看，X、Y基本属于同一属概念，更倾向于把这类句子看成是通过打比方的修辞手段来说明事物的普通陈述句而非比拟句。

② 上古汉语比拟句"X+若+Y"出现了224次，占比拟句总数（971次）的23.07%。

③ 上古汉语比拟句"X+犹+Y"出现了176次，占比拟句总数（971次）的18.13%；中古汉语如除去《论衡》中"X+犹+Y"的225次外，其他语料中该句式的使用频次（63次）只占此期比拟句总数（2008次）的3.14%。

背在下也。（东汉·王充《论衡·状留》）

（11）满奋畏风。在晋武帝坐，北窗作琉璃屏，实密似疏，奋有难色。帝笑之，奋答曰："臣犹吴牛，见月而喘。"（南朝宋·刘义庆《世说新语·言语》）

（12）繁云犹暗岭，积雨未开庭。（北周·庾信《对雨诗》）

上古汉语中，"X+若/犹+Y"比拟句中本体和喻体多由谓词性短语或小句充当，而中古汉语中，除《论衡》外（例10中本体和喻体都是小句），其他则多由名词或名词性词组充当。

"X+似+Y"比拟句在中古汉语中使用频次还是很低（占整个比拟句总量的3.04%，甚至低于上古汉语的使用比例），主要出现在诗歌中①，其他语料中出现频次很低甚至没有。本体和喻体基本上都是名词或名词性结构。例如：

（13）去后，复一人，著白布单衣，高冠，冠似鱼头。（东晋·干宝《搜神记》卷十七）

（14）人生似幻化，终当归空无。（东晋·陶渊明《归田园居》其四）

（15）昔如鞲上鹰，今似槛中猿。（南朝宋·鲍照《代东武吟》）

（16）敕勒川，阴山下。天似穹庐，笼盖四野。（北齐《敕勒歌》）

"X+象+Y"比拟句是中古汉语中新出现的句式，使用频次很低，共出现了12次（占整个比拟句总量的0.60%）。例如：

（17）"浴乎沂"，涉沂水也，象龙之从水中出也。（东汉·王充《论衡·明雩》）

（18）日象人君，月象大臣，星象百官众贤，共照万物和生。（东汉《太平经》补卷二十二）

① "X+似+Y"在中古诗歌中出现了48次，占整个中古汉语"X+似+Y"总数（61次）的78.69%。

(19) 面光如满月，色像花初开。（后汉·竺大力共康孟详译《修行本起经》卷上）

(20) 美目扬玉泽，蛾眉象翠翰。（西晋·陆机《日出东南隅行》）

这些句子中的“象”虽然还是像义动词，但从语义上看，这些句子的本体和喻体并不属于同一属概念，句子所表示的也不是一种逻辑判断，而是强调主观看法（即把二者之间的不同属性进行相互转嫁），是一种隐形比较、显性夸张。所以我们认为中古汉语中有些“X+象+Y”句式已经是比拟句。在本书所考察的比拟句中，本体和喻体大都为名词或名词性结构，如例（18）（20），例（18）还形成了小的比拟句群；有时也可是主谓结构的小句，如例（17）（19）。

3.1.2　X+犹如/有如/犹若/有若/有似/譬如/譬犹/犹比/象如/象若/如似/比如/比若/似如/似若+Y①

这类比拟句中，比拟标记都是由近义词联合而成的双音节词语，其中“X+犹如/有如/犹若/有若+Y”上古汉语中就已经出现；“X+有似/譬犹/犹比/象如/象若/如似/比如/比若/似如/似若+Y”是中古汉语新出现形式。从总体上看，这类比拟句虽然比拟标记种类丰富，但各标记的使用频次都不高，总共只出现了 94 次，占整个比拟句总量的 4.68%。具体出现频次见表 2.5。

---

① “X 有如 Y”在先秦时期就已出现，但用例很少，例如“昔先王受命，有如召公，日辟国百里，今也日蹙国百里”（《诗·大雅·召旻》）。关于“有如”的词义，学术界一直存在争议。孔颖达在《左传》释义中认为“有如”等于象似之“如”，“有”已变为动词词头，不含什么实在意义；张世超（1991）认为先秦时期的“有如”即“有此”，“有”是动词，“如”是指示代词。先秦之后，“有如”的古义湮没，人们仅从古书的誓辞中摹仿使用它，并且派以新义。曾良（1993）认为先秦以后所使用的“有如” 的“有”，有实在的意义，并非动词词头或语气副词，而是“犹”的意义，“有如” 即“犹如”，“有似”即“犹似”，是两个同义语素联合而构成的。本书以曾良之说为是。另外，在中古汉语中，笔者发现了“宛然”疑似用作比拟标记的用法，例如：“乾之一九，只立无偶；坤之二六，宛然双宿。”（南朝宋·鲍照《字谜》诗之三）但因为喻体都不是体词性结构，还算不上是典型的比拟句，所以本书未将其纳入比拟句中。

表 2.5　中古汉语双音节比拟标记使用情况①

标记	犹如	有如	犹若	有若	有似	譬如	譬犹	犹比	象如	象若	如似	比如	比若	似如	似若
次数	26	23	3	6	12	2	2	1	1	1	2	3	3	2	7

例如：

（21）故王逸少云：从山阴道上，犹如镜中行也。（北魏・郦道元《水经注》卷二十）

（22）又作重楼飞阁，遍城上下，从地望之，有如云也。（北魏・杨衒之《洛阳伽蓝记》卷一）

（23）深信坚固，犹若金刚。（姚秦・鸠摩罗什译《维摩诘所说经》）

（24）汉和熹邓皇后尝梦登梯以扪天，体荡荡正清滑，有若钟乳状，乃仰噏饮之。（东晋・干宝《搜神记》卷十）

（25）三皇垂拱无为，设言而民不违，道德玄泊，有似皇天，故称曰皇。（东汉・应劭《风俗通义・皇霸》）

（26）心中寒者，其人苦病心如啖蒜状，剧者心痛彻背，背痛彻心，譬如蛊注。（东汉・张仲景《金匮要略・腹满寒疝宿食病脉证治》）

（27）脱守迷不悟者，当仰凭天威，抑厉将士，譬犹太阳之消微露，巨海之荡荧烛，天时人事，灭在昭然。（《魏书・李平传》）

（28）夫毁瓦画墁，犹比童子击壤于涂，何以异哉？（东汉・王充《论衡・刺孟》）

（29）妇人脏躁，喜悲伤欲哭，象如神灵所作，数欠伸，甘麦大枣汤主之。（东汉・张仲景《金匮要略・妇人杂病脉证并治》）

① 此表格中仅统计了“X+双音节比拟标记+Y”格式中双音节比拟标记的使用频次。

(30) 食饮过度，肿复如前，胸胁苦痛，象若奔豚，其水扬溢，则浮咳喘逆。（东汉·张仲景《金匮要略·水气病脉证并治》）

(31) 湿家之为病，一身尽疼，发热，身色如似熏黄。（东汉·张仲景《伤寒论·辨痉湿暍脉证第四》）

(32) 天之格法，比如四时五行，有兴衰也。（东汉《太平经》卷七十二）

(33) 今唯天师令弟子之无知，比若婴儿之无知也，须父母教授之乃后有知也。（东汉《太平经》卷三十五）

(34) 不收茭者：初冬乘秋，似如有肤，羊羔乳食其母，比至正月，母皆瘦死。（北魏·贾思勰《齐民要术》卷六）

(35) 泉涌山顶，望之交横，似若瀑布，颓波激石，散若雨洒，势同厌原，风雨之池。（北魏·郦道元《水经注》卷二十七）

此类比拟句中的本体和喻体也趋于多样化，虽然名词或名词性结构依然占主体，但其他形式，如主谓结构（例 26、27、33）、偏正结构（例 21、24、29、30、31）、动宾结构（例 34）、小句（例 28）等也可用作本体或喻体。

中古汉语中近义复合双音节比拟标记的急遽增多，应该与当时双音节化脚步加快紧密相关，而形成双音节化最便捷的方式便是同义或近义联合。从使用语料来看，中古汉语中新出现的双音节比拟标记大多出现在口语性相对更强的实用性语料中。

3.1.3　X+W+如/若/似/犹+Y

这种比拟结果出现在喻体之前的句式，在所统计的中古汉语语料中，共出现了 287 次，占整个比拟句的 14.29%，较上古汉语使用比例（10.33%）有小幅上涨。在这类句式中，“X+W+如+Y”“X+W+若+Y”“X+W+似+Y”上古汉语中就已经出现，使用频次分别为 222 次（占此类比拟句总量的 77.35%）、54 次（占此类比拟句总量的 18.82%）、6 次（占此类比拟句总量的 2.09%）；“X+W+犹+Y”为中古汉语新出现的句式，仅出现了 2 次（占此类比拟句总量的 0.70%）。这些比拟句的本体和喻体基本为名词（或名词性词组）。例如：

（36）鄭文茂记，繁如荣华，恢谐剧谈，甘如饴蜜，未必得实。（东汉·王充《论衡·本性》）

（37）亦鲜明如水精，得而末之，以无心草汁和之，须臾成水，服一升，得一千岁也。（东晋·葛洪《抱朴子·内篇·仙药》）

（38）裴令公目王安丰眼烂烂如岩下电。（南朝宋·刘义庆《世说新语·容止》）

（39）核里有肤，白如雪，厚半寸，如猪肤，食之美于胡桃味也。（北魏·贾思勰《齐民要术》卷十）

中古汉语的“X+W+如+Y”比拟句使用比例较上古汉语（70.3%）有所增加，比拟结果依然多为形容词，但双音节化（如例37、38）趋势明显增强。

（40）志坚若地，德重若山，真人无垢，寂然归灭，快哉福报，所愿皆成。（后汉·昙果共康孟详译《中本起经》卷下）

（41）自我大汉，应天顺民，政治之隆，皓若阳春，俯宪坤典，仰式乾文，播皇泽以熙世，扬茂化之酴醇，君臣履度，各守厥真。（《三国志·蜀书·郤正传》）

（42）凝肤皎若雪，明净色如神。（南朝宋·鲍照《学古》）

（43）金、火时出以成纬，七宿匡卫而为经。晞晔昱其并曜，粲若三春之荣。（《魏书·张渊列传》）

中古汉语的“X+W+若+Y”比拟句在此期比拟句中的使用比例较上古汉语（27.7%）进一步下降，比拟结果也趋向单一，基本为单音节形容词。

（44）恪父瑾面长似驴，孙权大会群臣，使人牵一驴入，长检其面，题曰诸葛子瑜。（《三国志·吴书·诸葛恪传》）

（45）储光温似玉，藩度式如琼。（南朝齐·谢朓《永明乐》诗

之四)

(46) 石髓香如饭,芝房脆似莲。(北周·庾信《道士步虚词》四)

(47) 静犹幽谷,动若挥兰。(西晋·陆机《赠潘尼诗》)

(48) 生生得所,事事惟新,巍巍乎犹造物之曲成也。(《魏书·李彪传》)

中古汉语中"X+W+似+Y""X+W+犹+Y"比拟句使用有限,比拟结果除例(48)为附加式三音节形容词外,其他用例均为单音节形容词。

另外,在中古汉语比拟结果位于喻体之前的句式中,还发现了比拟标记为双音节词语"犹如""譬如"的用例,均出现在北凉汉译佛经《悲华经》中,共3例(占此类比拟句总量的1.05%)。即:

(49) 无量菩萨充满其国,善法妙音周遍而闻,其地柔软譬如天衣。(北凉·昙无谶译《悲华经》卷一)

(50) 愿我国土有七宝楼,其宝楼中敷七宝床,茵褥丹枕细滑柔软犹如天衣。(北凉·昙无谶译《悲华经》卷四)

(51) 是华田中亦生芬陀利华,其华坚牢犹如金刚。(北凉·昙无谶译《悲华经》卷八)

在这3个例句中,比拟本体和喻体都是名词性结构,比拟结果都是复音节形容词,整个句子口语化程度也明显高于同时期其他中土材料。《悲华经》译者昙无谶作为"北凉译经之巨子",其译经特点就是使用大量的含有口语色彩的词语;《悲华经》故事性强,语言浅近生动,口语化程度更高,因此出现此类格式的比拟句,也就不足为奇了。虽说笔者尚不能确定"X+复音节形容词+犹如/譬如+Y"类比拟句"首现"于汉译佛经中,但从总体使用情况看,汉译佛经确实引领了比拟标记、比较结果的复音化趋势。

3.1.4 X+如/若/似/象(像)+Y+W

这一句式,在所统计语料中,仅出现了7例8次(占整个比拟句的

0.4%),其中"X+如+Y+W"4次(包含1次"X+如+Y之W"),"X+若+Y+W"2次,"X+似+Y+W"1次,"X+像+Y+W"1次。即:

(52) 有大慈悲,子育万物,平等忍辱,怨亲无二,济乏周穷,无所藏积,靡不照达,如日之明,无不受乐,犹如净月。(《宋书·夷蛮列传》)

(53) 今夜长门月,应如昼日明。(北周·庾信《夜听捣衣诗》)

(54) 月光如粉白,秋露似珠圆。(北周·庾信《奉和赐曹美人诗》)

(55) 水似桃花色,山如甲煎香。(北周·庾信《咏画屏风诗》十七)

(56) 绝人事,游浑元,若疾风游欻翩翩。(三国魏·曹操《陌上桑》)

(57) 高谈一何绮,蔚若朝霞烂。(西晋·陆机《拟今日良宴会诗》)

(58) 方口含白齿,唇像朱火明。(后汉·支曜译《佛说成具光明定意经》)

中古汉语中此类比拟句与上古汉语相比,用例和频次基本没有变化(上古汉语"X+如+Y+W"2例3次,"X+如+Y之W"1例4次,"X+若+Y之W"2例2次),出现语体也基本一致(主要出现在诗歌中);但从总体上看,能进入此类比拟句中的比拟标记有所增加,由两个增加到四个,名物化标记"之"也基本消失(8例中只有1例带有"之"字)。

3.1.5 X+如/若+Y+然/馨①

中古汉语双标记比拟句比上古汉语更为少见,在所统计语料中,

---

① 中古汉语中,比拟句后也有用语气词"耳""焉""也"等煞尾的句子,但其在句中的作用仅是表达语气,所以本书没有将此类句子列入双标记中。例如:

(1) 使天地有口能食,祭食宜食尽。如无口,则无体,无体则气也,若云雾耳,亦无能食如。(东汉·王充《论衡·祀义》)

(2) 至晋初,其文愈明,马象皆焕彻如玉焉。(《三国志·魏书·明帝纪》)

(3) 以明将军之英才,乘刘牧之懦弱;张松,州之股肱,以响应于内;然后资益州之殷富,冯天府之险阻,以此成业,犹反掌也。(《三国志·蜀书·法正传》) (转下页)

仅见3例，其中，“X+若+Y+然”1例，“X+如+Y+馨”2例（其中1例是带有比拟结果的“X+W+如+Y+馨”）。即：

（59）河水分流，包山而过，山见水中，若柱然，故曰砥柱也。（北魏·郦道元《水经注》卷四）

（60）明旦，桓宣武语人曰：“昨夜听殷、王清言，甚佳，仁祖亦不寂寞，我亦时复造心；顾看两王掾，辄翣如生母狗馨。”（南朝宋·刘义庆《世说新语·文学》）

（61）螭拨其手曰：“冷如鬼手馨，强来捉人臂！”（南朝宋·刘义庆《世说新语·忿狷》）

“X+若+Y+然”比拟句上古汉语中就有使用，“X+如+Y+馨”为中古汉语中新出现，词缀“馨”用在短语后面进入比拟式而成为比拟助词①。例（61）更为特殊，不仅有双标记，而且也出现了比拟结果，这可能就是现代汉语“X象Y一样W”比拟句的最初雏形。

3.1.6　小结

统计所检阅的中古汉语不同阶段各语料的比拟句式使用情况，

（接上页）另外，在所检阅的中古汉语语料中，也发现了几例“（X）如Y许”“（X）如Y许大”“（X）大如Y许”的用法，如“□麻巴豆薰陆石□芎穷松脂六物，□捣如米粒许，少加其分头闷处”（《王羲之杂帖》）等。龙国富（2007）指出：中古汉语平比句“如……许”是在“如……然”句式的基础上发展起来的，是词汇兴替的结果。“许”表示事物的等同，相当于“般”“样”，助词。姜南（2012）认为汉译佛经的框式等比标记“如……等/许”是前置词“如”和后置词“等/许”在仿译原文同型等比结构的基础上，临时搭配而成的句法格式。冯赫（2013）认为中古汉语中的“如……许”是表达性状的一种比拟结构式，“许”为性状助词。从本书所考察的情况看，中古汉语中的“（X）如Y许”无论基准项前后是否出现比较结果，该句式表达的都是主体和基准在体积上、样态上的等同关系，所以宜把此类句式都归入到平比句中。当基准项前后出现比较结果时，“许”更像是表样态的代词；当基准项前后没有出现比较结果的时候，“许”更像是虚化的性状助词。考虑语言的系统性以及中古汉语中“许”各种用法的使用频次，笔者认为：中古汉语中，“（X）如Y许”中的“许”还处于从代词向助词虚化的过程中，“如……许”还不是双标记平比句（比拟句）家族中的典型成员，不能与“如……然”“如……馨”等量齐观。所以在统计中把“（X）如Y许大”“（X）大如Y许”分别归入单标记平比句“（X）如YW”“（X）W如Y”中。上文所举《王羲之杂帖》中的“（X）如Y许”用例，从句义上看，是在比较两件事物（“六物”与“米粒”）的大小，但因没有出现比较结果，根据本书对平比句和比拟句的界定标准，此类句子应视为表示比较关系的句子而非平比句。

①　参看江蓝生：《从语言渗透看汉语比拟式的发展》，《中国社会科学》1999年第4期。

具体使用频次分别见表2.6—2.9。

表2.6　东汉时期各语料中比拟句具体使用情况

类　型	语料及使用频次								总计
	论衡	太平经	风俗通义	伤寒论	金匮要略	汉末英雄记	古诗十九首	东汉译经	
X+如+Y	34	25	10	26	40	2	6	47	190
X+若+Y	29	17	0	0	1	0	1	2	50
X+犹+Y	225	6	0	0	0	0	0	0	231
X+似+Y	0	1	0	0	0	0	0	0	1
X+象+Y	3	5	0	0	0	0	0	1	9
X+犹如+Y	0	1	0	0	0	0	0	0	1
X+犹若+Y	0	3	0	0	0	0	0	0	3
X+有如+Y	0	0	1	0	0	0	0	0	1
X+有若+Y	0	0	0	0	0	0	0	0	0
X+譬如+Y	0	0	0	0	0	1	0	0	1
X+譬犹+Y	2	0	0	0	0	0	0	0	2
X+犹比+Y	1	0	0	0	0	0	0	0	1
X+象如+Y	0	0	0	0	1	0	0	0	1
X+如似+Y	0	0	0	1	0	0	0	0	1
X+有似+Y	0	0	0	0	0	0	0	0	0
X+比如+Y	0	3	0	0	0	0	0	0	3
X+比若+Y	0	3	0	0	0	0	0	0	3
X+似如+Y	0	0	0	0	0	0	0	0	0
X+似若+Y	0	0	0	0	0	0	0	6	6
X+象若+Y	0	0	0	0	1	0	0	0	1

续　表

类　型	语料及使用频次								总计
	论衡	太平经	风俗通义	伤寒论	金匮要略	汉末英雄记	古诗十九首	东汉译经	
X+W+如+Y	8	1	1	0	8	1	0	5	24
X+W+有/犹如+Y	0	0	0	0	0	0	0	0	0
X+W+譬如+Y	0	0	0	0	0	0	0	0	0
X+W+若+Y	3	2	0	0	0	0	0	3	8
X+W+似+Y	0	0	0	0	0	0	0	0	0
X+W+犹+Y	0	0	0	0	0	0	0	0	0
X+如+Y+W	0	0	0	0	0	0	0	0	0
X+若+Y+W	0	0	0	0	0	0	0	0	0
X+像+Y+W	0	0	0	0	0	0	0	1	1
X+似+Y+W	0	0	0	0	0	0	0	0	0
X+如/若+Y+然/馨	0	0	0	0	0	0	0	0	0
合　计	305	67	12	27	51	4	7	65	538

表 2.7　魏晋十六国时期各语料中比拟句具体使用情况

类　　型	语料及使用频次							总计
	三国志	抱朴子	陶渊明集	王羲之杂帖	搜神记	魏晋十六国诗歌	魏晋十六国译经	
X+如+Y	19	70	0	9	23	32	80	233
X+若+Y	7	9	3	1	4	38	0	62
X+犹+Y	5	20	0	0	0	1	0	26

续 表

类 型	语料及使用频次							总计
	三国志	抱朴子	陶渊明集	王羲之杂帖	搜神记	魏晋十六国诗歌	魏晋十六国译经	
X+似+Y	0	1	0	0	1	3	0	5
X+象+Y	0	0	0	0	0	3	0	3
X+犹如+Y	0	1	0	0	0	0	15	16
X+犹若+Y	0	0	0	0	0	0	0	0
X+有如+Y	1	1	0	0	0	0	0	2
X+有若+Y	0	0	0	0	1	1	0	2
X+譬如+Y	0	0	0	0	0	0	0	0
X+譬犹+Y	0	0	0	0	0	0	0	0
X+犹比+Y	0	0	0	0	0	0	0	0
X+象如+Y	0	0	0	0	0	0	0	0
X+如似+Y	0	0	0	0	0	0	0	0
X+有似+Y	6	4	0	0	0	0	0	10
X+比如+Y	0	0	0	0	0	0	0	0
X+比若+Y	0	0	0	0	0	0	0	0
X+似如+Y	0	0	0	0	0	0	0	0
X+似若+Y	0	0	0	0	0	0	0	0
X+象若+Y	0	0	0	0	0	0	0	0
X+W+如+Y	4	16	0	0	4	2	14	40
X+W+有/犹如+Y	0	0	0	0	0	0	2	2
X+W+譬如+Y	0	0	0	0	0	0	1	1

续　表

类　　型	语料及使用频次							总计
	三国志	抱朴子	陶渊明集	王羲之杂帖	搜神记	魏晋十六国诗歌	魏晋十六国译经	
X+W+若+Y	2	3	0	0	0	8	0	13
X+W+似+Y	1	1	0	0	0	0	0	2
X+W+犹+Y	0	0	0	0	0	1	0	1
X+如+Y+W	0	0	0	0	0	0	0	0
X+若+Y+W	0	0	0	0	0	2	0	2
X+像+Y+W	0	0	0	0	0	0	0	0
X+似+Y+W	0	0	0	0	0	0	0	0
X+如/若+Y 然/馨	0	0	0	0	0	0	0	0
合　计	45	126	3	10	33	91	112	420

表 2.8　南朝时期各语料中比拟句具体使用情况

类　　型	语料及使用频次							总计
	世说新语	文心雕龙	殷芸小说	南齐书	宋书	南朝诗歌	南朝译经	
X+如+Y	28	25	2	66	115	54	0	290
X+若+Y	4	6	1	6	14	22	0	53
X+犹+Y	2	2	0	4	7	1	0	16
X+似+Y	1	3	0	3	1	23	0	31
X+象+Y	0	0	0	0	0	0	0	0
X+犹如+Y	0	0	0	4	4	0	0	8

续 表

类　型	语料及使用频次							总计
	世说新语	文心雕龙	殷芸小说	南齐书	宋书	南朝诗歌	南朝译经	
X+犹若+Y	0	0	0	0	0	0	0	0
X+有如+Y	0	0	0	1	5	0	0	6
X+有若+Y	0	0	0	0	0	0	0	0
X+譬如+Y	0	0	0	0	0	1	0	1
X+譬犹+Y	0	0	0	0	0	0	0	0
X+犹比+Y	0	0	0	0	0	0	0	0
X+象如+Y	0	0	0	0	0	0	0	0
X+如似+Y	0	0	0	0	0	0	0	0
X+有似+Y	0	2	0	0	0	0	0	2
X+比如+Y	0	0	0	0	0	0	0	0
X+比若+Y	0	0	0	0	0	0	0	0
X+似如+Y	0	0	0	0	0	1	0	1
X+似若+Y	0	0	0	0	0	0	0	0
X+象若+Y	0	0	0	0	0	0	0	0
X+W+如+Y	13	6	3	9	36	24	0	91
X+W+有/犹如+Y	0	0	0	0	0	0	0	0
X+W+譬如+Y	0	0	0	0	0	0	0	0
X+W+若+Y	10	2	2	1	2	3	0	20
X+W+似+Y	0	0	0	0	1	2	0	3
X+W+犹+Y	0	0	0	0	0	0	0	0

续　表

类　型	语料及使用频次							总计
	世说新语	文心雕龙	殷芸小说	南齐书	宋书	南朝诗歌	南朝译经	
X+如+Y+W	0	0	0	0	1	0	0	1
X+若+Y+W	0	0	0	0	0	0	0	0
X+像+Y+W	0	0	0	0	0	0	0	0
X+似+Y+W	0	0	0	0	0	0	0	0
X+如/若+Y+然/馨	2	0	0	0	0	0	0	2
合　计	60	46	8	94	186	131	0	525

表 2.9　北朝时期各语料中比拟句具体使用情况

类　型	语料及使用频次							总计
	洛阳伽蓝记	齐民要术	水经注	颜氏家训	魏书	北朝诗歌	北朝译经	
X+如+Y	7	148	45	11	79	19	0	309
X+若+Y	3	3	34	2	19	7	0	68
X+犹+Y	0	0	0	6	0	9	0	15
X+似+Y	1	0	0	0	1	22	0	24
X+象+Y	0	0	0	0	0	0	0	0
X+犹如+Y	0	0	1	0	0	0	0	1
X+犹若+Y	0	0	0	0	0	0	0	0
X+有如+Y	11	1	1	0	1	0	0	14
X+有若+Y	0	0	3	0	1	0	0	4

续 表

类　型	语料及使用频次							总计
	洛阳伽蓝记	齐民要术	水经注	颜氏家训	魏书	北朝诗歌	北朝译经	
X+譬如+Y	0	0	0	0	0	0	0	0
X+譬犹+Y	0	0	0	0	0	0	0	0
X+犹比+Y	0	0	0	0	0	0	0	0
X+象如+Y	0	0	0	0	0	0	0	0
X+如似+Y	1	0	0	0	0	0	0	1
X+有似+Y	0	0	0	0	0	0	0	0
X+比如+Y	0	0	0	0	0	0	0	0
X+比若+Y	0	0	0	0	0	0	0	0
X+似如+Y	0	1	0	0	0	0	0	1
X+似若+Y	0	0	1	0	0	0	0	1
X+象若+Y	0	0	0	0	0	0	0	0
X+W+如+Y	3	35	5	1	21	2	0	67
X+W+有/犹如+Y	0	0	0	0	0	0	0	0
X+W+譬如+Y	0	0	0	0	0	0	0	0
X+W+若+Y	0	0	7	0	6	0	0	13
X+W+似+Y	0	0	0	0	0	1	0	1
X+W+犹+Y	0	0	0	0	1	0	0	1
X+如+Y+W	0	0	0	0	0	3	0	3
X+若+Y+W	0	0	0	0	0	0	0	0

续 表

类 型	语料及使用频次							总计
	洛阳伽蓝记	齐民要术	水经注	颜氏家训	魏书	北朝诗歌	北朝译经	
X+像+Y+W	0	0	0	0	0	0	0	0
X+似+Y+W	0	0	0	0	0	1	0	1
X 如/若 Y 然/馨	0	0	1	0	0	0	0	1
合 计	26	188	98	20	129	64	0	525

通过以上数据统计和分析可以看出,中古汉语的比拟句具有以下几个特点:

第一,比拟句使用频次高,是同期平比句使用频次的近 3 倍;比拟句式丰富,既有不带比拟结果的句式,也有带有比拟结果但比拟结果位置不同的句式(既可位于喻体之前,也可位于喻体之后);比拟标记丰富,单音节比拟标记有 5 个,双音节比拟标记达 15 个。

第二,从具体句式看,单音节单标记不带比拟结果的句式使用频次最高,其中又以"X+如/若/犹/似/象+Y"最为常见;其次是带比拟结果的单音节单标记句"X+W+如/若/似/犹+Y";双音节单标记比拟句种类繁多,但总体使用频次不高,且均未出现比拟结果;双标记比拟句使用很少,仅 3 例。

第三,从时间分布看,四个阶段比拟句使用频次差别不大①,但东汉以后,比拟句中出现比拟结果的用例明显增多;从地域分布总体上

① 虽然四个阶段考察语料的多寡以及总体字数并不一致,但统计学中的显著性差异检验结果为不显著,可以比较。显著性差异 (significant difference)是一个统计学名词,是统计学(Statistics)上对数据差异性的评价。显著性水平经常用 a 或 p 来表示。通常情况下,实验结果达到 0.05 水平或 0.01 水平,才可以说数据之间具备了差异显著或是极显著。在此次检验中,显著性水平 p 值为大于 0.05,所以差异性不显著。具体可参看李韶山:《语言研究中的统计学》,西安交通大学出版社,2001 年。

看，南方地区著作（如《论衡》《金匮要略》《世说新语》《南齐书》《宋书》和南朝诗歌、《齐民要术》所引南方书籍等）的比拟句形式更为丰富。

第四，从语序变化看，中古汉语比拟结果出现于喻体之后的“X+如/若/似/象（像）+Y+W”仅出现了7次（不含“X+如+Y之W”式），占整个比拟句（2008）的0.35%；上古汉语出现了3次，占整个比拟句（978）的0.31%；从统计学角度看，不具有显著性差异，即从上古汉语到中古汉语，仅从比拟句看，语序变化并不显著。

第五，从语体角度看，相较于同时期平比句，诗歌、译经类著作中比拟句使用比例明显增多，种类也较为丰富；而实用性较强的著作，如《伤寒论》《金匮要略》《齐民要术》等比拟句使用比例有所下降，其他语料基本持平。

3.2　比拟式

比拟式就是在句中充当句法成分的比拟结构。在所检阅语料中，中古汉语中才开始出现比拟式，但用例很少，只出现了14次，而且只有一种形式，即“如Y（W）”式。在句中分别充当定语和状语。分别讨论如次。

3.2.1　充当定语

“如Y（W）+NP”在所统计语料中出现了9次，2例后出现了比拟结果。其中《抱朴子》中出现了8次，《齐民要术》中出现了1次。分别列举如下：

（62）旦服如麻子十丸，未一年，发白更黑，齿堕更生，身体润泽，长服之，老翁还成少年，常服长生不死也。（东晋·葛洪《抱朴子·内篇·仙药》）

（63）成，服如弹丸一枚，亦可汁一丸分为小丸，服三十日，无寒温，神人玉女下之。（东晋·葛洪《抱朴子·内篇·仙药》）

（64）凡三物合，令相得，微火上煎之，令可丸，服如麻子三丸，日

再。(东晋·葛洪《抱朴子·内篇·仙药》)

(65) 成都内史吴大文,博达多知,亦自说昔事道士李根,见根煎铅锡,以少许药如大豆者投鼎中,以铁匙搅之,冷即成银。(东晋·葛洪《抱朴子·内篇·黄白》)

(66) 又加碎炭火如枣核者,令厚二寸,以蚓蝼土及戎盐为泥,泥釜外,以一釜覆之,皆泥令厚三寸,勿泄。(东晋·葛洪《抱朴子·内篇·黄白》)

(67) 今带武都雄黄,色如鸡冠者五两以上,以入山林草木,则不畏蛇。(东晋·葛洪《抱朴子·内篇·登涉》)

(68) 以雄黄、大蒜等,分合捣,带一丸如鸡子大者,亦善。(东晋·葛洪《抱朴子·内篇·登涉》)

(69) 以葱涕和桂,服如梧桐子大七丸,日三服,至三年,则能行水上也。(东晋·葛洪《抱朴子·内篇·登涉》)

(70) 日许,当大烂,以酒淹,痛抨之,令如粥状。(北魏·贾思勰《齐民要术》卷四)

从以上用例可以看出,中古汉语中虽然已经出现了用作定语的比拟式,但其修饰功能有限,被饰成分单一,9 个用例当中,喻体 Y 均为名词性成分,中心语 NP 大多集中在"丸"(4 例)和"者"字结构(4 例)上。

3.2.2　充当状语

"如 Y+ VP"在所统计语料中出现了 5 次,出现语料比较分散。分别列举如下:

(71) 服已须臾,歠热稀粥一升余,以助药力,温覆令一时许,遍身漐漐微似有汗者益佳,不可令如水流漓,病必不除。(东汉·张仲景《伤寒论·辨太阳病脉证并治》)

(72) 凡发汗,欲令手足俱周,时出以漐漐然,一时间许,亦佳。不可令如水流漓。(东汉·张仲景《伤寒论·辨可发汗脉证并治》)

(73) 明府正为眼尔。但明点童子,飞白拂其上,使如轻云之蔽日。(南朝宋·刘义庆《世说新语·巧艺》)

(74) 观一切法如镜中像,如热时炎,如水中月。(北凉·昙无谶译《悲华经》卷九)

(75) 达枚回洲,为益州参军费恬等迎射之,箭如雨下。(《魏书·岛夷桓玄列传》)

从以上例句可以看出,中古汉语中用作状语的比拟式结构主要用来修饰动词性成分(如例71、72、75),1例为形容词(例74),喻体Y则均为名词。

3.2.3 小结

通过以上分析和表2.10可以看出,中古汉语中,比拟式的使用还非常有限,这不仅表现为使用频次低,也表现为比拟结构本身、被修饰成分以及比拟结构的语法功能都较为单一(只能用作定语和状语)。从其所出现的语料性质看,大多是实用性较强的语料①。具体分布和使用情况见表2.10。

表2.10 中古汉语中比拟式具体使用情况

句子成分	语料及使用频次						总计
	伤寒论	世说新语	抱朴子	北凉译经	齐民要术	魏　书	
定语	0	0	8	0	1	0	9
状语	2	1	0	1	0	1	5

四、总　　结

通过以上研究发现,东汉魏晋南北朝隋时期的汉语平比句和比

① 比拟式在《抱朴子》中出现了8次,占整个比拟式使用量的57.14%。这8次所出现的语境基本都是讲述神丹、仙药的制作和使用方法。

拟句主要有以下几个特点：

第一，从使用频次上看，依然是比拟句占绝对优势，但相较于上古汉语，此期平比句与比拟句的使用比率有所上升。在所统计的这一时期语料中，平比句出现了 721 次，比拟句出现了 2008 次，二者使用比率为 0.359；上古汉语平比句出现了 73 次，比拟句共出现了 978 次，二者使用比率为 0.074 6；从统计学角度看，具有显著性差异①。另外，中古汉语开始出现了比拟式，虽然出现频次极低，只有 14 次，且功能有限，整个比拟式只能充当定语和状语，但相较于上古汉语，也是一种新的变化，是汉语句子表达多样化、丰富化的一种体现。

第二，从使用类型上看，中古汉语中平比句和比拟句种类相当，其中“XW 如/若 Y”“X 如 YW”既可用在平比句中，也可用在比拟句中。从标记词看，中古汉语中比拟句标记词种类远多于平比句标记词，而且出现了种类丰富的双音节比拟词以及真正意义上的双标记比拟句。从表结果的词语看，比拟结果虽然仍以单音节形容词为主，但种类多样，而平比句则大多是形容词“大”。与上古汉语相比，中古汉语比较标记基本没有变化，但比拟标记丰富程度更高，比拟标记和准平比句后标记词双音节化趋势也更明显。另外，表达形式上，中古汉语也更为丰富，出现了上古汉语没有的比拟式。

第三，从语序角度看，平比句中比较结果位于比较基准后的用法正式出现，但使用频次依旧很低；比拟句中比拟结果位于喻体之后的使用频次与上古汉语相比，无显著变化，但能进入到此类句式的比拟标记种类明显增加，是上古汉语的两倍。从准双标记平比句“X 与 Y 同”的否定形式看，中古汉语较之于上古汉语，有了明显趋同于“X 与 Y 不同”的倾向。

第四，从地域差异看，平比句中比较结果位于基准之后的用法主

① 在本组统计中，显著性水平 p 值为 0.000 000 000 000，即 $P<0.01$，所以差异性极显著。

要流行于南方;比拟句种类的丰富程度,也是南方地区语料高于北方地区。这从某种程度也说明了中古时期南方语言表达更具有创新性,而北方则趋于保守。

第五,从语料性质看,传记小说、诗歌、汉译佛经类平比句总体使用频次偏低,但比拟句使用比例明显增多,种类也较为丰富;实用性较强的著作如《伤寒论》《金匮要略》《齐民要术》等平比句使用频次最高,但比拟句使用比例较低。最为特殊的是东汉的《论衡》,无论平比句还是比拟句,使用比率都是所有语料中最高的,这可能和其写作宗旨密切相关。

第三章

唐宋时期汉语平比句与比拟句研究

一、引　　言

唐宋时期的口语是以白话为主的语言，词汇、语法方面都出现了新的要素。与东汉魏晋南北朝隋相比，平比句和比拟句的使用也出现了较大变化。关于这一时期的差比句，学者关注较多，平比句与比拟句的研究则是寥寥①。

唐宋汉语之所以能成为近代汉语的一个重要组成部分，就是因其口语性文献出现较多，比较适合做汉语语法史研究的语料。考虑到比拟句除语法特点外，同时又兼具特殊的修辞作用，所以在选择语料时，除了部分古白话资料外，本书也选择了一些介于二者之间的、文言与口语相杂的语料②。这一时期，本书所选择的语料主要包括：

1. 与佛教相关的文献　主要包括：一些诗僧如寒山、拾得的白话诗③；日本僧人圆仁记述其入唐求法十年间所见所闻的《入唐求法巡

---

① 专门研究此期平比句的学术论文目前尚未见到，仅张赪《汉语语序的历史发展》，李焱、孟繁杰《汉语平比句的语法化研究》两书有专章讨论，但并未对平比句和比拟句作明确区分。专门研究此期比拟句（比拟式）的成果有一些，主要集中于对专书中比拟句的研究上，如方吉平（2012）硕士学位论文《〈五灯会元〉比拟句式研究》。

② 但在具体考察和数据统计过程中，笔者会努力对同一部语料的性质做区分。

③ 在所考察的唐宋语料《全唐诗》中，也包括寒山和拾得的诗歌。但针对《全唐诗》本书仅做整体层面的相关标记考察。而把寒山、拾得诗歌单列出来，是要对其做详尽的考察，以期了解唐宋时期，与佛教相关文献在平比句和比拟句使用上的特点。如涉及数据统计，不作重复计算。

礼行记》;收藏在敦煌莫高窟中以说唱形式向听众讲唱佛经故事、民间传说或者历史故事的敦煌变文;记述禅宗师祖主要事迹及问答语句的《神会语录》《祖堂集》《古尊宿语录》《景德传灯录》《碧岩录》等①。

2. 唐诗宋词　主要考察《全唐诗》和《全宋词》。“唐诗是中国文学的高峰,到北宋仍是一种主要的文学形式”(蒋绍愚,2008:113),《全唐诗》搜集了唐至五代时期四百多年间的所有诗歌和词,全面地展示了唐代诗词的全貌,语料可靠,口语性强,是研究这一时期语言史的重要典籍。宋词代表着宋代文学之盛,《全宋词》搜采广泛,辑录词人众多、题材广阔、风格多样,能在一定程度上反映宋代语言特色。

3. 话本、小说　包括唐代张鹭传奇小说《游仙窟》和宋代话本《大唐三藏取经诗话》。《游仙窟》虽通篇以散文叙事,以韵语对话,文辞浮华艳丽,但其中也包含了一些口语成分。《大唐三藏取经诗话》作为《西游记》的雏形,虽然因为版本流传原因,不能将其完全作为宋代语料使用,不过因其特殊的故事内容,本书将其作为宋代的考察文献之一,以期能从历时角度考察某些比拟句的变化。

4. 宋儒语录　宋代儒学发展为理学,周敦颐、二程以及朱熹等人讲学的内容被弟子记录下来,集为语录。语录成分比较复杂,有的口语成分丰富,有的文言成分较多,但从总体上看,也是此期汉语史研究的宝贵资料,本书主要考察的是朱熹的《朱子语类》。

5. 史籍中的口语语料　唐代以后正史基本用文言写成,很难见到口语成分,但其他一些史料中常常还保存一些完整的口语语料。如《三朝北盟汇编》,记述了宋徽宗、钦宗、高宗三朝与辽、金和战的始末,有的涉及外交谈判、议和结盟等大事,使节需要将实际情况向朝中汇报,所以需要实录,口语成分都相当多。又,沈括的《乙卯入国奏

① 入唐以后汉译佛典程式化严重,大多不能反映当时的语言实际,因此没有选择此期汉译佛经。

请》，记述了其出使契丹谈判领土问题的经过，也是当时谈判口语实录。

6. 南宋戏文　《张协状元》是保存至今最早的南戏剧本，是研究南宋时期汉语词汇、语法等的重要资料。

下文分别对这些语料中平比句和比拟句的使用情况做细致的考察、统计、描写和分析。

二、唐宋汉语中的平比句

这一时期汉语平比句最大的变化表现在语序上，从总体上看，比较结果位于基准项之后的使用比率明显高于上古、中古汉语①。在重点考察、统计的语料中，汉语平比句共出现了 564 次。根据比较标记的数量，唐宋汉语平比句也可分为两类：单比较标记平比句和双比较标记平比句。

2.1　单标记平比句

在所检阅的唐宋时期语料中，能够进入该类句式中的比较标记有“如、似、比、于”四个，比中古时期多了“似”字和“比”字。句型有“X+W+如/似/于+Y”“X+如/似+Y+ W”和“X+不似/不比+Y+ W”三类。在所统计语料中，这类平比句一共只出现了 175 次，占整个平比句总量的 31.03%，也有不少语料中未见用例。分别讨论如次。

2.1.1　X+W+如/似/于+Y

在所统计唐宋时期语料中，此类平比句总共只出现了 69 次，占整个单标记平比句总量的 39.43%，其中“X+W+似+Y”为唐代新出现的平比句式。在这类句式中，“X+W+如/似+Y”有 44 次（“X+W+如+Y”

---

① 上古汉语、中古汉语、唐宋平比句比较结果位于基准后和位于基准前的比率分别是 0.015、0.127、1.536。

30次,“X+W+似+Y”14次),“X+W+于+Y”25次。比较参项多为名词或名词性结构(比较主体经常省略),比较结果依然多为形容词,但较之于中古汉语,比较结果是复音节词的比例明显增加,其前出现修饰性词语的用例也较多。例如:

(1) 自初漂着以来,蚊虻甚多,其大如蝇,入夜恼人,辛苦无极。(唐·圆仁《入唐求法巡礼行记》卷一)

(2) 其灯光初大如钵许,后渐大如小屋,大众至心高声唱大圣号。(唐·圆仁《入唐求法巡礼行记》卷三)

(3) 既能甜似蜜,还绕楚王舟。(唐·李峤《萍》)①

(4) 折得花枝犹在手,香满袖。叶间梅子青如豆。(北宋·欧阳修《渔家傲·四月园林春去后》)

(5) 惜哉结实小,酸涩如棠梨。(唐·杜甫《病橘》)

(6) 隔瓶见舍利,圆转如金丹。(唐·白居易《游悟真寺诗(一百三十韵)》)

(7) 恰到□园佛会中,端严争似牟尼主。(《敦煌变文·维摩诘经讲经文》)

(8) 假饶端正似潘安,掷果盈车人总会。(《敦煌变文·维摩诘经讲经文》)

(9) 假饶富贵似石崇,持为长如彭祖寿。(《敦煌变文·维摩诘经讲经文》)②

以上例(1)—(4)中的比较结果分别为单音节形容词“大”“甜”“青”,例(5)—(9)中的比较结果分别为双音节形容词“酸涩”“圆转”

① 如无特别说明,本文中的唐诗、宋词均来自《全唐诗》和《全宋词》。

② 将该例句归入到平比句中,可能会有争议。根据本书对平比句和比拟句的界定,只有比较主体和比较基准属于同一属概念的不同种概念时,“X+W+如/似+Y”才可视为平比句。例(9)中“假饶富贵似石崇”省略的比较主体与比较参项“石崇”是同一属概念,可视为平比;但“持为长如彭祖寿”句,仅从字面看,比较主体“持为”和“彭祖寿”并不属于同一概念,事实上,这一句的比较主体应该是“持为时间”,和比较基准“彭祖寿”属于同一概念,即该句的比较点是“时长”,所以应将整个句子视为平比句。

“端严”“端正”“富贵”；比较结果前出现修饰性词语的用例如(2)(6)(7)。

在唐宋时期，平比句的比较结果仍是单音节形容词居多，和中古汉语一样，形容词“大”使用频次很高，在《全唐诗》中，仅“X大如Y”就出现了10次。另外，在“X+W+如/似+Y”中，无论唐代还是宋代，比较标记“如”的使用频次都要高于“似”。

“X+W+于+Y”类平比句，和前代一样，依然是表示异同，W为“同”和“异”，但使用频次明显低于中古汉语。其中肯定形式21次（“X同于Y”18次，“X异于Y”3次）。例如：

(10) 我是和尚汝是弟子，者个同于魔说。（南宋·赜藏《古尊宿语录》卷一）

(11) 禅师云：“天台高多少？”师云：“自看取。”云居进云：“尽眼看不见时，又作摩生？”自代云：“异于世间。”（五代·静、筠《祖堂集》卷十四）

否定形式4次（“X不同于Y”1次，“X不异于Y”3次），即：

(12) 古人教向未启口已前会取。今日报慈同于古人，为复不同于古人？有明眼汉，出来断看。（五代·静、筠《祖堂集》卷十三）

(13) 莓苔软草、磐石石塔、奇异花草不异于中台。（唐·圆仁《入唐求法巡礼行记》卷三）

(14) 此行满成佛所证之理，不异于前证理成佛之理。（五代·静、筠《祖堂集》卷二十）

(15) 佛与众生不二，众生与佛无殊，大智不异于愚，何须向外求宝？（北宋·道原《景德传灯录》卷二十九）

这类平比句在所检阅的语料中不仅使用频次低，而且也只集中出现在《入唐求法巡礼行记》《敦煌变文》《祖堂集》《景德传灯录》《古尊宿语录》等与佛教、禅宗有关的语料中。

2.1.2 X+如/似+Y+W

在所统计的语料中,"X+如/似+Y+W"使用频次非常低①,总共只出现了23次,占整个单标记平比句总量的13.14%。其中,"X+如+Y+W"21次,"X+似+Y+W"2次。在这类平比句中,比较结果依然以单音节形容词为主要形式。例如:

(16) 君恩诚谓何,岁稔复人和。预数斯箱庆,应如此雪多。(唐·张九龄《奉和圣制瑞雪篇》)

(17) 师曰:"摩顶至踵,如椰子大。"(北宋·道原《景德传灯录》卷七)

(18) 师指火炉曰:"火炉阔多少?"雪峰曰:"如古镜阔。"(北宋·道原《景德传灯录》卷十八)

(19) 山多蜥蜴,皆如手臂大。(《朱子语类》卷二)

(20) 玄沙指面前火炉云:"火炉阔多少?"峰云:"似古镜阔。"(南宋·赜藏《古尊宿语录》卷十六)

(21) 何时一枕逍遥夜,细话初心。若问如今。也似当时著意深。(北宋·晏几道《采桑子·别来长记西楼事》)②

以上例(18)和例(20)两句内容基本一致,不同之处仅在于《古尊宿语录》的平比标记由《景德传灯录》中的"如"替换为了"似"。

2.1.3 X+不似/不比+Y+W

在所检阅的语料中,此类平比句都出现在《全唐诗》《全宋词》中,共83次。占整个单标记平比句总量的47.43%。其中,"X不似YW"出现了70次,《全唐诗》13次,《全宋词》57次。例如:

---

① 在所检阅语料中,还有一些这样的用例:"两脚若子大,担得二头,从独大桥上过,亦不教伊倒地,且是什摩物?"(五代·静、筠《祖堂集》卷十七)从形式上看,似乎也是"X+若+Y+W"的平比句式,但实际上,此中"子"已经有了表小称的词尾化倾向,"若"更像是表样态的中指代词而非像义动词,所以本书没有把此类句子归入到平比句中。

② 此例中的"也似"尚不完全等同于金元时期的比拟助词"也似"。此例中"也"与"似"不处于同一句法层面,"也"是表类同关系的副词,修饰的是整个谓语"似当时著意深"。

（22）十载番思旧时事，好怀不似当年狂。（唐·唐彦谦《叙别》）

（23）自嗟多难飘零困，不似当年胆气全。（南唐·徐铉《再领制诰和王明府见贺》）

（24）今朝祖宴，可怜明夜孤灯馆，酒醒明月空床满。翠被重重，不似香肌暖。（北宋·欧阳修《一斛珠》）

（25）飞火乱星球，浅黛横波翠欲流。不似白云乡外冷，温柔。此去淮南第一州。（北宋·苏轼《南乡子·宿州上元》）

（26）阴晴相半，曾见玉塔卧寒流。不似今年三五，皎皎冰轮初上，天阙恍神游。（南宋·李弥逊《水调歌头·八月十五夜集长乐堂，月大明，常岁所无，众客皆欢。戏用伯恭韵作》）

这类平比句中，比较主体也经常省略（如上例23、25、26），比较基准多为名词或名词性结构。比较结果形式丰富，有单音节形容词，如（22）（23）（24）（25）；还有的是并列小句，如例（26）的“皎皎冰轮初上，天阙恍神游”。

“X不比YW”类平比句共出现了13次，其中《全唐诗》2次，《全宋词》11次。例如：

（27）崔君初来时，相识颇未惯。但闻赤县尉，不比博士慢。（唐·韩愈《崔十六少府摄伊阳，以诗及书见投，因酬三十韵》）

（28）向小亭，留客处，晴雪初飞，香四面，不比茅檐低亚。（南宋·管鉴《洞仙歌·访郑德兴郎中留饮》）

“X不比YW”类平比句与“X不似YW”平比句一样，比较主体经常省略，比较基准也是多为名词或名词性结构，比较结果有的是单音节形容词（但已不是主要形式），如例（27）中的“慢”；有的是双音节词，如例（28）中的“低亚”。在这些句子中，喻体Y都具有W所表示的属性。“不”否定的只是“比”本身，整个句子表示的就是“X不像Y那么W”。

在所检阅的语料中，也出现了不少“X不如YW”句式，例如：

(29) 长年心事寄林扃，尘鬓已星星。芳意不如水远，归心欲与云平。（南宋·范成大《朝中措·长年心事寄林扃》）

如果仅从结构上看，“X 不如 YW”类句式可以看成是“X 如 YW”平比句的否定形式①，但从语义上看，这种否定式强调的是比较项和基准项在程度上的差别，而不仅仅是二者在某一点上的不同，“不如”即是“比不上”，因此归入差比句更合适一些。“X 不比 YW”则不然。从结构上看，它是“X 比 YW”类差比句的否定形式；从语义上看，“不比”本身既可以表示平比，也可以表示差比。当“X 弱 Y 强”时，“不比”意思是“比不上”“不如”；当“X 强 Y 弱”时，“不比”表示“不同于”“不像……那么”，属于平比，如上例(27)(28)。

统计所检阅的唐宋汉语语料的单标记平比句使用情况，具体使用频次分别见表 3.1 和 3.2。

表 3.1　唐代汉语单标记平比句的具体使用情况

语　料	类型及次数			合　计
	X+W+如/似+Y	X+(不)同/(不)异于+Y	X+如/似/不似/不比+Y+W	
游仙窟	0	0	0	0
神会语录	0	0	0	0
霍小玉传	0	0	0	0
入唐求法巡礼行记	2	1	0	3
敦煌变文	9	5	0	14
祖堂集	0	7	0	7
全唐诗	13	0	22	35
合　计	24	13	22	59

① 唐代诗歌中，“似”既可表示差比，也可表示平比，但“X 不似 YW”则只能表示差比。

表 3.2　宋代汉语单标记平比句的具体使用情况

语　料	类型及使用频次			合　计
	X+W+如/似+Y	X+(不)同/(不)异于+Y	X+如/似/不似/不比+Y+W	
景德传灯录	0	10	3	13
乙卯入国奏请	0	0	0	0
三朝北盟会编	0	0	0	0
碧岩录	0	0	2	2
张协状元	0	0	0	0
大唐三藏取经诗话	0	0	0	0
古尊宿语录	0	2	5	7
朱子语类	0	0	1	1
全宋词	20	0	73	93
合计	20	12	84	116

从以上的统计和分析可以看出,唐宋时期单标记平比句中,"比较基准+比较结果"型(共 106 次)已经远远超出了"比较结果+比较基准"型(共 69 次),但形式还比较单一,且多为否定式。从时间角度看,唐代"比较结果+比较基准"型依然稍占优势,但宋代"比较基准+比较结果"型已经占绝对优势,而且"比较结果+比较基准"型平比句只出现在宋词中。从比较标记看,唐宋汉语中,单标记平比句比较种类都较少,总共只有"如、似、于、比"四个。从比较参项看,比较主体和比较基准多为表事物的名词或名词结构,比较结果多为形容词,从这个角度可以说,唐宋汉语中的单标记平比句已是典型平比句。

2.2　双标记平比句

在所统计的唐宋汉语语料中,双标记平比句使用较多,总共出现了 385 次,占整个平比句总量的 68.26%。前比较标记可以分为两类:一类是具有介词性质的"与、同"等,一类是具有动词性质的"如、似、是"等。后比较标记主要有"一般""一样""相似/不相似""相同""同/不同"等。根据前比较标记的不同,分别讨论如次。

2.2.1 "与、同"类双标记平比句

2.2.1.1 X 与 Y 一般(W)

此类双标记平比句唐代开始出现,在语义上表示比较主体 X 和比较基准 Y 之间在某一方面具有相同的关系。当其后没有出现表结果的属性词(W)时,和上古、中古时期的异同类准双标记平比句语义及用法基本一致。在所统计的唐宋时期的语料中,此类双标记平比句总共出现了 115 次,占整个双标记平比句总量的 29.87%。其中"X 与 Y 一般"唐代文献仅出现了 4 次,宋代文献出现了 110 次。例如:

(30) 行香仪式与本国一般。其作斋晋人之法师先众起立,到佛左边,向南而立。(唐·圆仁《入唐求法巡礼行记》卷三)

(31) 心空不及道空安,道与心空状一般。(五代·静、筠《祖堂集》卷二十)

(32) 将两朝通和,南朝臣僚到北朝,便与北朝臣僚一般,岂敢对圣旨不实?(北宋·沈括《乙卯入国奏请》四)

(33) 气相近,如知寒暖,识饥饱,好生恶死,趋利避害,人与物都一般。(《朱子语类》卷四)①

另外,所检阅语料中还发现了 1 例"X 与 Y 一般 W",即:

(34) 阴阳虽便是天地,然毕竟天地自是天地。"广大配天地"时,这个理与他一般广大。(《朱子语类》卷七十四)

在"X 与 Y 一般"类双标记平比句中,比较参项基本上都是名词。

① 此例中的"与"已经更接近连词性质了,XY 互换位置并不影响句义。从这个角度看,Y 作为基准项的意味已经不强,该例和其他同类的表示平比关系的句子还是有些许差别。

所检阅的唐宋语料中还出现了 1 例“X 同 Y 一般”，即：

(35) 只在三千世界，还同池沼一般。（《敦煌变文·妙法莲华经讲经文》）

2.2.1.2　X 与 Y 一样(W)

这是宋代才出现的双标记平比句式，和“X 与 Y 一般”不同的是，“X 与 Y 一样”后经常会出现表示结果的形容词，对具体比较点进行说明。在所检阅唐宋语料中，能与后标记“一样”搭配的只有介词性质的前比标记“与”。共有 9 次，仅出现在《全宋词》(7 次)和《朱子语类》(2 次)中，其中“X 与 Y 一样 W”有 6 次，均是《全宋词》中的用例。例如：

(36) 雨意挟风回，月色兼天静。心与秋空一样清，万象森如影。（南宋·向子諲《卜算子·中秋欲雨还晴》）

(37) 却是晓云闲，特地遮拦。与天一样白漫漫。（南宋·章谦亨《浪淘沙·云藏鹅湖山》）

《朱子语类》中的 2 例，1 例为否定形式“X 不与 Y 一样”，即：

(38) “六言、六蔽、五美”等话，虽其意亦是，然皆不与圣人常时言语一样。（《朱子语类》卷四十七）

1 例为“X 与 Y 是一样”，即：

(39) “刚柔者，立本者也；变通者，趋时者也。”便与“变化者，进退之象也；刚柔者，昼夜之象也”是一样。（《朱子语类》卷七十六）

从严格意义上讲，“X 与 Y 是一样”和“X 与 Y 一样”虽然语义基本相同，均表示 XY 是等同关系，但结构并不相同，“X 与 Y 是一样”中的“与”更接近连词性质，Y 作为比较基准的意味已经很弱了，X 与 Y 互换，句子的意思基本不变。

“X与Y一般/一样(W)”句式的出现,标志着真正意义上的现代汉语框式平比句式出现了。

2.2.1.3　X与/同Y相似/不相似/相同

这类平比句式,中古汉语中就已经出现了,但比较标记仅有“与”,而且也只有肯定形式。在所统计唐宋语料中,“X与/同Y相似”式共出现了8例(“X与Y相似”6例,“X同Y相似”2例),“X与Y不相似”出现了6次,“X与Y相同”出现了4次。例如:

(40) 阁之内外庄严,所有宝物与菩萨堂相似也。(唐·圆仁《入唐求法巡礼行记》卷三)

(41) 所以道,他参活句,不参死句,若顺常情,则歇人不得,看他古人念道如此,用尽精神,始能大悟。既悟了用时还同未悟时人相似。(北宋·圆悟克勤《碧岩录》卷六)

(42) 外求有相佛,与法不相似。(五代·静、筠《祖堂集》卷一)

(43) 若经与义相同,愿火不能烧之。若经与疏抄相同,水不能溺。(《敦煌变文·庐山远公话》)

2.2.1.4　X与Y同/不同

这类平比句在所统计的唐宋语料中出现较多,共225次,占整个双标记平比句总量的58.44%。其中,“X与Y同”共158次(其中《全唐诗》出现了133次),“X与Y不同”43次,“X不与Y同”24次。例如:

(44) 将军向西行香,亦与东仪式同。(唐·圆仁《入唐求法巡礼行记》卷一)

(45) 彩异惊流雪,香饶点便风。裁成识天意,万物与花同。(唐·苏颋《立春日侍宴内出剪彩花应制》)

(46) 冬看山林萧疏净,春来地润花浓。少年衰老与山同。世间争名利,富贵与贫穷。(南宋·韩世忠《临江仙·冬看山林萧疏净》)

以上三例"X 与 Y 同"类平比句中的比较主体与基准都是名词，例(44)(45)中"同"既是后标记，也是比较结果，表示二者在某些方面是一样的；例(46)中比较基准的前面还出现了表述结果的属性词"衰老"，"同"作为后比标记的意味更浓，但这类比较结果位于基准之前的双标记平比句在汉语史中非常少见。

(47) 观看楼殿台阁，与世人不同。(《敦煌变文·叶净能诗》)

(48) 履曰："本朝今则煞有忠义之士辅佐今圣，与昔日事体不同。使人说得是与不是、实与不实，如何瞒得国相元帅？"(南宋·徐梦莘《三朝北盟会编·靖康大金山西军前和议录》)

以上两例"X 与 Y 不同"中的比较主体都隐含不现，比较基准也都是名词，整个句子旨在说明从客观上看二者也有所不同。

(49) 天生意气，不与凡同；骨貌神姿，世人之罕有。(《敦煌变文·庐山远公话》)

(50) 魏林楚岭，素妆清绝，不与众芳同。(宋·无名氏《太常引·江梅开似蕊珠宫》)

以上两例"X 不与 Y 同"基本也是对事实的否定，同时也表明言者对所述命题的一种认同，比"X 与 Y 不同"的主观化程度还是要稍高一些。但在唐宋时期，也有相当一部分"X 不与 Y 同"所表达的也只是对客观事实的否定。例如：

(51) 龙门非禹凿，诡怪乃天功。西南出巴峡，不与众山同。(唐·沈佺期《过蜀龙门》)

另外，在所检阅语料中，还有 4 例"X 与 Y 无异"类平比句，均出现在《敦煌变文》中。例如：

(52) 玄宗皇帝及朝庭大臣，叹净能绝古超今，化穷无极，暴书符录(籙)，□圣幽玄，人间罕有，莫侧(测)变现，与太上老君而无异矣！(《敦煌变文·叶净能诗》)

2.2.2 “如、似、是”类双标记平比句

2.2.2.1 X 似 Y 一般

此类平比句是唐代汉语中新出现的句式。在所检阅的唐宋语料中,仅有 6 例。即:

(53) 凡因讲论,法师便似乐官一般,每事须有调置曲词。(《敦煌变文·悉达太子修道因缘》)

(54) 寂其太子,日夜转持戒行,虽求愿得耶殊彩女,亦似无妻一般,不曾与女同床。(《敦煌变文·太子成道变文四》)

(55) 我今知汝,最教聪明,无瑕玼似童子一般,有行解与维摩无异。(《敦煌变文·维摩诘经讲经文》)

(56) 师云:“是诸人见有险恶,见有大虫刀剑诸事逼汝身命,便生无限怕怖。如似什么?恰似世间画师一般。自画作地狱变相,作大虫刀剑了,好好地看了却自生怕怖。”(北宋·道原《景德传灯录》卷十八)

(57) 圣人此语,正似说两人一般。(《朱子语类》卷二十二)

(58) 师云:这老汉好打破髑髅著。师见一僧云:恰似个律师一般。蓦然悟去,一箭穿过髑髅三千里。(南宋·赜藏《古尊宿语录》卷六)

以上例中,除例(53)外,其他四个句子的比较主体都隐含不现,但根据上下文可知其与比较基准属于同一类属,“一般”表示比较主体 X 和比较基准 Y 是同样的。这种判断虽然属于主观认识,但其所依据的标准相对较为客观、科学,整个句子属于比较典型的平比句,例(55)中还给出了比较结果,使得比较点更加凸显。

2.2.2.2 X 如/似/是 Y 相似/同

这种表示类同的平比句式,唐宋汉语始现,在所检阅的唐宋语料中出现很少,总共只有 7 例。其中“X 如 Y 相似”3 例,“X 似 Y 相似”2 例,“X 是 Y 相似”“X 似 Y 同”各 1 例。例如:

(59) 莫将作等闲，到这里不分贵贱，不别亲疏，如大家人守钱奴相似。（五代静、筠《祖堂集》卷八）

(60) 仁者，莫只是记言记语，恰似念陀罗尼相似。（北宋·道原《景德传灯录》卷十八）

(61) 若是在自家面前诈与不信，却都不觉时，自家却在这里做什么？理会甚事？便是昏昧呆底相似。（《朱子语类》卷四十四）

(62) 有二金刚在寺门左右，其形貌体气一似本州所现体色同。（唐·圆仁《入唐求法巡礼行记》卷三）

所检阅语料中还发现了1例“X犹如Y相似”平比句。即：

(63) 瞽叟打舜子，感得百鸟自鸣，慈乌洒血不止。舜子是孝顺之男，上界帝释知委，化一老人，便往下界来至。方便与舜，犹如不打相似。（《敦煌变文·舜子变》）

统计所检阅的唐宋语料中的“与、同、如、似、是”类双标记平比句使用情况，具体使用频次分别见表3.3和3.4。

表3.3　唐代语料中的“与、同、如、似、是”类双标记平比句使用情况

语　料	类型及使用频次						合　计
	X与Y一般/一样(W)	X与/同Y相似/不相似/相同	X(不)与Y同/不同	X与Y无异	X似Y一般	X如/似/是Y相似/同	
游仙窟	0	0	0	0	0	0	0
神会语录	0	0	0	0	0	0	0
霍小玉传	0	0	0	0	0	0	0
入唐求法巡礼行记	3	5	0	0	0	1	9

续　表

语　料	类型及使用频次						合　计
	X与Y一般/一样(W)	X与/同Y相似/不相似/相同	X(不)与Y同/不同	X与Y无异	X似Y一般	X如/似/是Y相似/同	
敦煌变文	1	2	15	4	3	0	25
祖堂集	1	3	2	0	0	4	10
全唐诗	0	0	162	0	0	0	162
合　计	5	10	179	4	3	5	206

表3.4　宋代语料中的“与、同、如、似、是”类双标记平比句使用情况

语　料	类型及使用频次						合　计
	X与Y一般/一样(W)	X与/同Y相似/不相似/相同	X(不)与Y同/不同	X与Y无异	X似Y一般	X如/似/是Y相似/同	
景德传灯录	1	3	2	0	1	1	8
乙卯入国奏请	1	0	2	0	0	0	3
三朝北盟会编	0	0	3	0	0	0	3
碧岩录	8	2	1	0	0	0	11
张协状元	1	0	0	0	0	0	1
大唐三藏取经诗话	0	0	0	0	0	0	0
古尊宿语录	6	4	4	0	1	0	15
朱子语类	96	3	0	0	1	1	101
全宋词	7	0	30	0	0	0	37
合　计	120	12	42	0	3	2	179

从以上统计和分析可以看出，唐宋时期双标记平比句使用频次依然高于单标记平比句，较之于中古汉语，使用频次不仅有所上升，而且句式与语义也更加丰富，甚至出现了真正意义上的框式结构。不过，比较标记的种类也有所减少，前后标记搭配类型也比较有限，比如能与“如”搭配的只有“相似”一个。从具体种类看，“X 与 Y 同”的使用频次还是最高，占整个双标记平比句的 41.04%，此期新出现的“X 与 Y 一般/一样(W)”使用频次也较高，占整个双标记平比句总量的 32.21%。从语料类型来看，双标记平比句在《全唐诗》《朱子语类》《全宋词》中使用频次都比较高，但句式类型比较单一；与之相反，在与佛教有关的文献中，双标记平比句使用频次虽然较低(仅 69 次)，但句式类型却很丰富，此处所讨论的 6 种句式类型都有使用。

2.2.3　(X)Y 一般(W)①

在所检阅的唐代语料中，还有 4 例仅有后标记“一般”的双标记平比句，其中有 1 例同时带有比较结果。即：

(64) 交(教)太子共我，生小以来，骨属一般，雍宠无二？(《敦煌变文·须大拏太子好施因缘》)

(65) 丧主道：“王侯凡庶一般，死相亦无二种。”(《敦煌变文·八相变(一)》)

(66) 师云：“者个事军国事一般，官家若判不得，须唤村公断。这里有三百来众，于中不可无人。大众与老僧断：宾主二家，阿那个是有路？”(五代·静、筠《祖堂集》卷十八)

(67) 鹄箭亲疏虽异的，桂花高下一般香。(唐·李咸用《赠陈望尧》)

例(67)中因为表结果形容词的出现，整个句子的重点落到了二

① “(X)Y 一般”类平比句，应该由“X+伴随介词+Y 一般”省略而来，此类“一般”既是后比标记，同时也可视为比较结果。但其语义要比现代汉语框式平比句中后比标记“一样”的语义实在很多，还只是一种准标记，所以本书并未将其纳入单标记平比句，而是单列出来讨论。

者的等同点“香”上，后比标记“一般”的实义开始变弱。但在所检阅的宋代语料中，并没有发现“(X)Y 一般”类平比句。

2.3 小结

通过以上分析和数据统计可以看出，唐宋汉语的平比句较之于中古汉语，单标记平比句在整个平比句中的使用比例稍有下降，但句义更丰富一些。具体特点如下：

第一，从比较标记来看，双标记平比句前后标记的种类都有所减少，搭配类型也比较有限，不过使用比例有所升高，单标记句和双标记句都有新的形式产生，如单标记中的“不似”“不比”，双标记中的“与……一般/一样”“似……一般”等真正意义上的框式平比句。这表明，唐宋时期，汉语双标记平比句已经进入调整阶段。

第二，从比较结果来看，无论是单标记平比句还是双标记平比句，都仍以单音节形容词(尤其是“大”)最为常见，但较之于中古汉语，比较结果为复音节词的比例明显增加。从这个角度看，唐宋时期的平比句表达更加精密。不过，新产生的双标记平比句“X 与 Y 一般/一样(W)”仍以不带比较结果更为常见。

第三，从语序角度看，唐代“结果+基准”平比句使用比例还是要稍高一些，宋代“基准+结果”平比句已占绝对优势，具体的句法形式也明显多样，“X 与 Y 一般/一样(W)”式后来居上，成为宋代最常见的双标记平比句。

第四，从语料性质看，与佛教相关文献中平比句的种类和使用比率总体都要高一些，话本、小说的使用比率最低。另外，新产生的单标记平比句，基本只出现在唐诗宋词中，且使用频次较高①。

第五，从时间角度看，唐宋汉语中，随着时间推移，双标记平比句

---

① 唐宋时期所考察的语料，地域性质不像南北朝时期那么分明，所以未做进一步考察分析。

使用频次都呈现出明显的增长趋势。具体来说，唐代双标记平比句增幅较大（共 206 次），占到了唐代整个平比句使用总量（268 次）的 76.87%；宋代虽然也是双标记平比句使用较多（179 次），但较之于唐代，单标记平比句使用（116 次）比率增长更为明显①，占到了宋代整个平比句（295 次）的 39.32%。

三、唐宋汉语中的比拟句和比拟式

唐宋时期汉语，除了有大量单独成句的比拟句外，也有少量在句中充当修饰或补充性成分的比拟式。在所统计的这一时期语料中，比拟句共出现了 1913 次，比拟式共出现了 45 次。分别讨论如次。

3.1　比拟句

在所统计的唐宋汉语语料中，比拟句共出现了 1913 次。根据比拟标记的数量，分为单标记比拟句和双标记比拟句两种。分别讨论如次。

3.1.1　单标记比拟句

在所统计的唐宋语料中，此类比拟句共出现了 1705 次，占整个比拟句总量的 89.13%②。在此类句子中，比拟标记有时出现在喻体前，有时出现在喻体后，有的不带比拟结果，有的带有比拟结果。主要有“X+如/若/犹/似/比+Y”“X+如同/如似/犹（有/由）如/犹（有）若/犹似/犹同/也似+Y”“X+W 如/若/似/像/如同/似如+Y”“X+如/似+Y+W”“（X+）Y 相似/一般（+W）”等 5 大类。下面分别讨论如次。

3.1.1.1　X+如/若/犹/似/比+Y

这一格式是比拟句的基本结构，在所考察唐宋语料中，也是使用

---

① 宋代与唐代单标记的使用比率是 1.97，双标记与单标记的使用比率是 0.87。

② 因为比拟特殊的修辞效果，《全唐诗》《全宋词》中比拟句数量庞大，将其和其他语料数据放在一起，可能会使其他语料数据产生一种可忽略不计的结果。所以在考察比拟句具体使用频次时，不宜再将两书中的使用频次统计其中，比如《全宋词》的 3 例“X 比 Y”比拟句就没有统计在内。

频次最高的一类比拟句,共出现了1378次,占单标记比拟句总量的80.82%,占整个比拟句总量的72.03%。比拟词"如""若""似""犹"等上古汉语都已出现,"比"是唐代汉语新出现的。从使用频次看,在所考察唐宋语料中,"X+如+Y"格式最多,共出现893次;其次是"X+似+Y",共406次,"X+若+Y"72次;"X+比+Y""X+犹+Y"都很低,分别只有3次、4次。例如:

(1) 生当时愤怒叫吼,声如豺虎,引琴撞击其妻,诘令实告。(唐·蒋防《霍小玉传》)

(2) 每向佛前奏五音,恰如人得真三昧。(《敦煌变文·维摩诘经讲经文》)

(3) 欲知百宝千花上,恰似天边五色云。(《敦煌变文·大目乾连冥间救母变文》)

(4) 入到国中,尽是千年枯树,万载石头,松柏如龙,顽石似虎。(宋《大唐三藏取经诗话·过狮子林及树人国》)

(5) 罗衣熠耀,似彩凤之翔云;锦袖纷披,若青鸾之映水。(唐·张鷟《游仙窟》)

(6) 一朝名字挂金榜,此身端若无价珠。(南宋《张协状元》)

(7) 若求真去妄,犹弃影劳形。(北宋·道原《景德传灯录》卷三十)

以上例中的本体和喻体大多是名词性词语,如例(1)(3)(4)(6);但也有一些本体和喻体是主谓结构,如例(2)(5);还有的是并列结构,如例(7)。

"X比Y"的比拟句唐代始现,在所统计语料中,共出现6例,《敦煌变文》(3例)《全宋词》(3例)中,均与"X如Y"对举使用。例如:

(8) 巍巍人相比金莲,偪偪形身如玉柱。(《敦煌变文·维摩诘经讲经文》)

(9) 人世浑如天上月，离合比盈亏。(南宋·李光《武陵春》)

统计所检阅的唐宋语料中“X+如/若/犹/似/比+Y”类比拟句的使用情况，具体使用频次分别见表3.5和3.6。

表3.5　唐代语料中的“X+如/若/犹/似/比+Y”类比拟句使用情况

语　料	类型及使用频次					
	X+如+Y	X+若+Y	X+犹+Y	X+似+Y	X+比+Y	合　计
游仙窟	0	2	0	4	0	6
神会语录	11	1	0	0	0	12
霍小玉传	1	4	0	0	0	5
入唐求法巡礼行记	18	0	0	0	0	18
敦煌变文	246	25	0	179	3	453
祖堂集	51	2	0	10	0	63
合　计	327	34	0	193	3	557

表3.6　宋代语料中的“X+如/若/犹/似/比+Y”类比拟句使用情况

语　料	类型及使用频次					
	X+如+Y	X+若+Y	X+犹+Y	X+似+Y	X+比+Y	合　计
景德传灯录	87	5	2	27	0	121
乙卯入国奏请	0	0	0	0	0	0
三朝北盟会编	5	0	1	1	0	7
碧岩录	159	3	0	85	0	247
张协状元	32	7	0	25	0	64

续 表

语 料	类型及使用频次					
	X+如+Y	X+若+Y	X+犹+Y	X+似+Y	X+比+Y	合 计
大唐三藏取经诗话	13	0	0	4	0	17
古尊宿语录	195	22	1	71	0	289
朱子语类	75	1	0	0	0	76
合 计	566	38	4	213	0	821

从以上统计以及前面的分析可以看出，唐宋汉语中，“X+如/若/犹/似+Y”类比拟句分布很是广泛，在所考察的语料中，除《乙卯入国奏请》外其他都有使用，与佛教相关文献以及唐诗宋词使用频次尤高。从时间角度看，不同时期，四个比拟词的使用并无显著差异。

3.1.1.2 X+如同/如似/犹（有/由）如/犹（有）若/犹似/犹同/也似 Y

这类比拟标记多为同义连用形式，除“如同”“也似”外，其他中古汉语中就已出现。在所统计唐宋时期语料中，这类比拟句共出现 129 次，占整个单标记比拟句的 7.57%。例如：

(10) 雪窦道，活中有眼还同于死汉相似，何曾死，死中具眼，如同活人。（北宋・圆悟克勤《碧岩录》卷五）

(11) 尔岂知在业海之中罪坑之内，吃肉如似饿鬼吞尸。（北宋・道原《景德传灯录》卷二十九）

(12) 飞腾千里，恰似鱼鳞；万卒行行，犹如雁翅。（《敦煌变文・伍子胥变文》）

(13) 我今滔滔自在，不羡公王卿宰，四时犹若金刚。（北宋・道原《景德传灯录》卷二十八）

(14) 皮肤有似红莲朵,骨体还如白玉堆。(《敦煌变文·妙法莲华经讲经文》)

(15) 一点不来,犹同死汉,当锋一箭,谁肯承当?(五代·静、筠《祖堂集》卷九)

(16) 我命恰如凝草露,吾身也似缀花霜。(《敦煌变文·维摩诘经讲经文》)

例(12)采用了错综的修辞手法,正常的语序应该是"飞腾千里,犹如雁翅;万卒行行,恰似鱼鳞","犹如"比拟句的本体"吴兵"省略,喻体为"雁翅"。

例(16)中的"也似"不同于金元时期的比拟助词"也似"。金元时期的"也似"用在名词、动词及其短语之后,构成"Y 也似"格式,在句中一般做状语或定语,是受到了阿尔泰语语法的影响所致①。而例(16)中的"也似"连接的是两个名词性结构,"似"为像义动词,"也"位于其前,可以有两种理解:一是"也"是用于主谓之间的句中语气词,表示顿宕、提示下文;另外一种是表示类同、强调的副词。无论哪种理解,从严格意义上看,这些"也似"都应该是一种跨层结构。但事实上,由于受汉语音步规律的影响,例(16)中的"也"和"似",应把它们连在一起按照一个语块(甚至可以说"词语")去拼读和理解。这种位于本体和喻体之间的"也似"唐宋时期才开始出现,出现频次一直不高,元明以后就已基本消失。这可能是金元时期,为了适应蒙古语语序的需要,直接后移,从而产生了新的格式"Y 也似"②。从本质上来说,这也应该是一种"旧瓶装新酒"的现象。

统计所检阅的唐宋语料中此类比拟句的使用情况,具体使用频次分别见表 3.7 和 3.8。

① 参看江蓝生:《助词"似的"的语法意义及其来源》,《中国语文》1992 年第 6 期。

② 从唐宋已有的"也似"用例来看,"也似"比拟句中的本体多隐含不现,如"岩林饲虎望超升,虽知同体权方便,也似炎天日里灯"(北宋·道原《景德传灯录》卷二十九),直接后移,从语法上看,也无太大障碍。这也在一定程度上为其后移奠定了基础。

表 3.7　唐代语料中的"X+如同/如似/犹(有/由)如/犹(有)若/犹似/犹同/也似 Y"类比拟句使用情况①

语　料	比拟词及使用频次							合计
	如同	如似	犹/有/由/如	犹/有若	犹/有似	犹同	也似	
游仙窟	0	0	0	0	0	0	0	0
神会语录	0	0	2	0	0	0	0	2
霍小玉传	0	0	0	0	0	0	0	0
入唐求法巡礼行记	0	0	2	0	0	0	0	2
敦煌变文	3	3	19	0	6	0	5	36
祖堂集	1	2	15	0	0	1	0	19
合　计	4	5	38	0	6	1	5	59

表 3.8　宋代语料中的"X+如同/如似/犹(有/由)如/犹(有)若/犹似/犹同/也似 Y"类比拟句使用情况

语　料	比拟词及使用频次							合计
	如同	如似	犹/有/由/如	犹/有若/宛若	犹/有似	犹同	也似	
景德传灯录	1	1	18	5	3	0	1	29
乙卯入国奏请	0	0	0	0	0	0	0	0
三朝北盟会编	0	0	0	0	0	0	0	0
碧岩录	2	0	3	0	0	0	2	7
张协状元	0	0	3	0	0	0	0	3

---

①　在《敦煌变文》中"犹如"有时也写作"由如",二者只是书写形式不同,意义和用法都相同。

续 表

语 料	比拟词及使用频次							合计
	如同	如似	犹/有/由/如	犹/有若/宛若	犹/有似	犹同	也似	
大唐三藏取经诗话	0	0	0	0	0	0	0	0
古尊宿语录	1	1	26	1	1	0	1	31
朱子语类	0	0	0	0	0	0	0	0
合 计	4	2	50	6	4	0	4	70

从以上统计和前面的分析可以看出，唐宋时期，双音节比拟标记总体使用频次虽然高于中古汉语，但每类标记的语料分布有限，有些语料则完全没有使用双音节比拟标记①。从具体使用频次看，唐、宋时期，使用最多的双音节比拟标记都是“犹如”（共 88 次），占到了整个双音节比拟标记使用频次的 68.22%。从语料性质看，与佛教相关的文献使用频次都比较高。从时间角度看，唐宋在双音节比较标记使用上并无显著差异。

3.1.1.3　X+W+如/若/似/像/如同/似如+Y

唐宋时期，比拟结果位于喻体之前的比拟句也时或可见，比拟标记有“如、若、似、像、如同、似如”共 6 个。在所统计语料中，此类比拟句共出现了 151 次，占整个单标记比拟句的 8.86%。例如：

（17）合欢游璧水，同心待华阙。飒飒似朝风，团团如夜月。（唐·张鷟《游仙窟》）

（18）临济曰：春煦发生铺地锦，婴儿垂发白如丝。（北宋·道原《景德传灯录》卷十二）

① 虽然不能排除这些语料有的可能是篇幅太短所致，但像《朱子语类》这种大部头著作中也未见此类双音节比拟标记，多少有些异常。

(19) 目连啼哭念慈亲,神通急速若风云。(《敦煌变文·大目干连冥间救母变文》)

(20) 积善一方人,延祥日益新。共当千百载,长若二三春。(南宋·赜藏《古尊宿语录》卷四十五)

(21) 师云:"悟即无分寸,迷则隔山歧。"僧云:"前程事如何?"云:"虽然黑似柒,成立在今时。"此僧峭然便去。(五代·静、筠《祖堂集》卷六)

(22) 我个胜花娘子生得白蓬蓬,一个头髻长长似盘龙。(南宋《张协状元》)

(23) 看(胸)前万字颇黎色,项后圆光像月轮,欲知百宝千花上,恰似天边五色。(《敦煌变文·大目干连冥间救母变文》)

(24) 且如人,头圆象天,足方象地。(《朱子语类》卷四)

(25) 宰官居士之属,和惬如同鱼水。(《敦煌变文·维摩诘经讲经文》)

(26) 铁钻长交(教)利锋刃,馋牙快似如锥钻。(《敦煌变文·大目干连冥间救母变文》)

以上例中的本体和喻体大都是名词或名词性结构,比拟结果都是形容词,且双音节形式居多。

在《全唐诗》《全宋词》中,这种比拟句式更为常见,比拟词有"如、若、似、比"四个比拟词。例如:

(27) 轮台九月风夜吼,一川碎石大如斗,随风满地石乱走。(唐·岑参《走马川行奉送出师西征》)

(28) 胡骑攻吾城,愁寂意不惬。人安若泰山,蓟北断右胁。(唐·杜甫《八哀诗·故司徒李公光弼》)

(29) 他年京国酒,泫泪攀枯柳。莫唱短因缘,长安远似天。(北宋·苏轼《菩萨蛮·感旧》)

与其他语料不同的是，唐诗、宋词中的"X+W+如/若/似+Y"类比拟句，比拟结果 W 大多为单音节形容词，但本体和喻体也大都是名词或名词性结构。

统计所检阅的唐宋语料中"X+W+如/若/似/像/如同/似如+Y"比拟句的使用情况，具体使用频次分别见表 3.9 和 3.10。

表 3.9 唐代语料中的"X+W+如/若/似/像/如同/似如+Y"类比拟句使用情况

语 料	比拟词及使用频次						合计
	如	若	似	像	如同	似如	
游仙窟	1	0	1	0	0	0	2
神会语录	0	0	0	0	0	0	0
霍小玉传	0	0	0	0	0	0	0
入唐求法巡礼行记	5	0	0	0	0	0	5
敦煌变文	29	5	11	1	1	1	48
祖堂集	4	2	3	0	0	0	9
合 计	39	7	15	1	1	1	64

表 3.10 宋代语料中的"X+W+如/若/似/像/如同/似如+Y"类比拟句使用情况

语 料	比拟词及使用频次						合计
	如	若	似	像	如同	似如	
景德传灯录	10	1	7	0	0	0	18
乙卯入国奏请	0	0	0	0	0	0	0
三朝北盟会编	0	0	0	0	0	0	0

续　表

语　料	比拟词及使用频次						合计
	如	若	似	像	如同	似如	
碧岩录	10	2	5	0	0	0	17
张协状元	1	0	1	0	0	0	2
大唐三藏取经诗话	0	0	0	0	0	0	0
古尊宿语录	23	1	19	0	0	0	43
朱子语类	6	0	0	1	0	0	7
合　计	50	4	32	1	0	0	87

从以上表格以及前面的分析可以看出，在所统计的语料中，唐宋时期“X+W 如/若/似/像/如同/似如+Y”类比拟句也主要出现在与佛教相关的变文和禅宗语录中。比拟标记“如”依然占明显优势，占此类比拟句的 58.94%；其次是比拟标记“似”，且随着时间推移，“似”的上升趋势明显①。本体和喻体主要还是结构比较简单的名词或名词性结构，比拟结果双音节化的趋势比较明显②。

3.1.1.4　X+如/似+Y+W

所检阅的唐宋语料中，这类比拟句不仅比拟标记只有上古汉语中就已经出现的“如、似”2 个，而且使用频次很有限，总共只出现了 28 次，占整个单标记比拟句的 1.64%。例如：

（30）脸似桃花光灼灼，眉如细柳色辉辉。（《敦煌变文·难陀出家缘》）

（31）师亦无喜色，云：“心如大海无边际，口吐红莲养病身。自

① 唐代此类比拟句“似”与“如”的使用比率是 0.38，宋代是 0.64。

② 唐诗宋词中此类比拟句的比拟结果依然多为单音节形容词，这应该与其特殊的体裁要求有关，而不是当时语言实际的反映。

有一双无事手，不曾只揖等闲人。”（北宋·圆悟克勤《碧岩录》卷二）

（32）欲寄书如天远，难销夜似年长。（北宋·贺铸《西江月·携手看花深径》）

（33）奴似水彻底澄清，没纤毫点翳。（南宋《张协状元》）

以上例中本体和喻体多是简单名词（如例30、31、33，例32本体是动宾结构，喻体是单音节名词），但比拟结果形式丰富，既有叠音形容词（如例30），也有单音节形容词（如例32），还有动宾结构（例31）、并列结构（例33）。

在《全唐诗》《全宋词》中，这种比拟句式很是常见，除比拟词“如、似”外，还有“若”①。例如：

（34）匈奴破尽看君归，金印酬功如斗大。（唐·韦应物《送孙徵赴云中》）

（35）莫将清泪湿花枝，恐花也、如人瘦。（北宋·周邦彦《一落索·眉共春山争秀》）

（36）道若千钧重，身如一羽轻。（唐·韩偓《赠吴颠尊师》）

（37）长短作新语，墨纸似鸦浓。（南宋·葛胜仲《水调歌头·胜友欣倾盖》）

（38）堪恨归鸿，情似秋云薄。（南宋·张元幹《点绛唇·呈洛滨、筠溪二老》）

《全唐诗》《全宋词》中此类比拟句的本体和喻体大都是名词或名词性结构，比拟结果都是单音节形容词。

统计所检阅的唐宋语料中“X+如/似+Y+W”比拟句的使用情况，具体使用频次分别见表3.11和3.12。

① 《全宋词》中没有发现比拟标记为“若”的此类比拟句用例。

表 3.11　唐代语料中的"X+如/似+Y+W"类比拟句使用情况

语　料	比拟词及使用频次		合　计
	如	似	
游仙窟	0	0	0
神会语录	0	0	0
霍小玉传	0	0	0
入唐求法巡礼行记	0	0	0
敦煌变文	7	4	11
祖堂集	0	0	0
合　计	7	4	11

表 3.12　宋代语料中的"X+如/似+Y+W"类比拟句使用情况

语　料	比拟词及使用频次		合　计
	如	似	
景德传灯录	2	1	3
乙卯入国奏请	0	0	0
三朝北盟会编	0	0	0
碧岩录	1	1	2
张协状元	0	2	2
大唐三藏取经诗话	0	0	0
古尊宿语录	3	6	9
朱子语类	0	0	0
合　计	6	10	16

从以上统计和前面的分析可以看出，唐宋时期"X+如+Y+W"类

比拟句和“X+似+Y+W”比拟句总体使用频次相当,在所统计的语料中,基本只出现在与佛教相关的语料中(《张协状元》除外),唐代的《敦煌变文》和宋代的《古尊宿语录》使用频次最多,二者使用量占到了此类比拟句的71.43%。

3.1.1.5 (X+)Y相似/一般(+W)

这类比拟句唐宋始现,在所统计的唐宋语料中,“(X)Y相似”共出现了19次,占整个单标记比拟句的1.11%。使用语料比较有限,只出现在与佛教有关的(尤其是禅宗类)语料中,分别是:《祖堂集》6次,《碧岩录》9次,《古尊宿语录》4次。例如:

(39) 师示众云:“明镜相似,胡来胡现,汉来汉现。”(五代·静、筠《祖堂集》卷七)

(40) 非但这僧,直得鬼也号神也泣,风行草偃相似。(北宋·圆悟克勤《碧岩录》卷六)

(41) 问佛答佛问祖答祖,屙屎送尿也,三家村里老婆传口令相似。(南宋·赜藏《古尊宿语录》卷十五)

另外,《全宋词》中还检阅到3例“(X)Y一般W”比拟句,即:

(42) 落梅时节冰轮满,何似中秋看,琼楼玉宇一般明。(南宋·范成大《虞美人·落梅时节冰轮满》)

(43) 与君千里别,共此关山月。皓月一般明,君心怎敢凭。(南宋·吕胜己《菩萨蛮·遥山几叠天边碧》)

(44) 露英云萼一般清,揉雪更雕琼。(南宋·侯寘《朝中措·露英云萼一般清》)

《全宋词》中还有1例“Y般W”和“Y样W”。即:

(45) 二使者,弦样直,水般平。岷峨洗净凄怆,威与惠相并。(南宋·京镗《水调歌头·次卢漕韵呈茶漕二使》)

从以上的分析可以看出,唐宋时期的单标记比拟句,从使用比例上看,不带比拟结果的比拟句占绝对优势(共1507次,其中单音节比拟标记又占绝对优势)①,占到了整个单标记比拟句的88.39%。从比拟标记看,唐宋时期单标记比拟句比拟标记"继承"大于"创新",除"比""一般、般""样"以外,其他的比拟标记基本上都是沿用前代已有的。从语序角度看,唐宋时期仍以"比拟结果+喻体"更为常见,也没有明显的时间差异,但当标记为新出现的"一般、般、样"时,句子语序均为"喻体+一般/般/样+比拟结果"。从语体角度看,在所统计语料中②,使用比拟句最多的还是与佛教有关的语料,特别是变文和禅宗语录,这可能是因为使用比拟更容易把抽象的佛教知识讲清楚。也有一些语料,或者完全没有出现过单标记比拟句,如《乙卯入国奏请》;或者使用类型非常有限,如《霍小玉传》《三朝北盟会编》《大唐三藏取经诗话》《朱子语类》等。

3.1.2　双标记比拟句

在所检阅的唐宋汉语语料中,也出现了一些双标记比拟句,但使用很有限,一共只有208次,占整个比拟句总数的10.86%。根据后比拟标记的不同,分别讨论如次。

3.1.2.1　"然/样"类双标记比拟句

此类双标记比拟句,共出现7例。其中后比标记"然"为上古汉语残留,"样"宋代始现。在所检阅语料中,能与"然"搭配的前比标记有"如"(4例)和"若"(1例),能与"样"搭配的仅有"如"(2例)。其中《朱子语类》6例("如/若……然"5例),《全宋词》1例。例如:

(46) 只是气旋转得紧,如急风然,至上面极高处转得愈紧。(《朱子语类》卷二)

(47) 夫道若大路然,岂难知哉!人病不由耳。(《朱子语类》

① 后单比标记比拟句"Y相似/一般"中的"相似""一般"既是比拟标记,也是比拟结果,所以在统计不带比拟结果的比拟句数据时,不包含这类用例数据。

② 其实唐诗、宋词中比拟句的使用也很多,但笔者并未统计《全唐诗》和《全宋词》各类用法的具体频次。

卷八)

(48) 又曰:"冬饮汤,是宜饮汤;夏饮水,是宜饮水。冬饮水,夏饮汤,便不宜。人之所以羞恶者,是触着这宜,如两个物事样。触着宜便羞恶者,是独只是一事。"(《朱子语类》卷六)

(49) 水上月如天样远,眼前花似镜中看。(南宋·向子諲《浣溪沙·姑射肌肤雪一团》)

例(47)中"夫道若大路然"引自《孟子·告子下》,不是当时实际语言的反映。

3.1.2.2　"一般/一样"类双标记比拟句

在所检阅唐宋语料中,后比标记为"一般、一样"的双标记比拟句,仅出现于宋代语料,共出现12次。能与"一般"搭配的前标记有"如、似、如同"三个,"一般"后未出现形容词,共7例①;能与"一样"搭配的前标记有"与""似"两个,"一样"后均有形容词出现,共5例,均出自《全宋词》。例如:

(50) 只这口食身衣尽是欺贤罔圣,求得将来他心慧眼,观之如吃脓血一般,总须偿他始得。(北宋·道原《景德传灯录》卷二十八)

(51) 诸人且道:恁么撞著时如何?恰似禅和家做功夫相似。今日体得些个,明日究得些个。穷来穷去,一日现前,全似朝门前撞著一般。(南宋·赜藏《古尊宿语录》卷三十二)

(52) 向他与么道,如同寱语一般。(南宋·赜藏《古尊宿语录》卷三十七)

(53) 心与秋空一样清,万象森如影。(南宋·向子諲《卜算子·中秋欲雨还晴》)

---

① 《全唐诗》中还可见"是……一般"的比拟句用例:"但曾行处遍寻看,虽是生离死一般。"(唐·刘禹锡《怀妓》)但因只有这1例,且《全唐诗》只是检阅的语料而非统计语料,所以正文中未再专门讨论此种比拟句。

(54) 却是晓云闲，特地遮拦。与天一样白漫漫。（南宋·章谦亨《浪淘沙·云藏鹅湖山》）

(55) 年年春好年年病，妾自西游，水自东流，不似残花一样愁。（南宋·吕本中《采桑子·乱红天绿风吹尽》）

从上面的例句可以看出，“一样”类双比标记比拟句的使用形式与“一样”类双标记平比句一样，其后都有表结果的形容词出现。这表明，至少到了宋代，汉语双标记平比句和比拟句的使用已经比较成熟了。另外，从形式上看，“一样”类双比标记句与现代汉语的框式平比句/比拟句也完全相同。

对唐宋语料中后标记为“一般”的双标记比拟句做了统计，具体使用情况见表 3.13。

表 3.13　唐宋汉语中“一般”类双标记比拟句使用情况

前标记	语料及使用频次				合　计
	景德传灯录	碧岩录	古尊宿语录	朱子语类	
如	1	1	2	1	5
似	0	0	1	0	1
如同	0	0	1	0	1
合计	1	1	5	1	7

从上表可以看出，唐宋时期，在所统计语料中，与“一般”搭配使用最多的前比标记为“如”，出现语料基本为禅宗类。

3.1.2.3　“相似”类双标记比拟句

在所统计唐宋语料中，“相似”作为后标记，出现频次较高，共 189 次，占整个双标记比拟句总数的 90.87%，能与其搭配的前标记有“如、似、犹如、同于”四个。例如：

(56) 今语学问，正如煮物相似，须爇猛火先煮，方用微火慢煮。

（《朱子语类》卷八）

(57) 师便喝云："你也嗑眠去摩？每日在长连床上，恰似漆村里土地相似！他时后日，魔魅人家男女去在！"（五代·静、筠《祖堂集》卷七）

(58) 有一般不识好恶，向教中取意度商量成于句义，如把屎块子向口里含了吐过与别人。犹如俗人打传口令相似，一生虚过也。（南宋·赜藏《古尊宿语录》卷四）

(59) 只这大张口兮同于闪电相似，尔若拟议，则丧身失命。（北宋·圆悟克勤《碧岩录》卷三）

"相似"类双标记比拟句，其后基本不出现比拟结果，但常有后续小句（如例 56、58），对前面的比拟做进一步说明。

对唐宋语料中后标记为"相似"的双标记比拟句做了统计，具体使用情况见表 3.14。

表 3.14　唐宋汉语中"相似"类双标记比拟句使用情况

前标记	语料及使用频次						合计
	敦煌变文	祖堂集	景德传灯录	碧岩录	古尊宿语录	朱子语类	
如	1	4	11	52	27	39	134
似	0	2	1	26	21	0	50
犹如	0	1	0	0	3	0	4
同于	0	0	0	1	0	0	1
合计	1	7	12	79	51	39	189

从上表和前面的分析可以看出，唐宋汉语中的"相似"类双标记比拟句，前比标记"如"占绝对优势。从语料来源看，也是禅宗语录为主。从时间角度看，主要集中在宋代语料中。

从前面的分析可以看出，与单标记比拟句相比，唐宋时期的双标记比拟句总体使用频次较低。前比标记均沿用前代已有的，其中“如”依然使用频次最高。后比标记“一般”“一样、样”都是近代汉语中才出现的（“一般”唐代始现，“一样”“样”宋代始现），使用频次都比较低；后比标记“相似”中古汉语始现，但仅用于平比句中，近代汉语中既可用于平比句，也可用于比拟句，且使用频次相对较高，多出现于禅宗语录，这与其萌芽时即多用于佛典一脉相承①。从时间角度看，双标记比拟句大多出现在宋代语料中（共出现了200次），占整个双标记比拟句的96.15%，但以不带比拟结果更为常见。

3.2　比拟式

唐宋汉语中的比拟式出现频次很低，在所统计的语料中共出现了45次，用法比较丰富，整个结构（比拟本体多隐含不现）在句中既可充当定语、状语、补语等修饰语或补足语，也可充当主语、宾语等核心句法成分。下面根据具体表现形式，分别讨论如次。

3.2.1　（X+）如Y

这种比拟式在所统计的唐宋语料中共出现了35次，功能比较齐全，整个结构在句中可用作补语（5次）、状语（10次）、定语（7次）、宾语（3次）、主语（10次），没有用作谓语的情况。做主语时基本上为全式“X如Y”，做其他成分时则多为简式“如Y”。例如：

（60）山中多寒，五六七月，遍五台五百里内奇异之花开敷如锦，满山遍谷，香气薰馥。（唐·圆仁《入唐求法巡礼行记》卷三）

（61）时尊者忽指东北问云：“是何气象？”师子曰：“我见气如白虹贯乎天地，复有黑气五道横亘其中。”（北宋·道原《景德

① 参看魏培泉：《中古汉语时期汉文佛典的比拟式》，《台大文史哲学报》2009年总第70期。

传灯录》卷二）

（62）笙歌沥沥，闻如耳上之风；彩女双双，睹似眼中之刺。（《敦煌变文·维摩诘经讲经文》）

（63）羊枣，只是北边小枣，如羊矢大者。（《朱子语类》卷六十一）

（64）唯有摩诃大般若，坚如金刚是可羡。（五代·静、筠《祖堂集》卷十七）

例（60）中"如锦"做补语，（61）中"气如白虹"做状语，（62）中"如耳上之风"做宾语，（63）中"如羊矢大"做定语，（64）"坚如金刚"做主语。

对唐宋语料中比拟式"（X+）如 Y"的使用情况作了统计，具体见表 3.15。

表 3.15　唐宋语料中比拟式"（X+）如 Y"的使用情况

句中成分	语料及使用频次							合计
	入唐求法巡礼行记	敦煌变文	祖堂集	景德传灯录	三朝北盟会编	古尊宿语录	朱子语类	
补语	1	3	0	1	0	0	0	5
状语	0	3	0	5	0	2	0	10
定语	0	3	0	2	1	0	1	7
宾语	0	2	0	0	0	0	1	3
主语	0	8	1	0	0	1	0	10
合计	1	19	1	8	1	3	2	35

3.2.2　似 Y

这种比拟式在所检阅的唐宋语料中只出现了 3 次，整个结构在句中分别用作宾语（2 次）和主语（1 次）。例如：

（65）小时爱护，看如掌上之珠；到大忧怜，惜似家中之宝。（《敦煌变文·维摩诘经讲经文》）

（66）似玉磨笼多巧妙，如鸡负卵应时摧。（《敦煌变文·维摩诘经讲经文》）

以上例（65）中“似家中之宝”、例（62）中的“似眼中之刺”均用作宾语，例（66）中“似玉磨笼”用作主语。

3.2.3 Y相似

这种比拟式在所检阅的唐宋语料中只出现了1次，整个结构在句中用作补语。即：

（67）皆是粥饭将养得汝烂冬瓜相似，变将去土里埋将去。（北宋·道原《景德传灯录》卷十八）

3.2.4 Y一般

这种比拟式在所检阅的唐宋语料中只出现了3次，整个结构在句中分别用作状语（1次）和定语（2次）。即：

（68）有一年，却归屋里，大人才见两僧，生佛一般礼拜。（五代·静、筠《祖堂集》卷十四）

（69）二月中春物象鲜，尽尘沙界一般天。（南宋·赜藏《古尊宿语录》卷二十一）

（70）媚景中春暖色暄，尽尘沙界一般天。（南宋·赜藏《古尊宿语录》卷二十二）

以上例（68）“生佛一般”做状语，例（69）（70）“尽尘沙界一般”做定语。

3.2.5 如Y一般

这种比拟式在所检阅的唐宋语料中只出现了1例，在句中用作状语。即：

（71）却云：“此事且休论。赵诩元是董庞儿，我与你有甚冤仇，

道本国杀害良民如贼一般相待?”(南宋·徐梦莘《三朝北盟会编·燕云奉使录》)

3.2.6 似Y样

这种比拟式在所检阅的唐宋语料中只出现了2例,在句中均用作定语。即:

(72) (净)似门前樟树样大底,买一朵归来,与娘插在肩头上。(南宋《张协状元》)

(73) (净白)孩儿,有好掉篦似扁担样大底,买一个归来,把与娘带。(南宋《张协状元》)

另外,《全宋词》还可见1例“Y般”和“Y样”比拟式用例,均做定语。即:

(74) 看长身玉立,鹤般风度,方颐须磔,虎样精神。(南宋·辛弃疾《沁园春·寿赵茂嘉郎中》)

通过前面的分析可以看出,比拟式的几个小类中,除“如Y”式外,其他都是近代汉语中才出现的形式,不仅使用频次低,语法功能也比较有限。从总体上看,在所统计语料中,唐宋汉语的比拟式在句中最常见的语法功能是做状语(12次)和定语(11次),其次是主语(11次)和补语(6次),最少的是宾语(5次)。从语料角度看,除《三朝北盟会编》和《朱子语类》外,其余也都是与佛教有关的文献。从时间角度看,没有明显差异。

3.3 小结

通过以上分析和数据统计可以看出,唐宋汉语的比拟句和比拟式具有以下几个特点:

第一,从使用频次上看,比拟句占绝对优势(1 913次),是比拟式(45次)的近50倍。从类型上看,比拟句类型相对较多,单标记比拟句有5大类,双标记比拟句后比标记丰富,有“然、样、一般、一样、相似”5个,但与其搭配的前比标记基本上是沿用前代已有的。其中“如”无论是在单标记比拟句中,还是在双标记比拟句中,都是使用频次最高的一个标记。比拟式使用频次低,但种类较为丰富(有6小类),且多为近代汉语新出形式,有些比拟式如“似Y样”尚未以比拟句的形式出现。

第二,从比拟本体和喻体看,唐宋时期,无论比拟句还是比拟式,喻体虽然还是以名词性词组居多,但也出现了较为复杂的形式,有时也会出现几个喻体并列使用的情况,例如:

(75) 又如去乡多年闹市中逢见老爷相似,便乃识得无疑,亦不须问人是爷不是爷。(南宋·赜藏《古尊宿语录》卷三十二)

(76) 师上堂云:“此事似个什摩?闪电相似,石火相似,火焰相似,霹雳相似。是你诸人著力,须得趁著始得;若不趁著,丧身失命。”(五代·静、筠《祖堂集》卷十一)

例(75)中,喻体为并列复句“去乡多年闹市中逢见老爷”;例(76)中,喻体由四个并列结构“闪电、石火、火焰、霹雳”组成。

第三,从所统计语料看,无论是比拟句还是比拟式,使用频次最高的还是与佛教有关的语料,尤其是变文和禅宗语录,使用比例都占到了相关类型的90%以上。这可能因为佛典原著善于作譬喻,所以与佛教相关语料也多使用比拟句和比拟式。

四、总　　结

通过以上研究可以发现,唐宋汉语中的汉语平比句和比拟句主要有以下几个特点①:

① 本书所考察的唐宋时期语料,大多非一人一时之作品,如禅宗语录、《朱子语类》等都是记录多人问答的语句,整部书参与者众多。在没有弄清楚每个参与者年籍的情况下,很难断定语料语言的地域问题。因此,目前研究尚无法从地域角度分析唐宋时期平比句和比拟句的发展情况。

第一,从使用频次上看,在所统计语料中,与平比句相比,唐宋时期依然是比拟句占绝对优势;与中古汉语相比,平比句与比拟句的使用比率甚至还有所下降(中古为35.91%,唐宋为29.48%)。这可能是因为在所统计的唐宋语料中,与佛教相关的语料占比较高,且此类语料又善用比拟所致。

第二,从标记词看,唐宋汉语中的平比句和比拟句基本承袭了中古汉语中的单音节标记词及其搭配类型,但也有一定的“摒弃”和“创新”。比如,中古汉语中双音节结构的比拟标记高达15种,到唐宋时期,只有7种,其中还有1种是此期新出现的(“也似”)。唐宋汉语中,新出现了1个前比标记“比”和4个后比标记“一般”“般”“一样”和“样”。其中“一般”发展较快,从唐代仅能和前比标记“与”搭配,发展到宋代,既可以和“与”搭配,也可以与“如、似、如同”等搭配,同时还可以后单比标记形式出现在句中,但总体使用频次依然偏低。

第三,从比较参项看,平比句中的比较主体和比较基准依然以表事物的名词或名词性结构居多,比较结果也多是形容词,但双音节比例有所增高;比拟句中,本体多隐含不现,但喻体呈复杂化倾向,有时甚至以复句形式出现。无论是平比句还是比拟句,双标记占比明显增加,尤其是比拟句,中古汉语只出现了3次,唐宋汉语中已增至208次。

第四,从语序角度看,唐代平比句,“结果+基准”的使用频次还是稍高一些;宋代平比句,“基准+结果”式已占优势,但主要集中在“X+与Y+一样+W”和“X不似/不比Y+W”中;比拟句中,无论唐、宋,都是“结果+喻体”占绝对优势。另外,宋代,无论是平比句还是比拟句,都已经出现了真正意义上的框式结构,且使用频次明显增加,已经超越了曾经占绝对优势的“X+与Y同/不同”类异同句。因此基本上可以说,宋代是汉语平比句和比拟句,尤其是平比句发展的一个分水岭。从前面的分析和数据统计可以看出,此期“基准+结果”之所以能占据优势,“X不似/不比Y+W”格式及框式结构的高频使用功不可没。这也进一步证明了张赪的观点：新的句法格式在使用新的比较词（“一样”）的句子中比在使用旧的比较词的句子中扩散快，新的句法格式的扩散从新的句式开始，从部分有标记的句式开始（张赪，2010：60—61）。

第五，从所统计语料本身看，唐宋汉语中，高频次、高比例使用平比句和比拟句的基本都是与佛教相关的语料，尤其是比拟句；但在带比较结果或比拟结果的平比句和比拟句中，唐诗宋词所占比重更高一些。这些分布规律，都与比拟句本身所含有的修辞效果密不可分。

第四章

元代汉语中的平比句与比拟句研究*

一、引　言

元代，蒙汉接触加剧，汉语在一定程度上受到了蒙古语的影响。元代汉语既包括了当时元代人使用的受到蒙古语一定影响、以大都为中心的北方汉语口语（即“汉儿言语”），又包括了“以中原为中心的正统汉语”①。这一时期汉语所呈现出独特的风格，祖生利（2000）、李崇兴（2001、2005）分别称之为“洋泾浜”汉语和“汉蒙混成语”。与此期汉语特点相呼应，汉语平比句和比拟式也出现了一些与此前迥然不同的类型，整体特点也较为鲜明，有必要单独讨论。

江蓝生指出，“研究元代的语言，首先要从反映元代语言面貌的白话文献资料入手”，同时将语料分成两类：“纯汉语的资料”和“直讲、直译体白话”（李泰铢，2003：1）；李崇兴将元代白话文献分为“纯汉语的白话”和“‘直译体’白话”两类②。本书在综合前人研究的基础上，再根据语言特点的不同将元代所要考察的语料分为三类：

1. “纯汉语”文献　包括《元刊杂剧三十种》《元刊全相平话五种》。这类文献所使用的语言基本是以中原为中心的、没有掺杂蒙古

---

* 该部分主体内容曾在《长江学术》2016 年第 3 期刊出，后被人大复印资料《语言文字学》2017 年第 1 期全文收录。此处略有修改。

① 参看梁伍镇：《论元代汉语〈老乞大〉的语言特点》，《民族语文》2000 年第 6 期。

② 参看李崇兴：《元代直译体公文的口语基础》，《语言研究》2001 年第 2 期。

语成分的正统汉语。

《元刊杂剧三十种》(以下简称《元杂剧》)刊刻发行于元代,是保存至今唯一没有经过后人修改的元杂剧选本。该书约14万多字,共辑元杂剧30种,基本上都是在元代创作并且刊刻,虽经过若干年的流传,但基本完好地保持了元代作家创作时的语言面貌,未受到后人的任意篡改,是研究元代语言的"同时资料";

《元刊全相平话五种》(以下简称《全相平话》)是由元代建安虞氏书坊于元至治年间(公元1321—1323)刊刻的、现存最早的"讲史"话本。"五种"包括《武王伐纣》、《乐毅图齐七国春秋后集》(以下简称《乐毅图齐》)、《秦并六国》、《续前汉书》、《三国志》。《武王伐纣》别题《吕望兴周》,上中下三卷,书中主要人物事件有一定的历史依据。《乐毅图齐》,上中下三卷,故事充满怪异之谈,人物虽有史书记载,但言行事迹无史可考。《秦并六国》别题《秦始皇传》,上中下三卷,全书完全以史实为本,同时注重故事情节,铺叙人物事件繁简得当。《续前汉书》别题《吕后斩韩信》,上中下三卷,全书以《汉书》中的《高帝纪》《高后纪》的事迹为主要线索,同时吸取了《汉书》中其他史传内容、民间传说和其他文学创作的有用成分。《三国志》上中下三卷,故事不受史实约束,多取民间传闻,并加入了说话人的想象和虚构,文辞质朴简率,具有浓厚的民间传说色彩。从整体上看《全相平话》的语言是一种白话和文言的混合体,既在一定程度上反映出了元代的语言特点,又体现了当时的"讲史"平话对文言的某些继承和保留(高育花,2007:1)。

2. *受蒙古语影响的汉语文献*　包括直译体文献《大元圣政国朝典章·元典章·刑部》(以下简称《元典章》),直讲体文献《孝经直解》《直说通略》。"直译体"指元代应用于翻译蒙古皇帝圣旨等特定公文时所使用的书面语体,往往是按照蒙古语的语序将蒙文硬译为汉语,具有鲜明的混合语特点。《元典章》是元代法令文书的汇编,记载了元世祖即位(1260年)至仁宗延佑七年(1320年)间的政事律例。书中包含丰富的白话材料,其中的《刑部》又是《元典章》里面白话资料最为集中也是篇幅最大的一部分。《刑部》中的直译体文字多数是朝廷会议的记录，大约起先都是用蒙文记录，然后由译吏译成汉文。翻译的时候往往迁就蒙古语语法，造成蒙汉两种语法的杂糅。

“直讲体”是指元代的汉人大臣为皇帝用当时口语诠释讲解汉文典籍时的书面记录，又称“白话讲章”。《孝经直解》是贯云石用当时通行的白话俗语讲解《孝经》的记录，大致成书于武宗至大元年(1308年)，语言上采用了当时流行的“直讲”形式，以消除文字障碍，供汉语水平不高的蒙古皇帝、王公大臣等阅读，即所谓的“化艰成俗”，具有明显的元代汉语口语特点。《直说通略》也是一部“直讲体”白话文献，由元代郑镇孙所撰。主要是以司马光的《资治通鉴》为“直说”对象，用通俗口语或浅近文言讲述自三皇五帝迄南宋灭亡的历史梗概和人物故事。是一部面向文化程度不高的读者，帮助其了解中国历史概略的启蒙读物，语言上力求通俗浅近，不避于“野”。

3. 会话文书　《原本老乞大》(以下简称《老乞大》)是用当时通行的北方汉语编写的专供朝鲜人学习汉语的会话课本，原作者和成书年代均不详，一般推测成书于高丽末年，约相当于中国元末的至元、至正年间。主要记叙了几个高丽商人结伴从高丽王京到大都等地从事贸易活动的历程，内容涉及交易、住宿、饮食等方面，其语言“跟直讲体十分接近，比直讲体还要口语化，更能反映当时北方汉语的真实面貌”(李泰铢，2003：1)。

兹分别对这些语料中平比句和比拟句的使用情况做细致的考察、统计、描写和分析。

二、元代汉语中的平比句

元代汉语中平比句的使用频次还是很低，在重点考察、统计的语料中，汉语平比句(包含否定形式)共出现了 59 次。根据比较标记数量的不同，兹将元代汉语中的平比句分为两类：单比较标记平比句和双比较标记平比句。

2.1 单标记平比句

在所检阅语料中，元代能够进入该类句式中的比较标记主要是“如、似”，且主要集中在“似”上。该类平比句式有“X+W+如/似+Y”和“X+如/似+Y+W”两种类型。在所考察的语料中共出现了21次，占整个平比句总量的35.59%。分别讨论如次。

2.1.1 X+W+如/似+Y

这一格式在上古汉语中已经产生，比较标记以“如”为主，“若/似”字的用例较少。在所考察的元代汉语语料中，该式共出现了18次：“X+W+如+Y”5次，“X+W+似+Y”13次。例如：

(1) 你奸似赵盾，我饱如灵辄。(《元杂剧·关大王单刀会》)

(2) 时人比侃神机明鉴似魏武帝，忠顺勤劳又似孔明。(《直说通略》卷五)

例(2)基本上是对《资治通鉴》原句的复制①。这类句式中，比较对象X和Y基本上都是名词性成分，但结构类型表现多样，可以是光杆名词、人称代词或者是带有修饰成分的名词性词组等；比较结果主要是形容词性成分，其中复音节词占优势。

2.1.2 X+似+Y+W

在所检阅语料中，该类句式总共出现了2次。魏培泉(2001)指出：平比结构“X+如/似+Y+W”最早产生于东汉时期，比较标记仅限于“如”，且比较结果项基本上是形容词“大”；到了唐宋时期，该式已经普遍使用，比较标记“似”也可以用于该结构中，充当比较结果项的形容词也多起来②。不过，在本书所考察的上古汉语语料中，“X+如+Y+W”类句式似已萌芽，中古汉语有所增加，但流行区域主要是南方地区。唐宋时期尤其是宋代，此类句式使用频次明显增加，主要是“X

---

① 原句为“陶公神机明鉴似魏武，忠顺勤劳似孔明”，见《资治通鉴》卷九十五。

② 参看魏培泉：《中古汉语新兴的一种平比句》，《台大文史哲学报》2001年总第54期。

不似YW”句。在所考察的元代汉语语料中，这一句式中的比较标记只有“似”，共出现2例。即：

(3) 朝野里谁人似俺，懵懵愚痴憨。(《元杂剧·好酒赵元遇上皇》)

(4) 谁似俺公婆每穷得煞，咱怎生直恁地月值年灾。(《元杂剧·公孙汗衫记》)

另外，所考察的语料中还有1例“X+也似+Y+W”的平比句。即：

(5) 想我那顽子精神，也似你这般血气方刚。(《元杂剧·看钱奴买冤家债主》)

该类平比句中的比较对象X和Y基本上都是名词性成分，包括光杆名词、代词及定中结构等；比较结果项W既可以是形容词性并列结构(如例3)，也可以是中补结构(例4)，或者是主谓结构(例5)。

统计所检阅的元代汉语中各语料的单标记平比句使用情况，具体使用频次见表4.1①。

表4.1 元代单标记平比句的具体使用情况

类型	语料及使用频次												合计
	元杂剧		全相平话		元典章		孝经直解		老乞大		直说通略		
	次数	百分比	次数	百分比	次数	百分比	次数	百分比	次数	百分比	次数	百分比	
X+W+如+Y	4	22.2	1	100	0	0	0	0	0	0	0	0	5
X+W+似+Y	11	61.1	0	0	0	0	0	0	0	0	2	100	13

① 因为元代语料基本不涉及地域和时间先后问题，所以本章数据统计和上古、中古、唐宋时期有所不同。本章各图表中的百分比都是指某类句式在某一语料所有句式(即每一纵列总合)中的占比，而非某一语料中某类句式在所有语料中同类句式总数(即每一横行总合)中的占比。

续　表

类型	语料及使用频次												合计
	元杂剧		全相平话		元典章		孝经直解		老乞大		直说通略		
	次数	百分比	次数	百分比	次数	百分比	次数	百分比	次数	百分比	次数	百分比	
X+似+Y+W	2	11.1	0	0	0	0	0	0	0	0	0	0	2
X+也似+Y+W	1	5.6	0	0	0	0	0	0	0	0	0	0	1
合　计	18	100	1	100	0	0	0	0	0	0	2	100	21

从表4.1和前面的分析可以看出，元代汉语平比句，单标记类型较前期少了很多，仅“如”“似”“也似”3个；平比句总体使用频次低，且仍以比较结果前置为多。比较对象多是名词性成分，但结构渐趋复杂；比较结果多是形容词性的，单音节的很少，并列结构、中补结构等更为常见。所考察的6部语料中，单标记平比句基本上都出现在纯汉语语料《元杂剧》中(共18次)，占整个肯定形式单标记中平比句的86.7%，直讲体的《直说通略》中虽然出现了2次，但也只是对已有纯汉语语料的“挪移”。

2.2　双标记平比句

在所考察的语料中，元代汉语中此类平比句共出现32次，占整个平比句总数的54.24%。其中，前比较标记可以分为两类：一类是具有与同性质的介词“与、同、和”等，一类是带有比较性质的像义动词“如、似”等。后比较标记主要有“一般”“同”“相似”“来”等。兹根据后比较标记的不同，分别讨论如次。

2.2.1　X+与/和/如/似/同+Y+一般

该式在语义上表示比较主体X和比较基准Y在某一方面具有等

同关系。在所考察的唐宋语料中此类平比句式就已出现，其中前比标记“和”为元代新出现的标记。在此类句式中，“一般”大多不仅是后比较标记，同时具有形容词性质，在句中相当于比较结果。比较基准 Y 基本上是一些光杆名词、代词，或者是简单的定中结构、动宾结构，比较主体有时承前省略。在所考察的语料中，该类句式出现了 21 次。例如：

(6) 彭越接诏看讫，诏与先一般。(《全相平话·前汉书续集》)

(7) 偏俺不出外，出外时，也和恁一般。(《老乞大》)

(8) 敬父亲的勾当便似敬天一般。(《孝经直解·圣治章》)

(9) 更天降甘露，地出醴泉，醴好酒。泉水自出来如好酒一般。(《直说通略》卷三)

(10) 王再兴所犯偷拐本使钱物，同贼一般，发付窑场配役。(《元典章·刑部》)

另外，所考察的语料中还出现了 2 次“X 是 Y 一般”的平比句。即：

(11) 你是熟客人，咱每便是自家里一般。(《老乞大》)

(12) 好的君子人教人有礼呵，是百姓每父亲一般。(《孝经直解·广至德章》)

笔者认为“X 是 Y 一般”是“似……一般”的变体，但等同的意味更浓一些。

在《直说通略》中还出现了 2 次“X 比如 Y 一般”。即：

(13) 先时宋自建炎以来，累次遣使到金，愿去尊号，奉金朝正朔，比如藩臣一般，金国不准，宋朝使臣来多被拘囚。(《直说通略》卷十一)

(14) 自建炎以来每年遣使去金国，愿除去尊号奉金正，比如藩臣一般。金人不肯，节次起兵南侵。(《直说通略》卷十三)

这是目前所见到的最早用例。从时间先后来看，“X 如 Y 一般”宋代已经出现(但仅用于比拟句，未见平比句用例)，“X 比如 Y 一般”元代才开始出现，加之其用法和功能与“似/如……一般”基本相同，所以可以认为“X 比如 Y 一般”是“X 如 Y 一般”的变体，但前者口语性更强，是直讲体语言“通俗、浅近”的一个体现。“X 比如 Y 一般”使用频次一直非常低，明清基本不见使用，在所检阅的明清时期的 20 部语料中，仅在《儿女英雄传》中有 1 例。“比如”多表示打比方，其与表平比或比拟的“一般”杂糅在一起，多少还是有些“违和”，这可能是其使用很少的主要原因。

另外，还见到了 1 例“X 似 Y 一般 W”的平比句用例，即：

(15) 父母的恩便似官里的恩一般重有。(《孝经直解·圣治章》)

此例中属性词“重”为形容词，其后还带有助词“有”，应是因语言接触而导致的蒙古语干扰特征。

2.2.2　X+和/与+Y+同

表示异同类的双标记平比句上古汉语中就已出现，但元代之前基本上只有“X+与+Y+同”式。和前期平比句中此类句式占绝对优势有所不同的是，此类句式在元代使用很少，在所考察的元代汉语语料中仅见 2 次。即：

(16) 你说的恰和我意同，则除那里好。(《老乞大》)

(17) 和奸本保，无夫妇人罪名者，与男子同。(《元典章·刑部》)

元代纯汉语语料中未出现此种用例，可能与当时口语中单音节词“同”基本已被同义的双音节词“相同”所替代，同时宋代真正意义上的框式平比句“X 与 Y 一般/一样 W”已经出现有关。

2.2.3　X+如+Y+相似

“X 如 Y 相似”唐宋时期开始出现，但主要用来表示比拟，用作平

比句的很少。在所考察的元代汉语语料中,此种格式用于平比句也仅1次。即:

(18) 你每怎生不学这小的,却如大王相似。(《直说通略》卷十三)

另外,所考察的语料中还有1例"X如同Y相似"平比句。即:

(19) 用肩推开门洞,如同白日相似。(《全相平话·三国志》)

这两例宜视为平比句,是因为两句中的比较主体和基准属于同一语义范畴,后比较标记"相似"同时也表示二者在程度上的等同。不过,也许正是由于"相似"主要用作比拟助词,在平比句中才比较罕见。

2.2.4　X+如+Y+来+W

太田辰夫(2003)指出:比拟助词"来"当由表概数的"来"转化而来,宋代即已出现,因为其源于表概数的"来",其所修饰的形容词限于含有数的概念的"大""小""粗""细""轻""重"等(太田辰夫,2003:94)。在所考察的元代汉语语料中,仅此1例,比较结果为"大小"。即:

(20) 道念其间,从水上流下一片大石,如席来大小。(《全相平话·武王伐纣》)

此例中"来"作用相当于比助词"般、样",这种用法在明清语料中仍有使用,但比较结果依然限于太田辰夫所说的几类词①。统计所检阅的元代汉语中各语料的双标记平比句使用情况,具体使用频次见表4.2。

---

① 在所检阅明清语料中,和"来"这种比拟助词搭配的只有"X有Y来大小",未见"X有Y来大"。例如:那皇帝即转后宫,把御花园里仙桃树上结的一个大桃子,有碗来大小,摘下放在柜内,又抬下叫猜。(《西游记》第46回)

表 4.2　元代双标记平比句的具体使用情况

类型	语料及使用频次												合计
	元杂剧		全相平话		元典章		孝经直解		老乞大		直说通略		
	次数	百分比	次数	百分比	次数	百分比	次数	百分比	次数	百分比	次数	百分比	
X+如+Y+一般	0	0	0	0	1	14.3	0	0	1	33.3	7	58.3	9
X+似+Y+一般(W)	0	0	0	0	1	14.3	4	80	0	0	2	16.7	7
X+和+Y+一般	0	0	0	0	2	28.6	0	0	0	0	0	0	2
X+与+Y+一般	0	0	2	50	1	14.3	0	0	0	0	0	0	3
X+同+Y+一般	0	0	0	0	1	14.3	0	0	0	0	0	0	1
X+是+Y+一般	0	0	0	0	0	0	1	20	1	33.3	0	0	2
X+比如+Y+一般	0	0	0	0	0	0	0	0	0	0	2	16.7	2
X+和+Y+同	0	0	0	0	0	0	0	0	1	33.3	0	0	1
X+与+Y+同	0	0	0	0	1	14.3	0	0	0	0	0	0	1
X+如+Y+相似	0	0	0	0	0	0	0	0	0	0	1	8.3	1
X+如同+Y+相似	0	0	1	25	0	0	0	0	0	0	0	0	1
X+如+Y+来+W	0	0	1	25	0	0	0	0	0	0	0	0	1
合　计	0	0	4	100	7	100	5	100	3	100	12	100	31

从以上统计和前面的分析可以看出，双标记平比句在元代汉语中使用频次也很低，前比较标记主要是“如”（11 次）、“似”（6 次）；后比较标记主要是“一般”（共出现了 25 次），且大都同时表示比较结果（仅“来”不能表示）。从比较标记的角度看，元代汉语和上古、中古以及唐宋都有一定的不同，主要是使用频次最高的前比标记由“与”变成了“如”，后比标记由“同”变成了“一般”。从语料的分布上来看，双标记平比句主要出现在直讲体、直译体语料中（共 23 次，占双标记平比句总数的 79.3%），纯汉语的《元杂剧》没有 1 例双标记平比句（但单标记平比句达 19 例）。

2.3　否定式平比句

从形式上看，主要有两大类，分别是“X+不似+Y+W”和“X+不比+Y，W”。这两种形式唐宋就有使用，而且使用频次较高。元代继续使用，但在具体表现形式上有一定的差别。分别讨论如次。

2.3.1　X +不似+Y+W

“不似”相当于现代汉语的“不像”，从逻辑角度讲，“不像”肯定就“不同”。元代“不似”句的表现形式只有“X+不似+Y+W”一种，比较对象基本上是名词性成分，比较结果 W 多为形容词性成分。所考察语料中仅出现 2 例。即：

（21）常想赵盾捧车轮，也不似你个当今帝主狠！（《元杂剧·晋文公火烧介子推》）

（22）向五南行半年来，不似这途远，远。（《元杂剧·霍光鬼谏》）

从整个句义看，这两例均表示比较参项 X 与 Y 之间存在级差，是表示差比意义的句子。

此外，还发现 1 例“无似”句和 1 例“休似”句，“X 无似 YW”比较结果为动宾结构，“X 休似 YW”比较结果为形容词词组。即：

（23）我有心兴周破纣安天下，吾待离了此个明君，恐无似西伯侯有仁德，且守天时。（《全相平话·武王伐纣》）

（24）普天下拜义亲戚，则你口快心直，休似我忒仁义。（《元杂剧·张千替杀妻》）

以上两句中"无""休"都表示祈使否定，表达的是"X 不要像 Y 那么 W"，句义与"X+不似+Y+W"不同，表达的是平比而非差比。

2.3.2　X+不比+Y，W

"比"字平比句的否定形式是在"比"字前加上否定副词"不"构成"X+不比+Y，W"。"不比"既可以表示平比，也可以表示差比。当"X 弱 Y 强"时，"不比"意思是"比不上""不如"，表差比；当"X 强 Y 弱"时，"不比"表示"不同于""不像"，表示平比，比较对象 X、Y 基本上是名词性成分。所考察语料中，"不比"句出现了 9 次，但表平比义的用例仅 1 次。即：

（25）我这一腔铁石心，不比你趁浪风尘怨。（《元杂剧·张千替杀妻》）

所考察的语料中还有 4 例"X+比（之/与）+Y+难/不同"的句式。冯春田先生将此式归为"差比中的异比"（冯春田，2000：670），笔者认为此式不能说明程度的差别，只是说明 X 和 Y 不同，将其归为平比句否定式更为合适。即：

（26）我迟疾死后一场空，精神比往日难同。（《元杂剧·赵氏孤儿》）

（27）目今所用物价，比尚（向）不同。（《元典章·刑部》）

（28）今奉使宣抚却以终无定例，罪遇原免，改令张守仁还职。比与本省元行不同，别无遵守通例，咨请照详。（《元典章·刑部》）

（29）今之迁徙，即古移乡之法，比之流囚，事例不同。（《元典章·刑部》）

此外还发现1例"X比Y别"式，意思和用法与"X比Y不同"一样，比较项也为名词性成分。即：

(30) 俺弟兄情比陈雷胶漆情尤切，俺交友分比管鲍分金义更别。(《元杂剧·死生交范张鸡黍》)

此例中，前一个分句"X比Y尤W"旨在说明X与Y二者程度的差异，后一分句"X比Y更别"则是强调二者的不同，归入平比句更合适。

2.4 小结

通过以上分析和数据统计可以看出，元代汉语的平比句具有以下几个特点：

第一，平比句总体使用频次较低。其中双标记平比句的使用频次稍高于单标记平比句，否定形式平比句占比较之前各个阶段都要高(共7次)，占到平比句总量(59次)的11.86%。

第二，单标记平比句中，比较标记仅"如""似""也似"3个，其中"似"的使用频次占比最高；比较结果位于比较基准之前的用例依然占绝对优势，仍以形容词性的居多，且呈现出明显的复音化趋势。

第三，双标记平比句中，出现了新的前比标记"和"，后比较标记以唐代新兴的双音节词"一般"最为常见(26次)，使用频次占到整个双标记平比句的81.25%。

第四，从语体分布看，《元杂剧》平比句使用频次最高(但仅限于单标记平比句，否定形式和肯定形式都有，共出现22次)，占整个平比句的37.29%，多出现在宾白中；其次是《直通要略》，共出现了14次(双标记形式占绝对优势)，占整个平比句的23.73%。因此可以说，元代汉语中，平比句多出现在口语性较强的语言中①。

① 《直说通略》是"直说讲史"性质的语料，偶尔会出现直接引用史书(如《资治通鉴》)的情况，但从总体上看，《直说通略》因其特定的受众对象，其语言，尤其是对话部分基本代表了元代汉语的实际面貌。

三、元代汉语中的比拟句和比拟式

根据是单独成句还是在句中充当限定语或补足语，兹将元代汉语中的比拟分为两类：一类比拟句，一类是比拟式。分别讨论如次。

3.1　比拟句

该类比拟句主要有“X+如/若/似+Y”“X+如同/有如/犹似/有似+Y”“X+W+如/若/似+Y”“X+如/若/似+Y+W”“X+如/似+Y+一般”“X+如耳”“(X)如Y相似”“(X)如Y也似”等类型。在所统计的元代汉语语料中，比拟句共出现了528次。

3.1.1　X+如/若/似+Y

这类句式一直使用较多，元代也是如此。在所统计元代汉语语料中，共出现了399次，占整个比拟句的75.57%。但在不同语料中，使用频次差别较大。在纯汉语的《元杂剧》《全相平话》中该类比拟句分别高达194次、171次，但《老乞大》《元典章》中却无一例。例如：

(1) 张晁出阵打话，二骑相交，惹起四野愁云，震起满天杀气；人似南山虎，马若北海龙。(《全相平话·秦并六国》)

(2) 却是为何，雨泪如梭？(《元杂剧·关张双赴西蜀梦》)

(3) 兀术引军船出江，船去如飞。(《直说通略》卷十三)

该式的比拟对象X和Y均为不同类别的事物，结构形式复杂多样，既可以是名词性成分(例1、例2)，也可以是谓词性成分(例3)。

3.1.2　X+如同/有如/犹似/有似+Y

这种比拟标记为双音节结构的句子，在所考察的语料中出现频次较低，共16次，仅出现在《元杂剧》和《全相平话》中。例如：

(4) 诸葛亮有耳目，使不着你弟兄如同手足。(《元杂剧·诸葛亮博望烧屯》)

(5) 我子兼一来一去，不当不堵，两匹马两个人有如星注。(《元

杂剧·汉高皇濯足气英布》)

(6) 二人各用心机,刀劈枪刺,高低恰似龙争宝,往来有似虎争餐。(《全相平话·武王伐纣》)

(7) 至今谷口泉呜咽,犹似秦人恨李斯。(《全相平话·秦并六国》)

作为典型的比拟范畴,本体和喻体的词性应该一致。但在此类比拟句中,本体和喻体词性也有不一致的情况,如例(5)中,本体是名词性词组"两匹马两个人",喻体是主谓结构"星注"。事实上,该句中的喻体虽然是主谓结构,但已经没有陈述性,只有指代性,指代"星注这种情况",不再指具体的动作行为。

在所考察的前期语料中,中古汉语中此类双音节比拟标记总体出现频次虽然不多,但标记词种类繁多,高达 15 种。到了唐宋时期,双标记比拟标记种类减少,元代基本沿袭唐宋用法,但种类和出现频次都较之唐宋更少。之所以会出现这种情况,可能与中古汉语双音节步伐急遽加快,而后逐步平稳有关。

3.1.3　X+W+如/若/似+Y

这一格式在上古时期就已出现,在所考察的元代语料中,共出现 33 次,比拟标记主要是"如"和"似","若"字很少使用,比拟结果基本为形容词性成分。这种句式大部分出现在《元杂剧》《全相平话》中。例如:

(8) 觑着他狠似豺狼,蠢似猪羊。(《元杂剧·霍光鬼谏》)

(9) 蓦闻一声,响亮若雷。(《全相平话·三国志》)

(10) 壮鼻凹硬如石铁,交满耳根都做了烧云。(《元杂剧·诈妮子调风月》)

(11) 云气重如倒悬东大海,雨势大似翻合洞庭湖。(《元杂剧·张鼎智勘魔合罗》)

(12) 碧桃间拂面风吹,浩歌声聒耳如雷。(《元杂剧·李太白贬

夜郎》)

这类比拟句中,形容词性比拟结果双音节化的趋势也比较明显,如例(9)(12)。

所检阅语料中还有1例比拟标记为“有似”的用例,即:

(13) 这菜园枯有似我,花枝残恰似你,咱两个花残菜老成何济。(《元杂剧·马丹阳三度任风子》)

另外,有1例用法比较特殊,比拟本体前出现了“比”字,即:

(14) 比侯门深似海,我怎敢酒量大如川。(《元杂剧·李太白贬夜郎》)

此例中“比”当为副词,意为“本来”,修饰整个比拟句“侯门深似海”。

3.1.4 X+如/似+Y+W

比拟句“X+如/似+Y+W”上古汉语中就已萌芽,东汉正式出现,唐宋时期普遍使用。到了元代汉语,该句式进一步发展,在所考察的元代语料中,其使用频次已经超过了“X+W+如/若/似+Y”,共出现了37次;尤其是“X+似+Y+W”,共出现35次,使用频次远高于“X+如+Y+W”(仅出现2次)。例如:

(15) 叹兴亡眉锁庙堂愁,为功名人似黄花瘦。(《元杂剧·陈季卿悟道竹叶舟》)

(16) 自后稷以来至文武成康礼似这般周备,仁似这般深厚。(《直说通略》卷一)

(17) 远看旗号似团花,近睹剑锋如雪白。(《全相平话·乐毅图齐》)

在“X+似+Y+W”比拟句中,比拟结果前还经常出现表示样态的“这般”,如例(16)。

3.1.5　X+如/似+Y+一般

在所考察元代汉语语料中,"X+如/似+Y+一般"共出现了 27 次,其中,"X+如+Y+一般"20 次,"X+似+Y+一般"7 次。该句式中的"一般" 既是比拟助词,同时也表示比拟结果,形容本体 X 具有喻体 Y 的某些性状和情态,因此也可把其看作特殊的"X+如/似+Y+W"类比拟句。例如:

(18) 尧的仁如天一般,智如神道一般。(《直说通略》卷一)

(19) 如今虽闭住人的口,却做出无理的勾当,人心似水一般,怎生当得住,一日决将去呵,国家便坏了去也。(《直说通略》卷一)

(20) 百姓每恰似酸馅一般。都一肚皮衠包着气。(《元杂剧·地藏王证东窗事犯》)

在这类句式中,本体和喻体以体词性成分居多,如以上 3 例;也有本体和喻体都是主谓结构,或其他结构的用例。例如:

(21) 垂籍父兄镃基,修复旧业,国人来归,如夜虫就火一般,易得成功。(《直说通略》卷八)

(22) 大王贤德,取他两人如地上拾取草芥一般。(《直说通略》卷八)

以上例(21)中,本体"国人来归"和喻体"夜虫就火"都是主谓结构;例(22)本体"取他两人"和喻体"地上拾取草芥"都是动宾结构。

3.1.6　X 如 Y 耳

在所检阅的元代语料中,此类比拟句共 3 次,均出自《全相平话》。即:

(23) 我去取些小兵来,阵上捉你,如翻手耳。(《全相平话·乐毅图齐》)

(24) 夫以秦国兵强将勇,灭燕如反掌耳。(《全相平话·秦并

六国》)

(25) 帝叹曰:"此乃上将之作也。行师者,无不胜也。适来棘门、灞上二将军,真如儿戏耳。"(《全相平话·前汉书续集》)

上古汉语中,"耳"经常出现在平比句句尾。这3个用例均出自对话中,有理由认为这是讲史者有意仿古的结果。

3.1.7　(X)如Y相似

在我们所检阅的元代语料中,此类比拟句共2次,均出自《全相平话》。即:

(26) 太子自觉有力,弄大斧恰如无物相似。(《全相平话·武王伐纣》)

(27) 四将交战,便如转灯相似。(《全相平话·秦并六国》)

例(26)中本体为动宾结构,喻体为名词性结构;例(27)本体为主谓结构,喻体为动宾结构。比拟句重在说明不同事件间的相似性。这2例均出自叙述语言,应是元代语言的真实反映。

3.1.8　(X)如Y也似

在我们所检阅的元代语料中,此类比拟句共9次,均出自《直说通略》。例如:

(28) 治乱民如理乱丝也似,紧他不得,慢慢的方才可治。(《直说通略》卷三)

(29) 民心思汉,如渴的望饮、饥的待食也似。(《直说通略》卷四)

(30) 四方人都来哭也,如哭他每亲戚也似。(《直说通略》卷十二)

这类比拟句的本体和喻体都比较复杂,有的是动宾结构(如例28的本体和喻体,例30的喻体),有的是主谓结构(如例29的本体和喻体,例30的本体),即本体基本上都是抽象的事件,喻体都是相对比较具象化的事件,这充分体现了直讲体"化艰成俗"的特点。

统计所检阅的元代汉语中各语料的比拟句使用情况,具体使用频次见表4.3。

表4.3 元代比拟句的具体使用情况

类型	语料及使用频次												合计
	元杂剧		全相平话		元典章		孝经直解		老乞大		直说通略		
	次数	百分比	次数	百分比	次数	百分比	次数	百分比	次数	百分比	次数	百分比	
X+如+Y	57	24.6	103	51.0	0	0	0	0	0	0	18	19.6	178
X+若+Y	8	3.5	12	5.9	0	0	0	0	0	0	0	0	20
X+似+Y	129	55.6	56	27.7	0	0	2	100	0	0	14	15.2	201
X+如同+Y	1	0.4	2	1	0	0	0	0	0	0	0	0	3
X+有如+Y	5	2.2	3	1.5	0	0	0	0	0	0	0	0	8
X+有似+Y	0	0	3	1.5	0	0	0	0	0	0	0	0	3
X+犹似+Y	0	0	1	0.5	0	0	0	0	0	0	0	0	1
X+W+如+Y	12	5.2	7	3.5	0	0	0	0	0	0	2	2.2	21
X+W+若+Y	0	0	7	3.5	0	0	0	0	0	0	0	0	7
X+W+似+Y	6	2.6	1	0.5	0	0	0	0	0	0	0	0	7
X+W+有似+Y	1	0.4	0	0	0	0	0	0	0	0	0	0	1
X+如+Y+W	0	0	2	1	0	0	0	0	0	0	0	0	2

续 表

类型	语料及使用频次												合计
	元杂剧		全相平话		元典章		孝经直解		老乞大		直说通略		
	次数	百分比	次数	百分比	次数	百分比	次数	百分比	次数	百分比	次数	百分比	
X+似+Y+W	11	4.7	0	0	0	0	0	0	0	0	24	26.1	35
X+如+Y+一般	0	0	0	0	0	0	0	0	0	0	20	21.7	20
X+似+Y+一般	2	0.8	0	0	0	0	0	0	0	0	5	5.4	7
X 如 Y 耳	0	0	3	1.5	0	0	0	0	0	0	0	0	3
X 如 Y 相似	0	0	2	1	0	0	0	0	0	0	0	0	2
X 如 Y 也似	0	0	0	0	0	0	0	0	0	0	9	9.8	9
合计	232	100	202	100	0	0	2	100	0	0	92	100	528

从以上统计和前面的分析可以看出,元代汉语比拟句的主要形式依然是上古汉语中就已经出现的“X 如/似 Y”式(379 次,达到了比拟句总量的 71.78%);其次是“X+似+Y+W”式和“X+W+如+Y”式;唐代新出现的“X+如/似+Y+一般”“X 如 Y 相似”以及元代新出现的“X 如 Y 也似”使用量总体不高,共 38 次,占比拟句总量的 7.20%。另外,从语料的分布上来看,戏曲形式的《元杂剧》和讲史平话《全相平话》比拟句使用频次很高,《直说通略》次之;法令文书《元典章》和会话文书《老乞大》无一例,这可能和比拟句本身的特性有关。比拟强调两事物的相似点,是认知主体通过周密观察,找出本体和喻体之间的相似性;“拟”是“拟人之体,代行其事”,通过特定的修辞手法,描写(甚至夸张描写)本体和喻体的相似点,引发种种联想,使人更容易

间接地认识本体事物特征,同时也可感受到喻体特具的意蕴所表达的特定情感和意义,是复杂和多维的,因此在文学性较强的语料中(如戏曲)以及承担“化艰成俗”功用的讲史类语料(如《全相平话》《直说通略》)使用较多。法令文书强调的是语义的确定和唯一,排斥想象;会话课本的主要目的也是“达意”而非“传情”,所以这两类书籍中几乎不使用比拟句。

3.2 比拟式

在所考察的元代汉语语料中,比拟式有 9 种形式,共出现 84 次。分别讨论如次。

3.2.1 (X)如/似+Y

这种形式在所考察的语料中出现不多,共 16 次,整个结构在句中主要作补语,大多数情况下,本体 X 隐含不现。例如:

(31) 忍不住拳揝,风雪里将人赚;唬得脸如蓝,索休书却大胆。(《元杂剧·好酒赵元遇上皇》)

(32) 遂入殿,将吕家三千口家属,杀的似卧羊血,目绽口开,七横八纵,如排算子。(《全相平话·前汉书续集》)

以上例中比拟式均作补语,(32)中比拟本体“吕家三千口家属”就隐含未现。

3.2.2 Y 似/也似

这是元代新兴的比拟结构,是对蒙古语中比拟式的直接对译,在所考察的元代汉语语料中共出现了 17 次。整个结构通常在句中修饰名词或形容词性、动词性成分,用作定语或状语。例如:

(33) 往常开怀常是笑呵呵,绛云也似丹脸若频婆。(《元杂剧·关张双赴西蜀梦》)

(34) 做娘的剜心似痛杀杀刀攒腹,做爷的滴血似扑簌簌泪满腮,苦痛伤怀!(《元杂剧·看钱奴买冤家债主》)

(35) 这镘刀是俺亲眷家的，不付能哀告借将来，风刃也似快，恁小心些使。(《老乞大》)

(36) 这马非俗，浑身上下血点也似鲜红，鬃尾如火，名为赤兔马。(《全相平话·三国志》)

以上例中“Y+似/也似”分别修饰名词(例33)，在句中做定语；修饰动词性成分(例34)和形容词(例35、36)，在句中做状语。

3.2.3 Y般

“般”的语义特征和语用功能与“一样、相同”基本一致，唐五代时期已有用例。“Y般”比拟式唐宋即已出现，在句中做定语或状语。在所考察的元代汉语语料中，“Y般”共有17次，但仅出现在《元杂剧》中，在句中分别用作定语(如例37)和状语(例38)。例如：

(37) 枉塑下观音般像仪，没半点慈悲的面皮。(《元杂剧·张鼎智勘魔合罗》)

(38) 则要你鱼鳞般排军阵，雁行般摆队伍，依着我运计铺谋。(《元杂剧·诸葛亮博望烧屯》)

3.2.4 Y相似

“相似”表平比和比拟在中古汉语中都已经出现，表示比较双方十分接近却又不完全一样。唐五代开始，“Y相似”也可用于比拟式。所考察的元代汉语语料中仅见1例。即：

(39) 见吕布铁桶相似，张飞着力杀伤血湖洞入去，到于城中。(《全相平话·三国志》)

以上例中“Y相似”在句中用作补语。

3.2.5 如Y然

在所考察的元代汉语语料中，此类结构仅1次，出自《全相平话》，整个比拟结构在句中用作补语，对所陈述情况做出补充说明。即：

(40) 据此英雄,视黄巾贼如草芥然。(《全相平话·三国志》)

3.2.6 如/似(是)Y 一般/般

此类比拟式在所考察的元代语料中共出现 24 次,其中“似/是 Y 般”12 次,“如/似 Y 一般”12 次。“似/是 Y 般”在句中均用作状语;“如/似 Y 一般”既可用作状语,也有少数用作定语(但仅限于“如 Y 一般”)。例如:

(41) 荷叶似花子般团圞,陂塘似镜面般莹洁。① (《元杂剧·闺怨佳人拜月亭》)

(42) 太后自见左乳上一块青肿,似针刺般疼痛。(《全相平话·前汉书续集》)

(43) 把个苏妈妈,便是上古贤人般敬。(《元杂剧·诸宫调风月紫云亭》)

以上例中“似/是 Y 般”均用作状语。

(44) 却能明敏勤俭,随才任人,赏罚公当,所以取江南三百年国土如反手一般容易。(《直说通略》卷九)

(45) 丞相归堂,叫貂蝉:“吾看你如亲女一般看待。”即将金珠段匹与貂蝉,谢而去之。(《全相平话·三国志》)

(46) 元兴年间,桓氏篡位,宋高祖从草野里出来,举大义,纠合同志的人奋臂一呼,恶党似瓦片一般解散。(《直说通略》卷六)

以上例中的“如/似 Y 一般”用作状语。

(47) 虎贲是勇士,如猛虎一般的人。(《直说通略》卷三)

(48) 后来武氏见王氏、萧氏为鬼,披发带血如死时一般模样,遂移居洛阳宫,终身不敢归长安。(《直说通略》卷九)

以上例中“如 Y 一般”用作定语。

---

① 此例也可理解为“X 似 Y 一般 W”类比拟句。

3.2.7 如Y样

这一双标记比拟式中的后标记是由名词“样”构成,此类句式宋代已出现,所考察的元代语料中仅见于《元杂剧》2例,整个比拟结构在句中用作谓语。即:

(49) 咱这片霎中,如天样,一时哽噎,两处凄凉。(《元杂剧·闺怨佳人拜月亭》)

(50) 尚古自醉醺醺终日如泥样。(《元杂剧·霍光鬼谏》)

3.2.8 如Y相似

此种比拟式在所考察的语料中仅见于《全相平话》1例,在句中作补语。即:

(51) 燕兵见明朗如白日相似,见枪刀飞入阵来。(《全相平话·乐毅图齐》)

3.2.9 如Y也似

此种比拟式在所考察的元代语料中出现了2次,其中《全相平话》1次,《直说通略》1次。即:

(52) 至天明早晨,忽见东南上一队军马,约到三千余骑,如胜也似来。(《全相平话·前汉书续集》)

(53) 近看如日月照临也似,远望如云气覆盖也似。(《直说通略》序)

例(52)中“如Y也似”用作状语,例(53)均用作谓语。

另外,《老乞大》中还有1例“是……也似W”,用作谓语,即:

(54) 似这一个布,经纬都一般,便是鱼子儿也似匀净好有。①(《老乞大》)

① 此例亦可理解为“X是Y也似W”类比拟句,X即为承前省略的“布”,“有”为句末助词,是受语言接触影响的蒙古语干扰特征。

统计所检阅的元代汉语中各语料的比拟式使用情况,具体使用频次见表4.4。

表4.4　元代比拟式的具体使用情况

类　型	语料及使用频次												合计
	元杂剧		全相平话		元典章·刑部		孝经直解		原本老乞大		直说通略		
	次数	百分比	次数	百分比	次数	百分比	次数	百分比	次数	百分比	次数	百分比	
X 如 Y	9	15.3	2	15.4	0	0	0	0	0	0	0	0	11
X 似 Y	4	6.8	1	7.69	0	0	0	0	0	0	0	0	5
Y 似/也似	14	23.7	1	7.69	0	0	0	0	2	66.7	0	0	17
Y 般	17	28.8	0	0	0	0	0	0	0	0	0	0	17
Y 相似	0	0	1	7.69	0	0	0	0	0	0	0	0	1
X 似 Y 然	0	0	1	7.69	0	0	0	0	0	0	0	0	1
X 如 Y 样	2	3.4	0	0	0	0	0	0	0	0	0	0	2
似 Y 一般	2	3.4	1	7.69	0	0	1	100	0	0	3	37.5	7
似 Y 般	10	16.9	1	7.69	0	0	0	0	0	0	0	0	11
是 Y 般	1	1.7	0	0	0	0	0	0	0	0	0	0	1
如 Y 一般	0	0	1	7.69	0	0	0	0	0	0	4	50	5
X 如 Y 相似	0	0	3	23.1	0	0	0	0	0	0	0	0	3
X 如 Y 也似	0	0	1	7.69	0	0	0	0	0	0	1	12.5	2
X 是 Y 也似	0	0	0	0	0	0	0	0	1	33.3	0	0	1
合　计	59	100	13	100	0	0	1	100	3	100	8	100	84

从以上统计和前面的分析可以看出，元代汉语中，比拟式虽然总体使用频次不算高，但与此前各时代相比，增幅比例已经很高；而且此期比拟式结构类型丰富，共有 9 大类 15 小类。从各类使用情况看，元代新出现的"Y 似/也似"和唐代出现的"Y 般"使用频次最高，各有 17 次；其次是"X 如 Y""似 Y 般"；其余各小类使用频次均在 10 次以下。从语料类别来看，出现比拟式最多的是《元杂剧》和《全相平话》，其次是《直说通略》，《元典章》无一例。

3.3 小结

从前面的分析和表 4.3、表 4.4 的使用频次可以看出，元代汉语中比拟句和比拟式的使用具有以下几个特点：

第一，比拟句和比拟式的种类都很丰富，但就使用频次而言，此期比拟式相较于比拟句，要少很多，使用总量不及比拟句的五分之一。

第二，比拟句、比拟式基本沿袭前代用法，但也有元代新出现的"X 如 Y 也似"类比拟句和"Y 似/也似"类比拟式，新出现的比拟式结构类型使用频次还相对较高。从使用频次的分布类型看，比拟句和比拟式一样，均是集中在两三种类型上，总体表现是"继承"多于"创新"。

第三，比拟式在句中主要起修饰限制作用，其中做状语次数最多；另外用作谓语的频次也明显增多。

第四，从语料分布来看，所考察的六部语料中，比拟句和比拟式都主要集中出现在《元杂剧》《全相平话》和《直说通略》中，《元典章》既无比拟句，也无比拟式。这种不均衡，应该还是和语料本身所反映的内容有关。

四、总　　结

从使用句式的角度，对所考察的元代汉语中六部语料的平比句

（不含平比句否定形式）、比拟句（含比拟式）使用情况进行统计分析①，具体情况见表4.5。

表4.5　元代汉语平比句、比拟句（比拟式）使用情况

类　型	语料及使用频次							合计
	元杂剧	全相平话	元典章	孝经直解	原本老乞大	直说通略		
X+如/若/似/同+Y	平比句	0	0	0	0	0	0	0
	比拟句	207	174	0	2	0	32	415
X+如同/有如/犹似/有似+Y	平比句	0	0	0	0	0	0	0
	比拟句	6	9	0	0	0	0	15
X+W+如/若/似/有似+Y	平比句	15	1	0	0	0	2	18
	比拟句	19	15	0	0	0	2	36
X+如/似/也似+Y+W	平比句	3	0	0	0	0	0	3
	比拟句	11	2	0	0	0	24	37
Y似/也似	平比句	0	0	0	0	0	0	0
	比拟句	14	1	0	0	2	0	17
Y般	平比句	0	0	0	0	0	0	0
	比拟句	17	0	0	0	0	0	17
Y相似	平比句	0	0	0	0	0	0	0
	比拟句	0	1	0	0	0	0	1
（X）+与/和/如/似/同/是/比如+Y+一般/般（W）	平比句	0	2	6	5	2	11	26
	比拟句	15	3	0	2	0	32	52

① 在数据统计中，比拟式的使用数量包含在比拟句中。

续　表

类　型	语料及使用频次							合计
	元杂剧	全相平话	元典章	孝经直解	原本老乞大	直说通略		
(X)如Y耳/然	平比句	0	0	0	0	0	0	0
	比拟句	0	4	0	0	0	0	4
X+如+Y+来W	平比句	0	1	0	0	0	0	1
	比拟句	0	0	0	0	0	0	0
X+和/与+Y+同	平比句	0	0	1	0	1	0	2
	比拟句	0	0	0	0	0	0	0
如Y样	平比句	0	0	0	0	0	0	0
	比拟句	2	0	0	0	0	0	2
X如/Y相似	平比句	0	1	0	0	0	1	2
	比拟句	0	5	0	0	0	0	5
X如/Y也似	平比句	0	0	0	0	0	0	0
	比拟句	0	1	0	0	1	9	11

通过前面的分析以及表4.5的数据发现,元代汉语中的平比句和比拟句(比拟式)主要有以下几个特点:

第一,从使用频次上看,所统计的元代汉语语料中,较之于平比句,比拟句依然占据绝对优势;元代汉语的平比句与比拟句的使用比率(0.085)远远低于此前的中古(0.359)和唐宋(0.295)。具体到所检阅的六部语料,除《元典章》外,其他五部语料中比拟句的使用频次均高于平比句。这种情况,与元代之前不同时段不同地域的语料情况基本相同。比拟句的使用频次之所以远远超过平比句,可能还是和"平比主要是述实,比拟主要是想象"有关。比拟句既是一种语法格式,也是一种修辞手段,如果仅仅是要说明两事物间是大致相同的关系，那么使用比拟句就能起到语义和修辞“双赢”的效果。《元典章》属于法令文书，语言要求准确、简洁，比拟句作为一种修辞手法，其所表达的语义经常是超越社会和时代的，具有一定程度上的不确定性，所以不能使用这种句式；平比句的比较主体和比较基准属于同一类事物，而且比较基准多是人们所熟识的人或物，因此，即使是公文体，也多有使用。这与上古出土文献《睡虎地秦墓竹简》的情况完全一致。虽然，比拟句使用占绝对优势固然与语料本身的体裁和题材以及比拟句本身所具有的修辞效果相关，但是如果从平比句和比拟句的历史发展过程看以及与平比句的使用比率变化看，比拟句的确一直保持着“匀加速”的发展。

第二，从句法形式上看，元代平比句和比拟句采用了不少相同的句法形式，如“X+W+如/若/似+Y”“X+如/似/也似+Y+W”“X 与/和/如/似/同/是/比如 Y 一般/般”“X 如/如同 Y 相似”等。相对而言，比拟句（比拟式）表现形式更为丰富，除以上和平比句共有的形式外，还有“X+如/若/似/同+Y”“X+如同/有如/犹似/有似+Y”“Y 似/也似”“Y 般”“Y 相似”“X 如 Y 耳/然”“X 如 Y 样”“X 如/是 Y 也似”等句式和结构。这些句法形式既有上古汉语的遗留形式，如“X+如+Y+耳/然”，又有对中古汉语“X+如/似+Y+W”“X+如+Y+相似”以及唐宋汉语“X 与/如 Y 一般/般 W”等的继承和发展，同时也有元代才产生的“Y+也似”“X+如/是/似+Y 也似”“X 和 Y 一般 W”等新型结构。值得注意的是，宋代新出现的框式结构“X 与 Y 一样 W”类平比句、比拟句，在所检阅的元代语料中都未发现相关用例，但有 1 例“X 似 Y 一般 W”。这可能是因为这类句式出现时间短，加之此时汉语又受到了外来语言的猛烈冲击，各种“洋泾浜汉语”频出，人们很难在较短时间内接受和习得更多新的表现形式，所以这种和其他同类形式相比，表达功能无明显不同的新形式就难以传播开来。

第三，从使用标记角度看，元代汉语单标记平比句和双标记平比句中比较标记的使用频次不相上下，这与此前（即使是双标记发展较为迅速的唐宋时期）情况相比，是一大变化。此期前比标记新增加了“和”字，后比标记增加了“来”“也似”等。

第四，从比较（比拟）参项的构成成分来说，元代汉语平比句和比拟句中所涉及的对象除名词性成分外，主谓结构、动宾结构等较之前也有所增加，“X+如/似/若/比+Y”式中含谓词性成分的用例也较多。就比较/比拟参项的语义特征而言，元代汉语平比句和比拟句的比较/比拟对象基本以名物为主，既可以是具体的人或事物，也可以是抽象概念或具体事件（这种用法在《直说通略》中表现更为突出，因为通过比拟，可在一定程度上实现用通俗浅近之语讲清历史的目的）。

通过对元代汉语语料的考察发现，虽然此期平比句和比拟句共有表现形式的比例较之前有所下降，但依然有不少交叉、重叠之处，要从形式上彻底划清平比句和比拟句，确实有一定的难度。有学者指出，语法研究和语法分析应该立足于语法形式，如果不能通过形式来区分两种句式，那就没有分别归类的必要。但正如吕叔湘先生所说：“在语法分析上，意义不能作为主要的依据，更不能作为唯一的依据，但是不失为重要的参考项。”（吕叔湘，1999：488）而且，从汉语历史发展看，有些平比句与比拟式的演变路径并不相同。比如元代汉语中新出现的双音节标记“也似”，仅用于比拟句（比拟式）中；双标记句则基本沿袭先出现在平比句中，然后再兼用于比拟句的发展路径。因此，考察不同时期平比句与比拟句的使用情况，对于厘清汉语史上比较范畴的演变路径具有重要的意义。但如何有效地从句法层面来区分平比句和比拟句，还需要对不同历史时期语料做更深入的分析和探讨。

第五章

明清汉语中的平比句与比拟句研究*

一、引　　言

明清不仅是中国历史上封建统治时间较长的两个朝代，而且是君主专制达到顶峰、中国统一的多民族形势得到巩固的时期。明代也正是欧洲文艺复兴时期，中世纪的封建统治及意识形态受到了猛烈冲击，欧洲的传教士和商船开始进入中国，城市手工业和商业经济兴旺发达，个性思潮、平民化倾向滋生。这些都给明代汉语带来了深刻的影响。另外，元蒙的统治虽已结束，但它带给明代汉语的影响却依然存在，明代汉语不仅吸收了一些蒙古词语，也借用了不少蒙古语语法规则。明末实学思潮的兴起，不仅形成了明代学界研究语言的高潮，也促成了描写"利欲"作品的大量涌现，大大丰富了汉语白话的表现形式，明代不少文献成为汉语白话的典范代表。清代民族融合进一步加剧，明代就已萌芽的西学东渐对汉语的影响也更加深刻。汉语平比句和比拟句，尤其是比拟式在此期也发生了很大的变化。

在统计分析明清汉语平比句和比拟句使用情况时，本书选取了14 世纪中期至 20 世纪初期这一阶段具有代表性的、口语性较强的 20

---

* 该章节中部分内容和数据来自本人所指导的硕士研究生华雨的硕士学位论文《18 世纪中期至 20 世纪中期汉语平比句与比拟式研究》，该学位论文也是本课题研究成果的一部分。

部作品，体裁均为小说①，其中作者具有南方方言背景和具有北方方言背景的语料各 10 部②。需要说明的是，本文所选的南方方言背景的语料，并非指语料是用南方方言写成，而是指用流行于当时南方地区尤其是吴方言区的共同语写成，同时又带有一定方言成分（主要是吴方言）的作品③；所选北方方言背景语料，明代的主要以山东、山西籍作家的小说为主，清代的主要以北京籍作家小说为主。具体情况见表 5.1：

5.1 明清语料情况表

具有北方方言背景的作品			具有南方方言背景的作品	
作　品		作　者	作　品	作　者
明代	水浒传	施耐庵	封神演义	陆西星
	三国演义	罗贯中	西游记	吴承恩
	三遂平妖传	罗贯中	喻世明言	冯梦龙
	金瓶梅	兰陵笑笑生	警世通言	冯梦龙
			醒世恒言	冯梦龙
			初刻拍案惊奇	凌濛初
	醒世姻缘传	西周生	二刻拍案惊奇	凌濛初

① 学界普遍认为：虽然“语体不同于文体”，但“语体”和“文体”密切相关。如果条件允许，选择同一体裁的语料，能在一定程度上保证语料内部的均质性，从而增强所得语法规律的约束力。另外，明清时期的语言材料，最能反映时代特色的也多是这些流行于世的小说。这 20 部语料仅是本书统计所用语料，另外本书还考察了其他小说和其他体裁的语料，如《型世言》《皇明诏令》《正统临戎录》《训世平话》《遇恩录》《老乞大谚解》《春阿氏》《官场现形记》等，只是未将其平比句和比拟句的使用频次纳入正式统计中。

② 因为主要考察的是方言背景对语料语言的影响，所以在划分地域时，主要仍“以政治区域以及编撰者的年籍来区分南北”。

③ 明代南方方言背景语料的作者简介：陆西星（1520 年—1606 年），江苏兴化人；吴承恩（1500 年—约 1583 年），淮安府山阳县人（今江苏省淮安市淮安区人）；冯梦龙（1574 年—1646 年），南直隶苏州府长洲县（今江苏省苏州市）人；凌濛初（1580 年—1644 年），浙江湖州府乌程县（今浙江省湖州市吴兴区织里镇晟舍）人。

续　表

作　品		作　者	作　品	作　者
清代	红楼梦	曹雪芹	何典	张南庄
	歧路灯	李绿园	海上花列传	韩邦庆
	品花宝鉴	陈森	九尾龟	张春帆
	儿女英雄传	文康		
	小额	松友梅		

明代语料,情况非常复杂。有的是对已有史书故事的演义和加工,如罗贯中的《三国演义》"以正史《三国志》为蓝本,对民间传说进行'由俗而雅'的改造"(竺洪波,2013：16);二十回本的《三遂平妖传》取材于历史上北宋仁宗年间的王则起义,以历史事实为基础,结合民间神话、传说以及前人的话本、小说,敷衍出大量玄幻故事,行文风格和宋元话本相近①,但语言质朴,能在一定程度上反映明初的语言实际。"《水浒传》创作的来源主要是宋代以后的民间故事,主要以宋元话本和戏曲为创作蓝本,并对相关史载进行'由雅而俗'的改造、敷衍,以向既有民间传说之世俗性靠拢"(竺洪波,2013：16),其语言融合了宋代汉语、元代汉语和明代汉语。关于《水浒传》的基础方言,学界争议也很大,有的认为施耐庵是以自己的家乡话江淮方言为基础方言创作的该小说,有的认为是以水浒故事发生地山东方言为基础方言而写的,后者在学界认可度相对高一些。陆西星的《封神演义》是在已有作品(《武王伐纣平话》《列国志传》)和民间神话基础上写定的一部长篇神魔小说②。《西

① 关于《三遂平妖传》的作者及版本问题,学界争议较大,争论的焦点为繁本(四十回,作者为罗贯中、冯梦龙)和简本(二十回)出现的先后问题。目前学界相对较为集中的看法是：北京大学所藏的世德堂刻的二十回本比现存几种四十回本为早,即繁本是对罗贯中二十回本的增补。兹从此说。

② 关于《封神演义》的作者问题,有陆西星、许仲琳、李云翔三说。20世纪30年代起,学界开始多方考证,尤其是从文本内证看,陆西星说更有力。具体可参看陈洪：《〈封神演义〉"陆西星著"补说》,《文学与文化》2020年第2期。

游记》的基础方言虽然还有一定争议，但学界大多倾向于江淮官话。“三言”“二拍”则是对已有作品的整理、编纂，其语言背景，正如顾之川所言，“三言”的编纂大致有三种情况：一是宋元或明代的旧本，冯氏直接采录；二是虽有原本，但冯氏作了较大改动甚至改写；三是冯氏的拟作。“三言”的语言基础，还是明代官话的书面语。“二拍”的语言类似“三言”，但方言色彩比“三言”还重（顾之川，2000：60）。张振羽指出，“三言”的语言具有如下几个方面的特色：语体色彩上，“三言”的主体是白话，口语色彩很浓，但也夹杂着文言；语言形式上，它以散文为主，但也点缀着韵文；地域特色上，它以通语为主，但也融汇了方言。（张振羽，2012：13）《醒世姻缘传》作为明末清初的长篇世情白话小说，其作者问题争议较大，但关于其方言背景，学界意见相对集中，大多认为是明清时期北方话系统的山东方言，在本书研究中，将其纳入明代语料进行考察。

明代这些语料虽然口语化程度存在一定差异，但语言基础主要还是明代官话口语，不过同时也包含了不同时期、不同地域的语言，尤其是编撰者的方言，所以在方言背景的划分上，本书还是以编撰者的方言背景为主要依据。通过对其平比句和比拟句的详细考察，也可进一步确定其语言可能所属的方言范围。

清代语料情况相对简单一些。对于《红楼梦》的语言基础，学界也有一定的争议，但基本认为反映的是18世纪中叶的北京话。《歧路灯》主要描写清初的河南社会生活，语言具有浓厚的河南方言特点。《品花宝鉴》是中国小说史上第一部以描写优伶为主的长篇小说，被胡适誉为“乾嘉时京师之《儒林外史》”。作者陈森虽为江苏常州人，但多年寓居京师，曾在京师授徒。太田辰夫（1988）根据其所概括的7条北京话语法特点，认为其虽细处有所差异，但“大体上可以说是北京话”（太田辰夫，1991：213）。《儿女英雄传》“无疑这部书基本上是用北京话写成的”（太田辰夫，1991：242），《小额》“使用的语言忠实地反映了旗人的口语，作为了解清末旗人话实态的绝好资料，是极为重要的”（太田辰夫,1991：273）。《何典》是一部用吴方言写的借鬼说事的清代讽刺小说,书中虚构了一个鬼界和形形色色的鬼,借以反映人间世态,内容涉及政治、生活、饮食、建筑、军事等许多方面,具有广阔的社会生活覆盖面,语言多采自真实日常生活,含有较多的口语成分,是吴语研究不可多得的一手资料。《海上花列传》主要描写了清末上海十里洋场中的妓院生活,涉及当时的官场、商界及与之相链接的社会层面,对话部分多用吴语,叙述部分则用官话。《九尾龟》主要取材于19世纪后三十年京、津、苏、沪青楼妓院之事,深刻刻画了中国近代都市生活的众生相,语言中经常杂有吴方言。

兹分别对这些语料中平比句和比拟句的使用情况做细致的统计、描写和分析。

二、明清汉语中的平比句

明清汉语中平比句的使用频次较前期有明显增加,在重点考察、统计的语料中,明清汉语平比句共出现了669次。根据比较标记数量的不同将此期汉语中的平比句分为两类：单比较标记的平比句和双比较标记的平比句。

2.1　单标记平比句

明清时期能够进入该类句式中的比较标记主要是“如、若、似、如同、一般、异于”,句式类型主要有“X+W+如/若/似/如同+Y”“X+如/似/有 +Y+W”“X异于Y”“(X)Y一般”四种①。在所考察明清的语料中,此类平比句共出现了67次,占整个平比句总量的10.01%。其中,明代42次,清代25次。分别讨论如次。

---

① 明清时期还出现了18次“X不比Y”的用例,但不同于唐宋元时期,基准项Y后均没有出现比较结果W。虽然这18次从语义上看,都是表示“不同于”的异同类平比,例如“宝蟾却不比香菱的情性,最是个烈火干柴,既和薛蟠情投意合,便把金桂忘在脑后”(《红楼梦》第80回),但依据本书所定平比句标准,如果比较结果隐现,则该句仅为表示比较关系的句子而非平比句。

2.1.1 X+W+如/若/似/如同+Y

在明清时期，这种类型的平比句使用不多，南、北方方言背景语料整体使用情况差别不大。在所统计的语料中，此类句式共出现了32次，占整个单标记平比句的47.76%。其中明代27次（南方方言背景语料出现17次，北方方言背景语料10次），清代仅5次（且均出现在北方方言背景语料中）；比较标记有"如、若、似、如同"4个。例如：

（1）天色向晚，东山月上，皎皎如同白日。（《三国演义》第48回）

（2）桥那边有数椽茅屋，清清雅雅若仙庵；又有那一座蓬窗，白白明明欺道院。（《西游记》第72回）

（3）小夫人将一串一百单八颗西珠数珠，颗颗大如鸡豆子，明光灿烂。（《警世通言》卷十六）

（4）更可骇者，早有一位女子在内，其鲜艳妩媚，有似宝钗，风流袅娜，则又如黛玉。（《红楼梦》第5回）

（5）弟兄处平时，当似司马温公兄弟，都到老年，问兄的饥，问兄的寒，煦煦似小儿相恤，处变当似赵礼兄弟。（《型世言》第13回）

在这类平比句中，比较主体和比较基准多为体词性成分，但比较主体经常承前省略；比较结果与前代相比，虽仍多为形容词性词语（词组），但复音节形式占绝对优势，如上例(1)(2)(4)(5)。另外，此前的语料中见到的都是"X大如Y"，未见到过"X小如Y"，而在明代语料中发现了1例"X大如Y"与"X小如Y"对举的用例。例如：

（6）一日寺中老僧出行，偶见沟中流水中有白物，大如雪片，小如玉屑。（《警世通言》卷十七）

现代汉语中，这种平比句式更为少见，但并未绝迹，在一些散文中还可见到。例如：

（7）蘑菇大如掌，洁白细嫩。（汪曾祺《天山行色》）

2.1.2 X+如/似/有+Y+W

这种平比句萌芽于东汉时期，唐宋使用较为普遍，元代却使用很少（不算否定形式，仅 2 次）。在所检阅的明清语料中，明代比较标记有“如”“似”两个；清代同元代一样，只有“似”字，且基本为否定形式“不似”。在所统计的明清语料中，“X+如/似+Y+W”平比句共出现 30 次，其中“X+不似+Y+W”有 18 次，明代 2 次，清代 16 次。例如：

（8）起初时如拳大小，次后来瓮泼盆倾。（《西游记》第 41 回）

（9）解开包看，那药如绿豆大，金箔为衣，异香喷鼻。（《醒世姻缘传》第 29 回）

（10）我也与你走过好几处松林，不似这林深远。（《西游记》第 80 回）

（11）宝玉思及当时姊妹们一处，耳鬓厮磨，从今一别，纵得相逢，也必不似先前那等亲密了。（《红楼梦》第 79 回）

（12）莫讲把何玉凤支使得眼花缭乱，连张金凤在淮安过门时，正值那有事之秋，也不似这番热闹。（《儿女英雄传》第 28 回）

以上例中的“X+不似+Y+W”，都强调比较参项间存在差异，一些用例（如例 11、例 12）的比较结果前出现了表样态的词语（“那等”“这番”），使得句子的主观色彩更浓。这类句子，形式上是平比句的否定式，但语义上表示的是差比。所以在所统计语料中，明清时期真正意义上的“X+如/似+Y+W”类平比句也只有 12 次。

表平比的“有 YW”出现得较晚，明清时期才开始成型①。在所检阅的明清语料中，明代尚未见到用例，清代也仅有 3 例。即：

（13）那四十个碟子，皆是一色白粉定窑的，不过只有小茶碟大。（《红楼梦》第 63 回）

① 参看王强：《“有”“没有”型比较句研究》，硕士学位论文，上海师范大学，2009 年。

（14）那风筝飘飘摇摇，只管往后退了去，一时只有鸡蛋大小，展眼只剩了一点黑星，再展眼便不见了。（《红楼梦》第70回）

（15）末后看了一对戒指，那戒面上镶的金刚钻竟有黄豆大小，光芒四射，要七百两银子。（《九尾龟》第6回）

陆俭明（1989）曾指出："有"类比较句多后接"长、宽、大"等量度形容词，以上3例"有"后均是这种量度形容词。

2.1.3 X+异于+Y

所检阅语料中仅出现1例。即：

（16）抑岂我之耳异于人耳，我之情不合人情？（《品花宝鉴》第4回）

这段文字是写一文人少年对戏曲音调的评价，少年想要强调其是"讲究人，不讲究戏，与其戏雅而人俗，不如人雅而戏俗"，因此用了一些拟古的语言来表情达意，这可能不是当时实际语言的反映。从使用频次和这一实际用例基本可以断定：明清时期，表异同的"于"字单标记句在口语中基本已消失不见。

2.1.4 （X）Y一般

这种后单标记平比句唐宋汉语中开始出现，但用例很少，所检阅的明清语料中"（X）Y一般"平比句仅出现了1例。即：

（17）我与他争辩到菩萨处，其实相貌、言语等俱一般，菩萨也难辨真假。（《西游记》第58回）

例中"一般"表示客观上的"同样"，即比较项和比较基准在某一点上（如例中的"我"与"他"的"相貌、言语"）是相似或等同的，属于典型的平比句。

统计所检阅的明清汉语中各语料的单标记平比句使用情况，具体使用频次见表5.2和5.3。

表 5.2　明代汉语单标记平比句的具体使用情况

语料		类型及使用频次									合计
		X+W+如+Y	X+W+若+Y	X+W+似+Y	X+W+如同+Y	X+如+Y+W	X+似/不似+Y+W	X+有+Y+W	X+同于/异于+Y	Y一般	
北方方言语料	三国演义	9	0	0	1	1	0	0	0	0	11
	三遂平妖传	0	0	0	0	0	0	0	0	0	0
	水浒传	0	0	0	0	0	0	0	0	0	0
	金瓶梅	0	0	0	0	0	0	0	0	0	0
	醒世姻缘传	0	0	0	0	3	0	0	0	0	3
南方方言语料	封神演义	0	0	0	0	0	0	0	0	0	0
	西游记	9	1	2	0	1	6	0	0	1	20
	喻世明言	0	0	0	0	1	0	0	0	0	1
	警世通言	3	0	0	0	0	0	0	0	0	3
	醒世恒言	0	0	0	0	0	0	0	0	0	0
	初刻拍案惊奇	1	0	0	0	1	0	0	0	0	2
	二刻拍案惊奇	0	0	1	0	0	1	0	0	0	2
合计		22	1	3	1	7	7	0	0	1	42

表 5.3　清代汉语单标记平比句的具体使用情况

语料		类型及使用频次									合计
		X+W+如+Y	X+W+若+Y	X+W+似+Y	X+W+如同+Y	X+如+Y+W	X+似/不似+Y+W	X+有+Y+W	X+异于+Y	Y一般	
北方方言语料	红楼梦	2	0	1	0	0	11	2	0	0	16
	歧路灯	2	0	0	0	0	1	0	0	0	3
	品花宝鉴	0	0	0	0	0	0	0	1	0	1

续　表

语　料		类型及使用频次									合计
		X+W+如+Y	X+W+若+Y	X+W+似+Y	X+W+如同+Y	X+如+Y+W	X+似/不似+Y+W	X+有+Y+W	X+异于+Y	Y一般	
	儿女英雄传	0	0	0	0	0	4	0	0	0	4
	小　额	0	0	0	0	0	0	0	0	0	0
南方方言语料	何　典	0	0	0	0	0	0	0	0	0	0
	海上花列传	0	0	0	0	0	0	0	0	0	0
	九尾龟	0	0	0	0	0	0	1	0	0	1
合　计		4	0	1	0	0	16	3	1	0	25

从上表以及前面的分析可以看出,明清时期单标记平比句使用非常有限。比较标记方面,沿袭元代用法,“似”依然是单标记平比句中最常见的比较标记,共出现27次,占整个单标记平比句的34.33%,但多以否定形式出现,而语义上也属于平比的肯定形式的“似”字平比句仅9次①;另外,还出现了3例“有”字单标记平比句,但仅限于清代,在明代所检阅的语料中尚未发现用例。语序方面,较之前发生了较大变化,明清两代总体上,比较结果位于比较基准之后的用法超过了位于基准之前的用法;但分朝代来看,明代比较结果位于基准项之前的用法依然占绝对优势(27次,比较结果位于基准项之后的仅14次),清代则反之(结果位于基准项之前的仅5次,比较结果位于基准项之后的19次)。地域方面,明代单标记平比句的使用没有表现出明显的地域差异;清代地域差异明显,25次单标记平比句中,南方方言背景语料中仅出现了1次。

① 如果严格按照语义、语法形式都是平比范畴来统计,明清时期的单标记平比句就仅有49例(去掉18例“X不似YW”用例),那么“似”单标记平比句的使用比率就是18.37%。

2.2 双标记平比句

在所考察的语料中，明清汉语中此类平比句共出现 602 次[①]，占整个平比句总数的 89.99%。前比较标记可以分为两类：一类是具有介词性质的“与、和(合)、同、跟、搭”等，一类是具有动词性质的“如、似、像、是、有”等。后比较标记主要有“一般”“一样”“似的”“相似”“相同”“不同”“无二”“同”等。根据前比较标记的不同，兹分别讨论如次。

2.2.1 “与、和(合)、同、跟、搭”类双标记平比句

2.2.1.1 X 与/和/同 Y 一般

这类句式在语义上表示比较主体 X 和比较基准 Y 之间在某一方面具有相同的关系，属于异同类比较句，“一般”既是比较标记，同时也表示比较结果，表示比较主体和比较基准在客观上是“同样”的。在所统计的明清语料中，此类句式共出现 71 次，占整个双标记平比句的 11.79%。其中明代共出现 40 次，清代出现 31 次。例如：

(18) 吾与汝官品一般，吾久镇边疆，于国多劳，汝安敢妄自尊大耶！(《三国演义》第 117 回)

(19) 如法用索穿钱，用面桶盖了，念了咒，喷一口水，揭起桶来看时，和夜来一般，又有一贯钱。(《三遂平妖传》第 3 回)

(20) 拜罢起来，看那老君神像，正是牧童的面貌。又见座旁塑着一头青牛，也与那牧童骑的一般。(《醒世姻缘传》卷二十六)

(21) 因见贾宝玉的相貌身材与他儿子一般，不禁亲热起来。

① 所检阅语料中可见《醒世姻缘传》有 2 例“似的”与“象似”“合”搭配使用的句子。“管家，别听他说，我不去呀。我身上有件衣裳呀，头上有根簪子呀？倒象似跟人的丫头似的。”(《醒世姻缘传》第 87 回) “要是银子买的，就合晁鸾似的了。”(《醒世姻缘传》第 46 回)这类句子主要表示情况相似，好像是这样，但实际并非如此。虽然也是实比，但和本书所说的平比句不一样，其强调的是相似而非等同，所以没有计入平比句中，也没有计入比拟句。

(《红楼梦》第115回)

(22) 虽然没有什么,我总觉得有些不安,同你绷个场面,就同绷我的场面一般。(《九尾龟》第144回)

这一句式在南方方言背景语料中使用不均衡,明代的《封神演义》《二刻拍案惊奇》,清代《何典》《海上花列传》中未见用例,但《九尾龟》中却有24次之多。

另外,《初刻拍案惊奇》中还看到了1例"X同Y一般W"的用例。即:

(23) 说罢,便折竹二枝,自跨了一技,一枝与行修跨,跨上便同马一般快。(《初刻拍案惊奇》卷二十三)

从形式上看,此例中比较主体是"跨上",比较基准是"马",二者的句法结构存在明显的不对称,貌似分属不同的属概念。但事实上,该句的比较点是"速度",比较参项分别是"跨上竹"与"跨上马",同属骑行这一属概念,所以可以认定此句为平比句。造成这种比较参项不对称状态的原因,学界讨论很多,大多认为是受到语言经济性原则的影响,在表层句法形式上对完全对称的底层结构进行了删除、移位等操作,例(23)中比较基准"马"即是"跨上马"删除的结果。

2.2.1.2 X与/和(合)/同/跟/搭Y一样(W)

这类句式在语义上也表示比较主体X和比较基准Y之间在某一方面具有相同的关系。明代这类句式中"一样"既是比较标记,同时也表示比较结果,其后大多有接续小句或句群,对比较结果作进一步说明;清代,"一样"后多带形容词性比较结果。在所统计的明清语料中,此类句式共出现86次,占整个双标记平比句的14.29%。其中明代只出现了6次,清代80次。例如:

(24) 子牙迎至殿前,广成子曰:"我与道兄一样,遭此不肖弟子。"(《封神演义》第65回)

(25) 西门庆道:"我昨夜也做了恁个梦,和你这个一样儿,梦见

东京翟亲家那里,寄送了六根簪儿……”(《金瓶梅》第62回)

(26) 好妹妹,怎的你这见识就合我的意思一样。(《儿女英雄传》第29回)

(27) 他的相貌与他姐姐一样俊俏,年才二十岁,文武皆能。(《品花宝鉴》第6回)

(28) 即不然,你们作家人的也同我们作儿女的一样,替老家儿省心,给主儿出力,都是该的。(《儿女英雄传》第33回)

例(24)(25)(28)“X与/合/同Y一样”后虽然没有出现属性词,但都带有后续小句,对“一样”的具体内容做了说明,例(27)“一样”后带有表比较结果的形容词,其形式和现代汉语的框式平比句已经完全一样。

在《海上花列传》中有3例“X同Y一样”的句子,均出自吴方言对话部分,“一样”后没有比较结果,但其后都带有吴方言语气词“个”“哚”“啘”,表示强调。即:

(29) 素兰道:“倪勠呀,倪同冠香先生一样个啘。大人当仔倪客人,倪倒勿好意思住来里,要转去哉。”(《海上花列传》第52回)

(30) 罗老爷个拜匣末,就该搭放两日,同放来哚翠凤搭一样个呀。(《海上花列传》第59回)

(31) 双玉道:“无娒耐自家去算,双宝进来个身价,就算耐才豁脱仔,也不过三百洋钱。故歇双宝来里,生意末无拨,房间里用场倒同倪一样哚啘,几年算下来,阿是豁脱仔勿少哉?”(《海上花列传》第63回)

这一时期无论南北方,“X同Y一样”整体都在下降,用例较少。

“X跟Y一样”清晚期萌芽,使用很少,在所检阅清代语料中,仅《歧路灯》中有1例,其后有后续小句,对“一样”的内容进行说明。即:

(32) 大舅子跟谭贤弟一样,中了个副榜,将来有个佐杂官儿做做。(《歧路灯》第102回)

直到20世纪中期,"X跟Y一样"才开始在北方方言背景的语料中有了较高的使用频次,"一样"后也可带有其他谓词性成分或后续小句。在当代汉语中,这种平比句式就更为常见了。例如:

(33) 他知道,东方战神不久也会跟德国、意大利一样,无条件投降。(老舍《四世同堂》第97章)

(34) 就跟咱们家新买的那个电器一样。(王朔等《编辑部的故事》)

(35) 家珍说话的声音跟蚊子一样大,她要我把她的身体侧过来。(余华《活着》)

在所考察的语料中,《九尾龟》中的吴方言对话部分还出现了2例"X搭Y一样"。即:

(36) 俚耐格闲话,搭耐章大少一样仔末,倪也勿要替俚反哉。(《九尾龟》第12回)

(37) 白白俚坍仔自家格台,想起来啥犯着呀,勿比耐洛勒浪倪搭,赛过搭倪自家人一样,搭耐讲仔也无啥希奇。(《九尾龟》第93回)①

"搭"为典型吴方言词汇,义同介词"跟""与",使用"搭"表平比时,只和"一样"共现。值得注意的是,例(37)中"搭"前有"赛过"一词。"赛"唐代即可表示胜过,例如刘禹锡《思黯南墅赏牡丹》:"有此倾城好颜色,天教晚发赛诸花"。"赛过"即"胜过,超过",可用来表示差比关系,元代即有用例,如"你问我谁向官中指攀着伊,是你那孝子曾参赛过卢医"(《元杂剧·张鼎智勘魔合罗》)。例(37)中平比标记

① 例(37)的大概意思是:白白地坍自己的台,想着怎么也犯不着啊,不比你在我们这里,就跟自己人一样,跟你讲讲也没有关系。

“搭……一样”和表差比“赛过”共现，是由平比句式和差比句式糅合而成的特殊的糅合式平比句式。

平比句式和差比句式糅合的情况唐宋汉语中就有用例，如“X 胜似 Y”就是由平比标记“似”和差比标记“胜”糅合而成。叶建军指出句式糅合要完全遵循三个基本原则：语义相近原则、时代先后原则和成分蕴含原则（或语义蕴含原则）（叶建军，2020：7）。差比标记“赛过”与平比标记“搭……一样”句式的糅合，就完全遵循了这三个基本原则。从语义上看，“赛过”和“搭……一样”同属比较范畴，符合语义相近原则；从出现时代来看，平比标记“一样”宋代出现，差比标记“赛过”元代出现，“赛过搭……一样”清代出现，符合源句式先于糅合句式而存在的原则；从成分蕴含角度看，“赛过搭……一样”的语义基本蕴含了“赛过”和“一样”，上述例（37）既包含有平比义，也蕴含有一定的差比义，即“你和我们自己人一样，甚至超过了自己人”，但语义重点应该是在强调等同。

不过，“赛过”清代单用时，就既可表示差比，也可表示平比。例如：

（38）城墙坚固，赛过石头城、紫金城，万年基业；殿宇巍峨，一似皇极殿、凌霄殿，千丈辉煌。（清 · 李玉《清忠谱 · 骂像》）

上例中前一句中“赛过”与后一句中“一似”相对，表示平比。

《海上花列传》中“赛过”的使用频次非常高，主要表示差比，有时也可用于表示平比意义的句子中。例如：

（39）坎坎说个闲话消脱，赛过勿曾说，俚赎身勿赎身也勿关我事。（《海上花列传》第 45 回）

以上两例中的“赛过”都表示平比关系①。也正因为如此，《海上

① 根据本书对平比句的界定，例（38）中比较主体和比较基准都是“城墙”，且有比较结果“坚固”，所以此句是平比句式；例（39）（40）中两个比较项虽然都属于同一属概念，但没有出现比较结果，所以仅将其看作表示平比关系的句子而非平比句式。

花列传》中的“赛过”句经常出现两可的理解。例如：

(40) 一个奶奶跑到堂子里拉客人，赛过是野鸡哉啘！(《海上花列传》第23回)

这个句子既可以说“一个奶奶跑到堂子里拉客人，跟野鸡一样”表示平比关系(此处“野鸡”指沿街拉客的游娼)；也可以说“一个奶奶跑到堂子里拉客人，比野鸡还过分”表示差比。“赛过”在比较句中语义的模糊性，也使其与表平比的“搭……一样”糅合成为可能。

2.2.1.3 X与/和(合)Y同/相同/同样/相似/相类/仿佛/何异/不同/不相同/一般无二/不大差别/分毫不差/一模一样/一模二样

这类句式的后标记基本上是表示“相同”意义的词语，也有极小部分是表示“不同”，大部分并不是真正意义上的双标记平比句，充其量只能是类双标记平比句。在所统计的明清语料中，此类句式共出现174次，占整个双标记平比句的28.90%。其中明代出现77次，清代出现97次。例如：

(41) 料彼之病，与我相同。(《三国演义》第120回)

(42) 那呆子真个口里念着咒，行者吹口仙气，霎时就变得与那刁钻古怪一般无二，将一个粉牌儿带在腰间。(《西游记》第89回)

(43) (道士)若是卸下装束，仍旧巾帽长衣，分毫与俗人没有两样，性急看不出破绽来。(《初刻拍案惊奇》卷十七)

(44) 褚大娘子的性情却又合他丈夫不同，方才听他父亲一说，就早合了他的意思。(《儿女英雄传》第40回)

(45) 好讲究的牌，果然这个地方和别处不同。(《九尾龟》第98回)

(46) 这颜夫人虽四十外的人，尚觉丰采如仙，其面貌与子玉仿佛。(《品花宝鉴》第6回)

在这类平比句中，“X与Y仿佛”用法非常有限，不仅使用频次很低，比较主体和比较基准也比较单一。在所检阅的 20 部语料中，"X 与 Y 仿佛"平比句中的比较主体和比较基准基本是以容貌比较为主。笔者又对北大 CCL 语料库中的"X 与 Y 仿佛"进行检索，发现比较主体和比较基准也多表示年龄和形貌。例如：

(47) 此事若非余忠与娘娘面貌仿佛，如何遮掩得过去。(清《七侠五义》第 1 回)

民国以后，介词"跟"也可进入该框式结构中，例如：

(48) 现在这条路上的情形就跟先前很不相同。(《子夜》第 9 章)

统计所检阅的明清语料中的"与、和(合)、同、跟、搭"类双标记平比句使用情况，具体使用频次见表 5.4 和 5.5。

表 5.4　明代语料中的"与、和(合)、同、跟、搭"类双标记平比句使用情况

<table>
<tr><th colspan="2" rowspan="2">语　料</th><th colspan="3">类型及使用频次</th><th rowspan="2">合　计</th></tr>
<tr><th>X 与/和/同/Y 一般</th><th>X 与/和/同/搭 Y 一样</th><th>"X 与/和(合)Y 同/相同/相似/同样/不同/不相同/一般无二"等</th></tr>
<tr><td rowspan="5">北方方言语料</td><td>三国演义</td><td>2</td><td>0</td><td>7</td><td>9</td></tr>
<tr><td>三遂平妖传</td><td>1</td><td>0</td><td>0</td><td>1</td></tr>
<tr><td>水浒传</td><td>6</td><td>0</td><td>6</td><td>12</td></tr>
<tr><td>金瓶梅</td><td>2</td><td>2</td><td>0</td><td>4</td></tr>
<tr><td>醒世姻缘传</td><td>4</td><td>1</td><td>13</td><td>18</td></tr>
<tr><td rowspan="4">南方方言语料</td><td>封神演义</td><td>0</td><td>1</td><td>7</td><td>8</td></tr>
<tr><td>西游记</td><td>8</td><td>0</td><td>1</td><td>9</td></tr>
<tr><td>喻世明言</td><td>1</td><td>0</td><td>5</td><td>6</td></tr>
<tr><td>警世通言</td><td>8</td><td>0</td><td>7</td><td>15</td></tr>
</table>

续　表

语　料		类型及使用频次			合　计
		X与/和/同/Y一般	X与/和/同/搭Y一样	“X与/和(合)Y同/相同/相似/同样/不同/不相同/一般无二”等	
南方方言语料	醒世恒言	1	0	8	9
	初刻拍案奇	7	1	15	23
	二刻拍案惊奇	0	1	8	9
合　计		40	6	77	123

表5.5　清代语料中的“与、和(合)、同、跟、搭”类双标记平比句使用情况

语　料		类型及使用频次			合　计
		X与/和/同/Y一般	X与/和/同/搭Y一样	“X与/和(合)Y同/相同/相似/同样/不同/不相同/一般无二”等	
北方方言语料	红楼梦	2	29	14	45
	歧路灯	1	9	3	13
	品花宝鉴	1	27	17	45
	儿女英雄传	3	8	11	22
	小　额	0	0	0	0
南方方言语料	何　典	0	0	0	0
	海上花列传	0	3	5	8
	九尾龟	24	4	47	75
合　计		31	80	97	208

从表5.4和表5.5的数据以及前面的分析可以看出，明清时期“与、和(合)、同、跟、搭”类双标记(准双标记)平比句使用都比较多，

但真正意义上的框式结构“X与/和/同/更Y一般/一样(W)”使用频次依然低于准双标记平比句。前标记使用上,清代北方方言背景语料中出现了介词“跟”;南方方言背景语料中,出现了“搭”。后标记使用上,“一样”随着时间推移明显增多,同时在清代也呈现出比较明显的地域差异,主要使用于北方方言背景语料中。

2.2.2 “如、似、像、是、有”双比较标记平比句

2.2.2.1 X如/似/像(相)/是/有/Y般/一般/这般(W)

此结构中“一般”大多既是比较标记,也充当比较结果,表示比较主体“X”与比较基准“Y”在某方面相同或相似,是客观比较的结果;此句式中的前标记不仅可以由像义动词“如、似、像/相”充当,还可以由判断动词“是”、存现动词“有”充当。所统计的明清语料中,此类句式共出现132次,占整个双标记平比句的21.93%。其中明代出现了118次,清代只出现了14次。例如:

(49) 武松道:“我见这馒头馅内有几根毛,一象人小便处的毛一般,以此疑忌。”(《水浒传》第27回)

(50) 可霎作怪,模样倒好相陈姐夫一般。他如何却在这里?(《金瓶梅》第97回)

(51) 座客吃罢,各赏些银钞或是酒食之类。众女子得了,就去纳在鞑婆处,鞑婆又嫌多道少,打那讨得少的。这个挞婆想就是中华老鸨儿一般。(《二刻拍案惊奇》卷七)

(52) 原米秦楼最广大,便似东京白樊楼一般,楼上有六十个合儿,下面散铺七八十副卓凳。(《喻世明言》卷二十四)

(53) 宣疏之日,三位同僚与通县吏民,无不焚香代祷,如当日一般。(《醒世姻缘传》卷二十六)

(54) 因此见了雪雁竟如见了黛玉一般欢喜。(《红楼梦》第97回)

(55) 你还没有看见上海地方,多少有钱有势的客人,娶了个倌人不肯回去,住在上海的多得狠在那里,那里能一个个都像你

这般贤德。(《九尾龟》第 81 回)

(56) 唯设下一个公馆,就像薛府一般,设下榆次公牌位,外甥作主,陪着奠雁。(《歧路灯》第 108 回)

“有……一般 W”清代才出现,在所检阅语料中仅出现 1 例。即:

(57) 说着气喘呼呼的,把一把象牙油纸扇儿不住的乱扇,头上的汗珠竟有黄豆一般大小,口内连说“岂有此理”。(《九尾龟》第 69 回)

所检阅的语料中,还有 1 例比较结果出现在基准项前的平比句用例。即:

(58) 又有一个卖青果男子,忽然肚大似怀娠般,后边就坐蓐,生一小儿,此乃是男人做了女事的先兆。(《型世言》第 37 回)

此类句式中带比较结果的很少,因为在这类句式中,有的是基准项的特点本身很突出,无须再次明确,如例(49)(50)(51);有的是通过“X 如/似/像(相)/是/Y 般/一般/这般(W)”之前或之后的小句,本就能彰显 X 与 Y 的相同或相似点,如例(52)(53)(56);只有比较点不够显著时,才需在“一般”之后添加比较结果,形成“X 如 Y 般 W”,如例(54)(55)(57),或形成“XW 似 Y 般”,如例(58)。

2.2.2.2　X 如/似/像/是/如同 Y 一样(W)

“一样”作为表平比的后标记,能与之搭配的像义类动词标记类型较多,既有产生时代较早的“如/似”,也有产生稍晚的“像/如同”。在所检阅明清语料中,“像”字句肯定形式和否定形式都有,“似”字句只有否定形式“不似”,“如/如同”句只有肯定形式。但使用频次都比较低,在所统计的明清语料中,此类句式共出现 15 次,占整个双标记平比句的 2.49%。其中明代仅有 5 次,清代也只有 10 次,地域差异并不明显。例如:

(59) 又叫韩回子老婆:“你是我的切邻,就如副东一样,三姑、四

姑根前酒，你也替我劝劝儿，怎的单板着像客一般？……”（《金瓶梅》第46回）

（60）凤姐儿冷眼战敠岫烟心性为人，竟不像邢夫人及他的父母一样，却是温厚可疼的人。（《红楼梦》第49回）

（61）因知贾琏不在家中，又因这两日凤姐儿声色怠惰了些，不似往日一样，因顺路也来望候。（《红楼梦》第72回）

（62）虽说是舅母家如同自己家一样，到底是客边。（《红楼梦》第26回）

“X是Y一样”平比句式似乎更倾向于出现在具有南方方言背景的语料中。在所考察明代语料中，仅《封神演义》中有1例“X是Y一样”。即：

（63）当时圣母对众言曰：“火灵圣母是多宝道人门下，广成子打死了他，就是打吾等一样；……”（《封神演义》第72回）

清晚期、民国时期南方方言背景的一些小说中，“X是Y一样”平比句式也偶有使用。例如：

（64）说着，手指浣芳，“俚虽然勿是我亲生妹子，一径搭我蛮要好，赛过是亲生个一样。”（《海上花列传》第20回）

（65）同乡的京官，把他荐到上海道幕中，差不多就算是这上海道的顾问官一样。（《九尾龟》第64回）

（66）阿Q站着看到自己发烦，也似乎还是先前一样，在那里来来往往的搬。（《呐喊·阿Q正传》）

（67）但她却还是先前一样，做针线；管理我，也爱护我，虽然少见笑容，却也不加呵斥。（《彷徨·孤独者》）

在所检阅明清语料中，能与后比标记“一样”共现的前比标记虽然较多，但从使用频次上看，与介词性前比标记（“与、和/合、同、跟、搭”）组成的框式结构（共85次）才是其优势组合（与像义动词“如、似、像、是、如同”等组成的框式结构仅15次）。现代汉语中，与“一样”共现频次最高的则是“跟”“和”①。

另外，在北方方言背景的语料中，清代后期还出现了“X像Y这等/这样/那样/那么W”的平比句用例。例如：

（68）只是到了自己背了气迷了头，就难得受过他好处的那班人知恩报恩，都像这位安水心先生这等破釜沉舟，披肝沥胆。（《儿女英雄传》第19回）

（69）即使梅庚香是个多情人，也未必能像我这样体贴。（《品花宝鉴》第10回）

（70）他只管这等恪遵父命，只是才得二十岁的孩子，怎得能像安老爷那样老道？（《儿女英雄传》第34回）

（71）好阿哥，你说说罢！你可千万别像你们老人家那么怄人！（《儿女英雄传》第40回）

通过以上例句可以看出，“这等”“这样”“那样”“那么”等指示代词作为平比句结果标记，不仅使用频次低，能与其共现的前比标记也比较单一；从语义上看，这些指示代词类结果标记，更强调的是量与程度，是一种量比型平比句，同时句子的主观性也更高，尤其是“那样、那么”句，不仅是表示两个比较项之间程度上的等同，也带有惊讶与夸张的语气。这类句子的语义核心不是凸显两个比较项之间的相同之处，而凸显基准项所具属性。所以，这类句子并不是典型的平比句，统计数据时也未将此类句子计入其中。

2.2.2.3　X如Y相似

“X如Y相似”唐宋汉语开始出现，多用作比拟，表示平比的用法一直很少见，明清依然如此。在所检阅的明清语料中，此类平比句式共出现5次，占整个双标记平比句的0.83%。其中明代4次，清代只

---

① 参看魏阳阳：《汉语平比范畴研究》，博士学位论文，华中师范大学，2019年，第39页。

有1次。例如：

（72）他就把那葫芦都倾出来，就都吃了，如吃炒豆相似。（《西游记》第5回）

（73）病醒其实难过，直如一场伤寒的病症相似。（《歧路灯》第18回）

统计所检阅的明清语料中的"如、似、像、是、有"类双标记平比句使用情况，具体使用频次见表5.6和5.7。

表5.6　明代语料中的"如、似、像、是、有"类双标记平比句使用情况

<table>
<tr><th colspan="2" rowspan="2">语　料</th><th colspan="3">类型及使用频次</th><th rowspan="2">合　计</th></tr>
<tr><th>X如/似/像(相)/是/有/Y般/一般/这般</th><th>X如/似/像/是/如同Y一样(W)</th><th>X如Y相似</th></tr>
<tr><td rowspan="5">北方方言语料</td><td>三国演义</td><td>3</td><td>0</td><td>0</td><td>3</td></tr>
<tr><td>三遂平妖传</td><td>1</td><td>0</td><td>0</td><td>1</td></tr>
<tr><td>水浒传</td><td>4</td><td>0</td><td>0</td><td>4</td></tr>
<tr><td>金瓶梅</td><td>19</td><td>1</td><td>0</td><td>20</td></tr>
<tr><td>醒世姻缘传</td><td>12</td><td>0</td><td>1</td><td>13</td></tr>
<tr><td rowspan="8">南方方言语料</td><td>封神演义</td><td>3</td><td>4</td><td>0</td><td>7</td></tr>
<tr><td>西游记</td><td>26</td><td>0</td><td>2</td><td>28</td></tr>
<tr><td>喻世明言</td><td>8</td><td>0</td><td>1</td><td>9</td></tr>
<tr><td>警世通言</td><td>3</td><td>0</td><td>0</td><td>3</td></tr>
<tr><td>醒世恒言</td><td>4</td><td>0</td><td>0</td><td>4</td></tr>
<tr><td>初刻拍案惊奇</td><td>21</td><td>0</td><td>0</td><td>21</td></tr>
<tr><td>二刻拍案惊奇</td><td>14</td><td>0</td><td>0</td><td>14</td></tr>
<tr><td colspan="2">合　计</td><td>118</td><td>5</td><td>4</td><td>127</td></tr>
</table>

表 5.7 清代语料中的"如、似、像、是、有"类双标记平比句使用情况

语料		类型及使用频次			合计
		X 如/似/像(相)/是/有 Y 般/一般/这般	X 如/似/像/是/如同 Y 一样(W)	X 如 Y 相似/相同	
北方方言语料	红楼梦	1	4	0	5
	歧路灯	3	0	1	4
	品花宝鉴	0	3	0	3
	儿女英雄传	2	1	0	3
	小额	0	0	0	0
南方方言语料	何典	0	0	0	0
	海上花列传	0	1	0	1
	九尾龟	8	1	0	9
合计		14	10	1	25

从表 5.6 和表 5.7 以及上面的分析可以看出，此类双标记随着时间的推移，总体上呈现出非常明显的下降趋势。其中后标记"一般"和"一样"则呈现此消彼长的趋势，且在以北方方言为背景的语料中似更为明显。后比较标记后较少出现比较结果，如有比较结果，则多是形容词，偶尔也有谓词性结构。从地域上看，明代此类平比句多出现在南方方言背景的语料中，清代则反之。

2.2.3 "比"类双标记平比句

这类句式主要有"X 比 Y 一般/相同/不同/不相同/差不多/差(仿)勿多"，否定形式更为常见。如果前标记为"比"，后标记则多为"不同/不相同"等；如果前标记为否定形式"不比"，后标记则多为肯定形式的"一般""相同"。在所统计的明清语料中，此类句式共出现 115 次，占整个双标记平比句的 19.10%。其中明代 92 次，清代 23 次。

例如：

（74）道人说："老爷，这个和尚，比那个和尚不同，生得恶躁，没脊骨。"（《西游记》第36回）

（75）广成子又往西方极乐之乡，借纵地金光法，不一日到了西方胜景，比昆仑山大不相同。（《封神演义》第65回）

（76）留下他伏侍我几年，就比他日夜伏侍我尽了孝的一般。（《红楼梦》第47回）

（77）那房间比先前大不相同，橱箱、床榻、灯镜、几案，收拾得一件也没有了。（《海上花列传》第46回）

（78）至于客人吃酒，更比上海的情形大是不同，每一台酒虽然也只十二块钱，却另有许多名目。（《九尾龟》第54回）

在所检阅的明清语料中，还出现了1例"比……差不多"类双标记平比句。即：

（79）只是金钏儿虽然是个丫头，素日在我跟前比我的女儿也差不多。（《红楼梦》第32回）

这种否定形式的平比句，是"如、似、像、是、有"类双标记平比句中没有的用法。

清代吴方言中还出现了"X比Y差（仿）勿多"句式。例如：

（80）粉也勿曾拍，着仔一件月白竹布衫，头浪一点点勿插啥，年纪比仔屠明珠也差勿多哉。（《海上花列传》第15回）

（81）俚个生意，比仔倪开堂子做倌人也差仿勿多。（《海上花列传》第64回）

（82）绿头蛮好，比仔我一对倒差仿勿多，十六块洋钱，一点勿贵。（《海上花列传》第15回）

这种"比"字句均出现在《海上花列传》的吴方言对话部分，后标记“差(仿)勿多”义为“差不多”,而官话叙述部分的“比”字句都是“比……不同”格式。同时,笔者发现,“比……差勿多”的格式中,有两例“比”字后带“仔”。“仔”是吴方言、闽南方言等南方方言中特有的词汇,钱乃荣(1999)指出现代吴方言中“仔”主要有语助词的用法,用来表达完成体、存续体、后续行为的参照等,也有介词的用法,相当于“到”“给”或者“比”等。刘丹青(1996)认为“仔”在苏州话中多表示“普通完成体”,主要用在动宾或动补之间,并且必须具备三个条件中的至少一个才能成句:(1)宾语或补语中有数量成分;(2)句末有语气助词“哉”;(3)有后续动词短语或分句。例(80)(82)中,“仔”分别位于“比”和宾语“屠明珠”“我一对”之间,例(80)句末有语气助词“哉”,例(82)有后续分句,“仔”语义上大概相当于现代汉语表示普通完成体的“了”。这也从另一个侧面说明这里的“比”字尚未语法化为表比较的介词,依然是动词。

“不比”表示两个比较项的不同,在近代汉语中曾是“比”的一种比较常见的用法。张赪(2010)指出:“不比”的这种用法在唐诗中已经出现了,如“老夫不比少年儿,不中数与春别离(唐·王建《春去曲》)”,而且“不比”在唐代只能表示平比的不同,从宋代开始,发展出“不如”的差比用法,后来差比用法不断发展,到了现代汉语中“不比”只能表示差比,平比的用法则消失了①(张赪,2010:85—90)。但是,民国时期的语料中也发现了一些“不比”表示平比的用法。例如:

(83) 可是我爱这“自己的祖母”,她不比家里的祖母一般老;她年青,好看,穿着描金的红衣服,戴着珠冠,和我母亲的像差不多。(鲁迅《彷徨·孤独者》)

(84) 我这时又忽地想到这里积雪的滋润,著物不去,晶莹有光,

---

① 张文中所举唐诗用例,因其后未出现表结果的词语,只能看作表平比关系的句子,而非本书所说的平比句式。

不比朔雪的粉一般干，大风一吹，便飞得满空如烟雾。（鲁迅《彷徨·在酒楼上》）

统计了检阅的明清语料中的“比”类双标记平比句使用情况，具体使用频次见表 5.8 和 5.9。

表 5.8　明代语料中的“比”类双标记平比句使用情况

语料	北方方言背景					南方方言背景							合计
	三国演义	三遂平妖传	水浒传	金瓶梅	醒世姻缘传	封神演义	西游记	喻世明言	警世通言	醒世恒言	初刻拍案惊奇	二刻拍案惊奇	
次数	1	0	1	15	0	8	37	4	0	18	1	7	92

表 5.9　清代语料中的“比”类双标记平比句使用情况

语料	北方方言背景					南方方言背景			合计
	红楼梦	歧路灯	品花宝鉴	儿女英雄传	小额	何典	海上花列传	九尾龟	
次数	11	0	0	0	0	0	7	5	23

从表 5.8、表 5.9 以及前面的分析可以看出：在所考察的语料中，“比”类双标记平比句，无论明代还是清代，都是南方方言背景语料中出现较多。清代《红楼梦》中虽然出现了 11 例“比”类双标记平比句，是出现频次最高的语料，但是这些用例都出自《红楼梦》前 80 回，且多出自对话部分。笔者认为，可能是因为曹雪芹自己曾在南京生活，而《红楼梦》的主人公也多为南方人，作者为了凸显这一地域特点而有意为之。另外，《彷徨》中出现的这 2 例，可能也是跟鲁迅的吴方言背景有关。

2.2.4　特殊双标记平比句

在所检阅的明代语料中，还有一类特殊的双标记平比句，这类句式的前标记或者后标记均为糅合式标记，有“(X)比似Y一般”“X象似Y一般”“X与Y一般样”“X如Y一样相同”“X似Y一般相似”，共5例。即：

(85) 宋江见晁盖死了，比似丧考妣一般，哭得发昏。(《水浒传》第60回)

(86) 狄员外自己走过店去与薛教授相见了，叙了些履历。狄员外教家里另取过茶去吃了。讲话中间，倒象似旧日的相知一般。(《醒世姻缘传》第25回)

(87) 俊卿私下自笑道：“看我做甚？岂知我与你是一般样的！”(《二刻拍案惊奇》卷十七)

(88) 云霄执剑相迎，碧霄又祭金斗，只见金斗显扬，目观不明，也将广成子拿入黄河阵内，如赤精子一样相同，不必烦叙。(《封神演义》第50回)

(89) 燕青歇下担儿，分开人丛，也挨向前看时，只见两条红标柱，恰似坊巷牌额一般相似。(《水浒传》第74回)

这类双标记平比句或者是前标记由两个象似义动词“比”“象”分别与“似”糅合而成，或者是后标记或是由比较助词“一般”与“样”“相似”糅合而成，或是由“一样”和形容词“相同”糅合而成。这几组词语义相近，糅合后的用法晚于糅合前的用法，糅合之后语义也得以强化①。但由于前标记词“与”“如”“似”“比”等的衰落，这种糅合式很快也就消失了。

2.3 小结

通过以上分析和数据统计可以看出，明清汉语的平比句具有以

① 关于句式糅合原则，叶建军(2013、2020)有过详细论述，本书所考察的这几类特殊双标记句与此糅合原则基本相符。具体可参看叶建军：《近代汉语句式糅合现象研究》，商务印书馆，2020年，第7页。

下几个特点：

第一，单、双标记平比句较前代使用频次都有显著增加，双标记尤甚，但单、双标记使用频次差别很大，单标记平比句使用频次仅是双标记平比句的十分之一强。双标记比平比句占绝对优势，也就意味着此期平比句型式已经非常接近现代汉语。

第二，从比较标记来看，单标记类型较少，仅有"如""若""像""似""比""如同"等6种，"似"的使用频次稍高于"如"。双标记类型众多，同一前标记，可以和不同后标记搭配，构成众多搭配类型。在所检阅语料中，这些搭配类型已达30余种。前标记中，以北方方言为背景的语料，"与"字句居多，但随着时间的推移，"与"字句与"和"字句二者用例呈现出此消彼长的关系："与"字句整体有下降趋势，"和"字句整体有上升趋势；南方方言为背景的语料中，"和"字句使用最多，"比"字句、"搭"字句基本上也只出现在南方方言为背景的语料中；"跟"字句在清晚期北方方言为背景的语料中已经萌芽，但使用频次极低，南方方言为背景的语料中20世纪以后才偶见用例。这与现代汉语中"跟"也主要出现于北方口语语料相契合。"比"字双标记平比句主要出现在南方方言背景的语料中。后标记中，"一般"使用频次最高（131次），其次是"一样"（100次）；以北方方言为背景的语料中，"一样"使用占优势，"一般"出现频次较低；南方方言为背景的语料情况相反。

第三，从比较结果看，南北方言为背景的语料基本没有差异，双标记平比句的比较结果多由后比标记"一样""一般""相同""不同"等兼任。在有比较结果的句子中，比较结果形式相对单一，大多都是形容词，但复音节化趋势明显；另外，也偶尔是谓词性结构。

第四，从平比句语序变化来看，单标记平比句中，明清时期"基准+结果"的使用频次（33次）已超过了"结果+基准"（32次）。其中，"基准+结果"式北方方言背景的语料中出现了22次，南方方言背景的语料中出现了 11 次，二者差异显著①。从这一点上可以说，北方方言背景的语料中单标记平比句语序变化的脚步要更快一些。

三、明清汉语中的比拟句和比拟式

根据是单独成句还是在句中充当限定语或补语的结构形式，将明清汉语中的比拟分为两类：一类是单独成句的比拟句，一类是在句中充当句法成分的比拟式。分别讨论如次。

3.1 比拟句

在所统计的明清汉语语料中，比拟句共出现了 4002 次。根据比拟标记的数量，分为单标记比拟句和双标记比拟句两种。

3.1.1 单标记比拟句

指只有一个比拟标记的句子，在所统计的明清语料中，共出现了 3222 次，占整个比拟句总量的 80.51%。在此类句子中，比拟标记有时出现在喻体前，有时出现在喻体后；有的出现比拟结果，有的不出现比拟结果。主要格式有："X+如/若/犹/似/象（像/相）/比/是+Y"②"X+如同/犹如/有如/有若/犹似/有似/仿佛/宛然/好比/好象（像）/宛然如+Y""X+W+如/若/似/比+Y""X+如/似/比/有+Y+W""X 不亚如+Y+W""Y 相似/一般/似的/也似/也似的"等。下面分别讨论如次。

3.1.1.1 X+如/若/犹/似/象（像/相）/比/是+Y

这一格式是比拟句的基本结构，在所考察明清语料中，也是使用频次最高的一类比拟句，共出现了 2677 次，占单标记比拟句总量的

---

① 在所检阅语料中，北方方言背景语料中，"如/若/似"类单标记平比句出现了 37 次，其中"基准+结果"22 次，"结果+基准"15 次；南方方言背景语料中，"如/若/似"类单标记平比句出现了 28 次，其中"基准+结果"11 次，"结果+基准"17 次。

② 在所检阅明清时期语料中，像义动词"像"有时也写作"象""相"，以"象"居多。这三种不同书写形式在用法上并无区别，应该只是不同时期、不同作者习惯不同所致。因此，例句中仅根据语料原貌加以呈现，不再作特别说明。

83.09%，占整个比拟句总量的66.89%。比拟词"如""若""似""犹"等上古汉语已经出现，"象""比""是"唐代始现。从使用频次看，在所考察明清语料中，"X+如+Y"格式最多，共出现1752次；其次是"X+似+Y"，共769次；"X+若+Y"119次，"X+像+Y"28次，"X+犹/比/是+Y"很低，分别只有2次、3次和4次。例如：

(1) 生得身长七尺五寸，两耳垂肩，双手过膝，目能自顾其耳，面如冠玉，唇若涂脂。(《三国演义》第1回)

(2) 及至回家，那贼模样越发不似个人，通似个鬼！(《醒世姻缘传》第39回)

(3) 那一边乃是一棵西府海棠，其势若伞，丝垂翠缕，葩吐丹砂。(《红楼梦》第17回)

(4) 春闲期近也，望帝京迢递，犹在天际。(《警世通言》卷六)

(5) 袅袅腰肢，如不舞的迎风杨柳；亭亭体态，像不动的出水芙蕖。(《二刻拍案惊奇》卷三十五)

(6) 歌喉遏巫峡之云，皓腕比蓝田之玉。(《九尾龟》第155回)

(7) 那河台本是河工上的一个虫儿，他有甚么不懂的？(《儿女英雄传》第2回)

例(7)中"虫儿"本指大虫、老虎，在这里借指某方面的头领。在所考察的语料中，"X是Y"类比拟句有的是把人当成物来写，如《儿女英雄传》中的3例(包括例7)；有的是把甲物当成乙物，如《何典》中的1例。即：

(8) 老话头：铜钱银子是人身上的垢，鸭背上的水，去了又来。(《何典》第3回)

统计所检阅的明清语料中此类比拟句的使用情况，具体使用频次见表5.10和5.11。

表 5.10　明代汉语中"X+如/若/犹/似/象(像/相)/比/是+Y"比拟句使用情况

比拟词	语料及使用频次												合计
	北方方言背景					南方方言背景							
	三国演义	三遂平妖传	水浒传	金瓶梅	醒世姻缘传	封神演义	西游记	喻世明言	警世通言	醒世恒言	初刻拍案惊奇	二刻拍案惊奇	
如	199	89	250	22	56	399	187	64	126	51	12	76	1 531
若	19	6	12	8	0	13	21	3	9	1	1	2	95
犹	1	0	0	0	0	0	0	0	1	0	0	0	2
似	21	34	76	9	21	247	148	24	32	18	23	23	676
象	0	0	0	2	0	0	0	0	0	0	0	0	2
是	0	0	0	0	0	0	0	0	0	0	0	0	0
比	0	0	0	0	0	0	0	0	0	0	0	0	0
合计	240	129	338	41	77	659	356	91	168	70	36	101	2 306

表 5.11　清代汉语中"X+如/若/犹/似/象(像/相)/比/是+Y"比拟句使用情况

比拟词	语料及使用频次								合计
	北方方言背景					南方方言背景			
	红楼梦	歧路灯	品花宝鉴	儿女英雄传	小额	何典	海上花列传	九尾龟	
如	28	48	89	24	1	5	2	24	221
若	12	1	8	0	0	0	0	3	24
犹	0	0	0	0	0	0	0	0	0
似	19	8	16	8	1	0	9	32	93

续　表

比拟词	语料及使用频次								合计
	北方方言背景					南方方言背景			
	红楼梦	歧路灯	品花宝鉴	儿女英雄传	小额	何典	海上花列传	九尾龟	
象	3	0	17	6	0	0	0	0	26
是	0	0	0	3	0	1	0	0	4
比	0	0	0	0	0	0	0	3	3
合计	62	57	130	41	2	6	11	62	371

从表5.10和表5.11以及前面的分析可以看出，明清汉语不带比拟结果的前单比拟标记句，无论南北方，都以"X+如+Y"为最主要的格式；从地域差异看，随着时间推移，北方方言背景语料中的比拟词"如"和"似"总体呈此消彼长的态势①，南方方言背景语料中二者变化不明显。

3.1.1.2　X+如同/犹如/有如/有若/犹似/有似/仿佛/宛然/好比/好象(像)/宛然如+Y②

这类比拟标记多为同义连用形式，大多唐宋已有使用。明清时期，这类比拟句使用频次都比较低，除"如同""犹如""有如"外，其他比拟词分布也很有限，且大多仅出现在某部或某几部语料中。在所统计明清汉语语料中，这类比拟句共出现了150次，占单标记比拟句总量的4.66%。例如：

---

①　明代汉语中，北方方言背景语料中"如"共出现616次，"似"出现161次，二者使用比为3.8∶1；清代汉语中，北方方言背景语料中"如"共出现190次，"似"出现52次，二者使用比为3.6∶1。

②　明清汉语语料中，像义动词"似"经常受副词"好""恰""真"等修饰，形成"好似""恰似""真似"等双音节结构，例如"眼光闪烁，好似灶底双灯。"(《西游记》第8回)这些结构出现时间不长，在明清以至现代汉语中使用频次都不太高，所以本书把这类表达形式都放在了"X+似+Y"中讨论，计算使用频次时也放在此处。

（9）少顷斋至，那八戒放量吞餐，如同饿虎。（《西游记》第87回）

（10）大披挂七零八断，犹如急雨打残花。（《金瓶梅》第37回）

（11）身长八尺，豹头燕领，环眼骨浅，有如一个距水断桥张翼德，原水镇上王彦章。（《警世通言》卷十九）

（12）士隐意欲也跟了过去，方举步时，忽听一声霹雳，有若山崩地陷。（《红楼梦》第1回）

（13）左右却如金桶，东西犹似铜钟。（《西游记》第73回）

（14）垂着个安禄山的大肚，看外像，有似弥勒佛身躯。（《醒世姻缘传》第15回）

（15）瑞珊点头微笑，回想在津所见，果然与乌公所说前后相符，直仿佛霹雳一声，云雾尽散，把心里的一段疑团，豁然醒悟。（《春阿氏》第18回）

"仿佛"作为像义动词产生较早，东汉即有使用，但进入到比拟句中比较晚，唐宋时期才开始和"若""似"组成"仿佛若""仿佛似"等复合比拟标记，进入比拟句中。如"其人颇勇，直冲过去，见其皆似人形，仿佛如庙社泥塑未装饰者"（《朱子语类》卷六十三）。元代以后，这种复标比拟句式衰落，"仿佛"可作为比拟标记单独使用，但用例很少。

（16）春航只管的笑，犹细细的把那相公摹想，想了一会，那相貌声音，丰神情韵，便宛然一辆大骡车，那相公坐在面前，便不言不语的傻笑。（《品花宝鉴》第12回）

"宛然"作为比拟标记，中古已经萌芽，但喻体多为谓词性成分，不是典型的比拟句。明清时期，比拟标记"宛然"使用依然较少，有时也可与像义动词"如""似"组成"宛然如""宛然似"等复合比拟标记，进入比拟句中。例如：

(17) 忽一阵狂风，卷起帐幔，现出女娲圣像，容貌瑞丽，瑞彩翩跹，国色天姿，宛然如生，真是蕊宫仙子临凡，月殿嫦娥下世。(《封神演义》第1回)

“好比”作为比拟词①，清代才开始出现用例，仅2例，均出现在《儿女英雄传》中。即：

(18) 分明是变化不测的神龙，好比那慈悲度人的菩萨！(《儿女英雄传》第5回)

(19) 讲到安太太这面，这件事真好比风中搅雪，这回书又不免节外生枝。(《儿女英雄传》第40回)

“好像”作为表比拟的像义动词，明末就已经开始出现，和“般”一起构成“好像……般”比拟式，在句中做状语。清代，“好像”也可出现在比拟句中，本体、喻体既有体词性结构，也有谓词性结构，还有小句。例如：

(20) 剃得光光的头，顶平额满，好像一个紫油钵盂儿，身材不高不矮，腰圆背厚，穿一件新白纺绸衫子，脚下是一双新缎靴，衣衿上露了半个槟榔口袋。(《品花宝鉴》第23回)

(21) 黛玉忽然听见邱八答应放他，这一喜非同小可，好像那寒儒登第，枯木逢春。(《九尾龟》第25回)

例(20)中，本体为名词“头”，喻体也是名词“紫油钵盂儿”；例(21)中本体为体词性结构“这一喜”，喻体为并列小句“那寒儒登第，枯木逢春”。

---

① “好比”作为像义动词，在清代还比较常见，但有些用法是以Y打比方来说明X，句子的核心不是凸显二者的相似点，而是要凸显所陈述事物X的某种特征，在“X好比Y”之后一般都还有其他小句，来补充说明这种特征，例如：“说着说着，那个气好比烟袋换吹筒，吹筒换鸟枪，鸟枪换炮，越吹越壮了。”(《儿女英雄传》第36回)这类“X好比Y”句式本书认为不是典型意义上的比拟句，在统计比拟句使用频次时，也不包括此类句式。

“好像”的词化过程与“好比”一样，都是程度副词与像义动词在音步规律作用下固化的结果。

统计所检阅的明清语料中此类双标记比拟词的使用情况，具体使用频次见表 5.12 和 5.13。

表 5.12　明代汉语中“X+如同/犹如/有如/有若/犹似/有似/仿佛/宛然/好比/好象(像)/宛然如 Y”比拟句使用情况

比拟词	语料及使用频次												合计
	北方方言背景					南方方言背景							
	三国演义	三遂平妖传	水浒传	金瓶梅	醒世姻缘传	封神演义	西游记	喻世明言	警世通言	醒世恒言	初刻拍案惊奇	二刻拍案惊奇	
如同	4	2	8	2	0	10	1	1	1	0	3	7	39
犹如	2	0	1	6	0	16	7	0	3	5	2	9	51
有如	0	2	2	2	1	0	0	0	2	0	0	1	10
有若	0	0	0	0	0	0	0	0	0	0	0	0	0
犹似	0	0	0	0	0	0	2	0	0	0	0	0	2
有似	1	0	1	0	0	0	0	0	1	0	0	1	4
仿佛	0	0	0	0	0	0	0	0	0	0	0	0	0
宛然	0	3	0	0	0	0	0	0	1	0	0	4	8
好比	0	0	0	0	0	0	0	0	0	0	0	0	0
好象	0	0	0	0	0	0	0	0	0	0	0	0	0
宛然如	0	0	0	0	1	1	1	0	0	0	0	0	3
合计	7	7	12	10	2	27	11	1	8	5	5	22	117

表 5.13　清代汉语中"X+如同/犹如/有如/有若/犹似/有似/仿佛/宛然/好比/好象(像)/宛然如 Y"比拟句使用情况

比拟词	语料及使用频次								合计
	北方方言背景					南方方言背景			
	红楼梦	歧路灯	品花宝鉴	儿女英雄传	小额	何典	海上花列传	九尾龟	
如同	2	0	0	3	0	0	0	0	5
犹如	0	1	3	0	0	4	0	0	8
有如	0	0	0	2	0	2	0	0	4
有若	1	0	0	0	0	0	0	0	1
犹似	1	0	0	0	0	0	0	0	1
有似	0	0	0	0	0	0	0	1	1
仿佛	0	0	0	2	0	0	0	0	2
宛然	0	0	1	0	0	0	0	0	1
好比	0	0	0	2	0	0	0	0	2
好象	0	0	2	0	0	0	2	4	8
宛然如	0	0	0	0	0	0	0	0	0
合计	4	1	6	9	0	6	2	5	33

从表 5.12、表 5.13 与前面的分析可以看出,明代汉语中双标记比拟句的使用频次明显高于清代,尤以中古和唐宋就已出现的"犹(有)如、如同"最为常见。从地域角度看,尚无明显差异。与前期同类双标记比拟句相比,喻体复杂化程度增高,经常以某种结构或小句的形式,如上例中的(19)(21)。

3.1.1.3 X+W+如/若/似/比+Y

明清比拟句中，比拟结果位于喻体之前的，还时或可见，但比拟标记仅限于"如""若""似""比"4个，比拟结果基本为形容词。在所统计明清汉语语料中，这类比拟句共出现了312次，占单标记比拟句的9.68%。例如：

(22) 其家之东南，有一大桑树，高五丈余，遥望之，童童如车盖。(《三国演义》第1回)

(23) 身穿一件浅黄衣，足踏一双莎蒲履。雄雄纠纠若凶神，急急忙忙如恶鬼。(《西游记》第89回)

(24) 刘姥姥便站起身来，高声说道："老刘，老刘，食量大似牛，吃一个老母猪不抬头。"(《红楼梦》第40回)

(25) 只见他云鬓蓬松，芙蓉惨淡，瘦比经秋之燕，弱不禁风；娇如解语之花，含情欲涕。(《九尾龟》第25回)

在这类比拟句中，本体和喻体都是体词性成分，属于典型的比拟句。比拟结果也既有复音节形容词，如例(22)(23)，也有单音节形容词，如例(24)(25)。

统计所检阅的明清语料中"X+W+如/若/似/比+Y"比拟句使用情况，具体使用频次见表5.14和5.15。

表5.14 明代汉语中"X+W+如/若/似/比+Y"比拟句使用情况

比拟词	语料及使用频次												合计
	北方方言背景					南方方言背景							
	三国演义	三遂平妖传	水浒传	金瓶梅	醒世姻缘传	封神演义	西游记	喻世明言	警世通言	醒世恒言	初刻拍案惊奇	二刻拍案惊奇	
如	20	10	9	12	9	21	46	5	15	10	2	3	162
若	4	2	0	0	0	1	3	1	1	0	0	0	12

续　表

比拟词	语料及使用频次												合计
	北方方言背景					南方方言背景							
	三国演义	三遂平妖传	水浒传	金瓶梅	醒世姻缘传	封神演义	西游记	喻世明言	警世通言	醒世恒言	初刻拍案惊奇	二刻拍案惊奇	
似	3	4	6	3	7	0	31	1	7	2	0	3	67
比	0	0	0	0	0	0	0	0	0	0	0	0	0
合计	27	16	15	15	16	22	80	7	23	12	2	6	241

表 5.15　清代汉语中“X+W+如/若/似/比+Y”比拟句使用情况

比拟词	语料及使用频次								合计
	北方方言背景					南方方言背景			
	红楼梦	歧路灯	品花宝鉴	儿女英雄传	小额	何典	海上花列传	九尾龟	
如	3	16	17	5	0	2	0	3	46
若	5	1	2	0	0	0	0	4	12
似	2	5	2	2	0	0	0	0	11
比	0	0	0	0	0	0	0	2	2
合计	10	22	21	7	0	2	0	9	71

从表5.14、表5.15以及前面的分析可以看出：此类格式中使用频次最高的比拟词仍是“如”，其次是“似”；从时间上看，明代使用频次明显高于清代；从地域看，清代南方方言背景语料中，无一例“似”字句，其他比拟词则无明地域性差异。在所有语料中，《西游记》使用频次最高，占到了此类比拟标记的四分之一强。

3.1.1.4　X+如/似/比/有+Y+W

在所检阅明清语料的比拟句中，比拟结果位于比拟标记之后的，无论是比拟标记还是总体用例，都比较少见。比拟标记仍仅限于"如""似""比""有"4个，共出现了55次，占单标记比拟句的1.71%。其中，"X+如+Y+W"最多，共有30次，占此类比拟句式总量的一半还强；其次是"X+似+Y+W"，共有23次；"X+比+Y+W""X+有+Y+W"各1例。例如：

(26) 节如泰山重，命似鸿毛轻。(《三国演义》第114回)

(27) 众人觉得金小宝这双俊眼如秋月光明，如宝珠闪烁，一顾一盼华彩非常。(《九尾龟》第16回)

(28) 果然是比玉生香，如花有韵，丰姿婀娜，骨格轻盈，心上十分欢喜。(《九尾龟》第42回)

(29) 后来那些丫头老婆们都说是山子上一个毛烘烘的东西，眼睛有灯笼大，还会说话，把他二奶奶赶了回来，唬出一场病来①。(《红楼梦》第102回)

例(28)中"比"和"如"相对出现，例(29)中比拟结果"大"虽然是表度量，但本体"眼睛"和喻体"灯笼"不仅不属于同一属概念，而且从生活常识看，二者大小差别悬殊，所以这两例均可视为比拟句。

统计所检阅的明清语料中"X+如/似/比/有+Y+W"比拟句使用情况，具体使用频次见表5.16和5.17。

从表5.16、表5.17以及前面的分析可以看出：此类格式无论使用频次还是具体分布，都与比拟结果前置的"X+W+如/若/似/比+Y"比拟句呈现出高度一致性。比较特殊的是清代语料中，此类句式除1例外，其他用例都出现在《九尾龟》中；这仅有的1例，还是清代新出现

① 《红楼梦》中"有……大"共出现了2例，结构形式一样，本体(比较项)和喻体(基准项)均为体词性结构，但1例为平比句(见本章"平比句"部分)，1例为比拟句。判断依据为两个比较参项是否属于同一属概念。

的"X+有+Y+W"式。从这一点上看,清代汉语中"喻体+比拟结果"式比拟句基本已趋消亡。

表 5.16　明代汉语中"X+如/似/比/有+Y+W"比拟句使用情况

比拟词	语料及使用频次												合计
	北方方言背景					南方方言背景							
	三国演义	三遂平妖传	水浒传	金瓶梅	醒世姻缘传	封神演义	西游记	喻世明言	警世通言	醒世恒言	初刻拍案惊奇	二刻拍案惊奇	
如	2	2	0	5	3	1	10	0	2	0	1	3	29
似	1	4	0	3	4	2	4	0	0	1	1	2	22
比	0	0	0	0	0	0	0	0	0	0	0	0	0
有	0	0	0	0	0	0	0	0	0	0	0	0	0
合计	3	6	0	8	7	3	14	0	2	1	2	5	51

表 5.17　清代汉语中"X+如/似/比/有+Y+W"比拟句使用情况

比拟词	语料及使用频次								合计
	北方方言背景					南方方言背景			
	红楼梦	歧路灯	品花宝鉴	儿女英雄传	小额	何典	海上花列传	九尾龟	
如	0	0	0	0	0	0	0	1	1
似	0	0	0	0	0	0	0	1	1
比	0	0	0	0	0	0	0	1	1
有	1	0	0	0	0	0	0	0	1
合计	1	0	0	0	0	0	0	3	4

3.1.1.5 X 不亚如+Y+W

在所检阅明清语料中,此类比拟句仅出现过1次。即:

(30) 一片银镀金的浓胡子绕来满口,不亚如溪边茅草乱蓬蓬。(《儿女英雄传》第37回)

“不亚如”即“不亚于”“不同于”,但“胡子”与“茅草”分属不同属概念,所以将此句视为比拟句。

3.1.1.6 (X)Y相似/一般/似的/也似/也似的

在所检阅明清时期语料中,比拟句中还出现了这种比拟标记位于喻体之后的用例,但出现频次较低,一共只有27次。其中“Y相似”4次,“Y一般”13次,“Y似的”7次,“Y也似”2次,“Y也似的”1次,大多出现在北方方言背景的语料中①。在这些比拟句中,“相似”“一般”不仅是比拟标记,同时也能表示出本体和喻体之间的相似程度。例如:

(31) 去那绿茸茸芳草地上,八个马蹄,翻盏撒钹相似,勃喇喇地风团儿也似般走。(《水浒传》第13回)

(32) 似哥有福,出落的恁四个好姐姐,水葱儿的一般,一个赛一个,却怎生好!(《金瓶梅》第22回)

(33) 恰好这班少年从出场起便热锅上的蚂蚁一般,到了这日,那里还在家里坐得住?(《儿女英雄传》第35回)

在这些用例中,有1例“Y一般”后出现了比拟结果。即:

(34) 我清早摸他的头,真正火炭儿一般热的。(《歧路灯》第19回)

---

① “Y相似”4次均出现在《水浒传》中;“Y一般”13次,包括《金瓶梅》5次,《初刻拍案惊奇》1次,《醒世姻缘传》1次,《歧路灯》3次,《儿女英雄传》1次,《何典》2次;“Y似的”7次,包括《金瓶梅》1次,《醒世姻缘传》6次;“Y也似”2次、“Y也似的”1次均出自《金瓶梅》中。

"Y 似的""Y 也似""Y 也似的"集中出现在《金瓶梅》和《醒世姻缘传》中①。例如：

(35) 怪小淫妇儿，如何狗挝了脸似的？(《金瓶梅》第 46 回)

(36) 那街上挤住的人，封皮似的，挤得透么。(《醒世姻缘传》第 10 回)

(37) 何必大惊小怪，见鬼也似。(《金瓶梅》第 30 回)

(38) 人家当的，好也歹也，黄狗皮也似的，穿在身上教人笑话，也不长久，后还赎的去了。(《金瓶梅》第 46 回)

比拟助词"似的""也似""也似的"的地域分布与元代"也似"地域分布一脉相承。

从以上的分析可以看出，明清时期的单标记比拟句以不带比拟结果为常，共 2 855 次，占单标记比拟句总数的 88.6%，这可能与比拟句本身的性质相关。比拟强调两事物的相似点，把甲物当作乙物来描写，或者把人当作物或把物当作人来描写。通过特定的修辞手法，描写(甚至夸张描写)本体和喻体的相似点，引发种种联想，使人更容易间接地认识本体事物特征，同时也可感受到喻体特具的意蕴所表达的特定情感和意义，是复杂和多维的。没有比拟结果，更容易触发人们的想象，创造一定的意境。

在整个单标记比拟句中，"如""似"句占绝对压倒性优势，明清时期新兴的比拟标记"像""是""比""好比""好像""有"虽然使用频次很低，但随着时间推移，整体呈现出上升趋势。从时间角度看，明代单标记比拟句的使用频次总体高于清代；从使用地域来看，并无明显差异。但在所考察的 20 部语料中，《封神演义》《西游记》单标记比拟句使用频次都非常高，二者比拟句总和 1172 次，占整个单标记比拟句

---

① 这类比拟句，不少学者将其也称之为"比拟式"。此处将其放入比拟句中讨论，是因为这些"Y 似的""Y 也似""Y 也似的"在句中均用作句子而非小句的谓语，是整个句子的核心，而且有的本体承前省略，"Y 似的""Y 也似""Y 也似的"即单独成句。

的36.37%。这应该和其所表达的神魔类内容有关,多用比拟句更能引发读者的想象。

3.1.2 双标记比拟句

在所统计的明清汉语语料中,还出现了一些双标记比拟句,总共780次,占整个比拟句总数的19.49%。根据后比拟标记的不同,分别讨论如次。

3.1.2.1 “耳”类双标记比拟句

此类双标记比拟句,是古代汉语的残留,在所检阅语料中,能与此后比标记搭配的前比标记仅“如、犹”两个,也只出现在明代语料中,使用频次也很低,总计21次。其中“X 如 Y 耳”19次,“X 犹 Y 耳”2次(均见于《三国演义》)。例如:

(39) 吾斩众诸侯首级,如探囊取物耳!(《三国演义》第5回)

(40) 想着自己是好人家子弟,胸藏学问,视功名如拾芥耳。(《二刻拍案惊奇》卷十一)

(41) 操谓松曰:“吾视天下鼠辈犹草芥耳。大军到处,战无不胜,攻无不取,顺吾者生,逆吾者死。汝知之乎?”(《三国演义》第60回)

这类比拟句大都出现在对话中,应是作者考虑到人物身份,故意仿古的结果,而非当时语言实际的反映。

3.1.2.2 “一般”类双标记比拟句

“一般”作为后标记,能与其搭配的前标记很多,有“如、若、似、象、是、当、和、如同、犹如、好像”等,在所统计明清汉语语料中,共出现660次,占整个双标记比拟句的84.87%。其中最常见的是“如”“似”“象”,与“和”“当”搭配的都只有1例。例如:

(42) 看见他两个踱来,把双蹄跪地,如拜诉的一般。(《初刻拍案惊奇》卷三十七)

(43) 只见半空里一片红光,唰,好似一朵彩霞一般,噗,一直的飞

到面前。(《儿女英雄传》第6回)

(44) 我也极知道公婆是该孝顺的、丈夫是该爱敬的,但我不知怎样一见了他,不由自己就象不是我一般,一似他们就合我有世仇一般,恨不得不与他们俱生的虎势。(《醒世姻缘传》第59回)

(45) 颜氏听说要分开自做人家,眼中扑簌簌珠泪交流,哭道:"二位伯伯,我是个孤孀妇人,儿女又小,就是没脚蟹一般,如何撑持的门户?……"(《醒世恒言》卷三十五)

(46) 谁知黛玉一腔心事,又窃听了紫鹃雪雁的话,虽不很明白,已听得了七八分,如同将身撂在大海里一般。(《红楼梦》第89回)

(47) 方幼恽被兰芬灌得沉迷不醒,睡在炕上犹如死狗一般。(《九尾龟》第5回)

(48) 那陆畹香的一笑一颦,竟和那章秋谷的一顾一盼互相关合,差不多就和无线电机一般,不期而然的两边相应。(《九尾龟》第30回)

(49) 你丢了一条性命,只当死了一只猫狗一般,看还是你的性命值钱,还是我的银子值钱!(《九尾龟》第25回)

在这些双标记比拟句中,"一般"大多既是后比拟标记,同时也可表示比拟结果,强调XY之间普遍的相似性。但偶尔也有些用例,在"一般"之后还有比拟结果出现,以明确X与Y具体的相似点。例如:

(50) 那些家人起初像火一般热,到此时化做冰一般冷,犹如断线偶戏,手足撣软,连话都无了。(《醒世恒言》卷六)

(51) 他如今十四五岁,只是一个嫩芽儿,学问是纱縠一样儿薄,骨力是冰凌一般儿脆,待人接物,心中没有把握,少不的以臆见从事。(《歧路灯》第96回)

有时候比拟结果也可出现在喻体之前，这种情况极为罕见。例如：

（52）西门庆又舒手摸弄他香乳，紧紧就就赛麻圆滑腻。一面扯开衫儿观看，白馥馥犹如莹玉一般[①]。（《金瓶梅》第59回）

在这类比拟句中，“一般”除了与这些比拟词搭配外，偶尔也和一些同义连用的比拟标记如“犹赛、赛过”等搭配使用，在所检阅语料中，这些格式各有1例。即：

（53）其喘息之声，往来之势，犹赛折床一般，无处不听见。（《金瓶梅》第42回）

（54）那张嘴头子又巧于应变，赛过刀一般快。（《醒世恒言》卷三十）

“赛”在明清时期，主要表示差比，但在南方方言中也有时也可表示平比或比拟。在例（53）（54）中，“犹赛”“赛过”和平比标记“一般”杂糅使用，均表比拟，例（54）同时还带有比拟结果，使比较点更加凸显。

在这类比拟句中，“一般”有时也与后比标记“般”“同”连用，复合为“一般般”“一般同”。例如：

（55）化做落伽仙景界，真如南海一般般。（《西游记》第42回）

（56）面如傅粉一般同，似丹砂一点血。（《封神演义》第5回）

统计所检阅的明清汉语语料中“一般”类双标记比拟句使用情况，具体使用频次见表5.18和5.19。

---

① 此例中的“紧紧就就赛麻圆滑腻”中的“赛”既可理解为“胜过”，也可理解为“如同”。如果按后者理解，该句格式就应该归入到“X+比拟词+YW”类比拟句中。因为这种两可理解，所以在统计数据时，未将此例“赛”字句列入。

表 5.18 明代汉语中“一般”类双标记比拟句使用情况

前比拟词	语料及使用频次												合计
	北方方言背景					南方方言背景							
	三国演义	三遂平妖传	水浒传	金瓶梅	醒世姻缘传	封神演义	西游记	喻世明言	警世通言	醒世恒言	初刻拍案惊奇	二刻拍案惊奇	
如	1	9	14	13	80	27	17	6	3	13	2	8	193
若	0	0	0	0	0	1	0	0	0	0	0	0	1
似	2	10	8	16	1	32	10	2	0	0	3	5	89
象	0	3	0	5	0	64	0	4	0	4	1	10	91
是	0	0	1	5	1	0	0	0	0	0	0	0	7
当	0	0	0	0	0	0	0	0	0	0	0	0	0
如同	0	0	1	3	0	5	0	0	0	0	0	0	9
像似/比似	0	0	0	0	1	0	0	0	0	0	0	0	1
犹如	0	1	0	2	0	2	0	0	0	1	0	3	9
好/恰像	0	0	0	1	1	0	0	0	0	1	0	3	6
犹赛/赛过	0	0	0	1	0	0	0	0	0	1	0	0	2
合计	3	23	24	46	84	131	27	12	3	20	6	29	408

从表 5.18 和表 5.19 以及前面分析可以看出，后比拟标记“一般”搭配功能强大，且形式丰富多样。从地域角度看，南方方言背景语料中出现频次较高，类型也相对丰富，尤其是在《封神演义》和《九尾龟》两部语料中。从时间角度看，此类双标记比拟句，明代使用频次稍低

于清代①,但前标记类型也比清代丰富一些。另外,随着时间推移,“一般”更倾向于使用在南方方言背景的语料中②。

表 5.19 清代汉语中“一般”类双标记比拟句使用情况

前比拟词	语料及使用频次								合计
	北方方言背景					南方方言背景			
	红楼梦	歧路灯	品花宝鉴	儿女英雄传	小额	何典	海上花列传	九尾龟	
如	16	30	13	0	0	0	6	46	111
若	1	0	0	0	0	0	0	0	1
似	9	0	0	4	0	0	6	30	49
象/像	10	3	0	3	0	6	10	9	41
是	0	8	0	0	0	0	1	3	12
当	0	0	0	0	0	0	0	1	1
和	0	0	0	0	0	0	0	1	1
如同	1	2	0	2	0	0	0	0	5
犹如	1	1	0	0	0	1	0	1	4
好像	0	0	0	0	0	1	3	23	27
合计	38	44	13	9	0	8	26	114	252

① 明代双标记比拟句共出现了 498 次,其中“一般”类双标记比拟句共出现了 408 次,占 81.93%;清代双标记比拟句共出现了 282 次,其中“一般”类双标记比拟句共出现了 252 次,占 89.26%。

② 明代汉语中,南方方言背景语料中“一般”类双标记比拟句共出现 228 次,北方方言背景语料中“一般”类双标记比拟句共出现 180 次,二者使用比为 1.27 : 1;清代汉语中,南方方言背景语料中“一般”类双标记比拟句共出现 148 次,北方方言背景语料中“一般”类双标记比拟句共出现 104 次,二者使用比为 1.42 : 1。

3.1.2.3 “一样”类双标记比拟句

双标记比拟句中,“一样”作为后标记宋代已经开始出现,但前比标记有限,只有“与”“似”两个;元代汉语中未见用例。明清时期,与“一样”搭配的前标记较多,既有像义类动词“如、似、像、是、如同、好像”等,也有介词性质的“和、跟”等,但总体出现频次都比较低。在所统计的明清语料中,一共只有45次,且使用语料有限,仅出现在《封神演义》《醒世姻缘传》《红楼梦》《歧路灯》《品花宝鉴》《小额》等几部语料中。例如:

(57) 他只见了寸把长的蜈蚣,就如那蛐蟮见了鸡群的一样。(《醒世姻缘传》第62回)

(58) 话说子牙在岐山市斗,刮叁日大风,凛凛似朔风一样。(《封神演义》第39回)

(59) 至于你我这个情,正是未发之情,就如那花的含苞一样,欲待发泄出来,这情就不为真情了。(《红楼梦》第111回)

(60) 我是不懂,倒像弹棉匠弹棉花一样,有甚好听?(《品花宝鉴》第14回)

(61) 琴言听到此,便再忍不住,不觉呜咽起来,泪珠便是线穿的一样,把一个蓝纱半臂胸前淹透了一大块。(《品花宝鉴》第21回)

(62) 后来在庆和堂又听金针刘这套话,如同凉水浇头一个样。(《小额》)

(63) 及看座子里那轮盘中,有一个绝小的小针,好像指南针一样,却是呆的,心上想道:“或者这一个针的缘故。”(《品花宝鉴》第35回)

(64) 这城里比不得乡间,衣服都要得有些。孩子们和秃尾巴鹌鹑一样,也叫人家笑话。(《歧路灯》第40回)

(65) 脊梁上跟背着一个冰一个样,只嚷:“好冷,好冷。”(《小额》)

《小额》中没有"一样",都用作"一个样",而其他同时期同地域的语料中没有这种用例,这个可能只是跟作者个人的写作习惯有关。

对明清语料中后标记为"一样"的双标记比拟句做了统计,具体使用情况见表5.20。

表5.20 明清汉语中"一样"类双标记比拟句使用情况

前比拟词	语料及使用频次						合计
	封神演义	醒世姻缘传	红楼梦	歧路灯	品花宝鉴	小额	
如	1	12	1	0	6	0	20
似	1	0	1	0	3	0	5
象/像	0	3	0	0	10	0	13
跟	0	0	0	0	0	1	1
和	0	0	0	1	0	0	1
是	0	0	0	1	1	0	2
如同	0	0	0	0	0	1	1
好像	0	0	0	0	2	0	2
合计	2	15	2	2	22	2	45

从表5.20以及前面分析可以看出,后比标记"一样",除《封神演义》2例外,其他用例均出现在北方方言背景语料中,和其搭配的前比标记也以近代汉语中新出的居多。明清语料中,后比标记"一样"无论是在平比句还是比拟句中,其使用频次均远低于与其基本同义的后比标记"一般"。从地域上看,南方方言背景的语料更倾向于使用"一般",而北方方言背景的语料更倾向于使用"一样"。另外,虽然此类比拟句中,"一般""一样"后接形容词性比拟结果的用例并不多见,

但从总体上看，前者还是稍多一些。

3.1.2.4　“相似”类双标记比拟句

“相似”作为后比标记，与其搭配的前标记有“如”“似”“象”“与”“犹如”“有若”等，仅出现在明代语料中，共有37次。例如：

(66) 四下小船，如蚂蚁相似，望大船边来。(《水浒传》第80回)

(67) 嗅得那个黑色老婆的奶纯是奶香，顿的似豆腐块相似，且又乳汁甚多。(《醒世姻缘传》第49回)

(68) 一手揭开门帘，只见狄希陈蓬头垢面，真象个活囚相似，坐在地下。(《醒世姻缘传》第63回)

(69) 那一等假要死的，原是要人害怕，往后再不敢惹他，好凭他上天入地的作恶，通似没有王子的蜜蜂一般，又与那没有猫管的老鼠相似。(《醒世姻缘传》第30回)

(70) 妇人拿在手内，对照花容，犹如一汪秋水相似。(《金瓶梅》第58回)

(71) 然后一个道士向殿角头咕碌碌擂动法鼓，有若春雷相似。(《金瓶梅》第39回)

对明清语料中后标记为“相似”的双标记比拟句做了统计，具体使用情况见表5.21。

表5.21　明清汉语中“相似”类双标记比拟句使用情况

前标记词	语料及使用频次								合计
	水浒传	西游记	金瓶梅	三国演义	警世通言	醒世恒言	喻世明言	醒世姻缘传	
如	9	1	0	2	7	2	2	3	26
似	1	0	0	0	0	0	0	2	3
象	0	0	0	0	0	0	0	5	5
与	0	0	0	0	0	0	0	1	1

续 表

前标记词	语料及使用频次								合计
	水浒传	西游记	金瓶梅	三国演义	警世通言	醒世恒言	喻世明言	醒世姻缘传	
犹如	0	0	1	0	0	0	0	0	1
犹若	0	0	1	0	0	0	0	0	1
合计	10	1	2	2	7	2	2	11	37

从表5.21可以看出,明代汉语中,在为数不多的"相似"类双标记比拟句用例中,前比标记依然以"如"为主,且主要出现在南方方言为背景的语料中。

3.1.2.5 "似的"类双标记比拟句

"似的"作为后比标记,出现频次比较低,共有17次,集中出现在《醒世姻缘传》(15次)中,《红楼梦》和《品花宝鉴》各有1例。与其搭配的前标记有"如"(1次),"象"(15次),"好象"(1次)等。例如:

(72) 人家嗔怒没给他说成秀才,催还银子如火似的。(《醒世姻缘传》第41回)

(73) 昨日晚上睡觉还是好好儿的,谁知半夜里一叠连声的嚷起心疼来,嘴里胡说白道,只说好象刀子割了去的似的。(《红楼梦》第83回)

(74) 一个小旦才出场,尚未开口,就有一个人喊起好来,于是楼上楼下,几十个人同声一喊,倒像救火似的。(《品花宝鉴》第3回)

从上面的分析可以看出,明清汉语双标记比拟句中,后标记为"一般"的比拟句使用频次最高,能与其搭配的前比标记也最多(有15个),但随着时间推移,使用频次和搭配能力总体呈下降趋势;"一样"作为和其基本同时出现的后比标记,虽然总体使用频次不高,但从明到清,无论使用频次,还是与之搭配的前标记种类,都呈现出上升趋势;"相似"

和"似的"则呈现出明显的时代特色，前者只出现在明代语料中，后者则只出现在清代语料中。从地域角度看，"相似"类无明显地域差异，"一样""似的"基本上只出现在北方方言为背景的语料中；随着时间的推移，"一般"类则更倾向于出现在南方方言背景的语料中。

3.2　比拟式

明清汉语中的比拟式种类繁多，用法丰富，在句中既可充当定语、状语、补语等修饰语或补足语，也可充当谓语、主语、宾语等核心句法成分。总体使用频次虽然不及比拟句多，但也比较常见，在所统计语料中共出现了 953 次。下面根据具体表现形式，分别讨论如次。

3.2.1　(X+)如 Y

这种比拟式在所统计的明清汉语语料中共出现了 212 次，功能最为齐全，整个结构在句中可用作补语（96 次）、状语（60 次）、定语（24 次）、宾语（16 次）、谓语（10 次）、主语（6 次）。大多数情况下，本体 X 隐含不现。例如：

（75）只是素姐气得腹胀如鼓，每日间，奴才老婆，即是称呼；歪辣淫妇，只当平话。（《醒世姻缘传》第 56 回）

（76）庄客便如飞先捧出果盒酒来。（《水浒传》第 8 回）

（77）奚十一觉得底下如热水一泡的光景。（《品花宝鉴》第 40 回）

（78）不知人心如水，每日读好书，近正人，这便是澄清时候，物来自照。（《歧路灯》第 61 回）

（79）到了交手的一场，霍春荣的一把单刀旋转如飞，满身围绕。（《九尾龟》第 50 回）

（80）举止轻浮唯好淫，眼如点漆坏人伦。（《金瓶梅》第 29 回）

以上例中的"（X+）如 Y"分别用作补语、状语、定语、宾语、谓语和主语。

对明清语料中"(X+)如+Y"比拟式使用情况进行统计,具体见表5.22和5.23。

表5.22　明代汉语中"(X+)如+Y"比拟式使用情况

句法成分	语料及使用频次												合计
	北方方言背景					南方方言背景							
	三国演义	三遂平妖传	水浒传	金瓶梅	醒世姻缘传	封神演义	西游记	喻世明言	警世通言	醒世恒言	初刻拍案惊奇	二刻拍案惊奇	
补语	6	9	8	4	16	5	8	2	7	1	2	0	68
状语	2	6	8	2	2	5	1	1	5	0	1	3	36
定语	0	2	5	0	4	1	0	0	0	0	1	0	13
宾语	0	2	0	0	4	2	0	0	2	0	0	0	10
谓语	0	0	1	0	0	8	0	0	0	0	0	0	9
主语	0	1	0	2	0	2	0	0	0	0	0	0	5
合计	8	20	22	8	26	23	9	3	14	1	4	3	141

表5.23　清代汉语中"(X+)如+Y"比拟式使用情况

句法成分	语料及使用频次								合计
	北方方言背景					南方方言背景			
	红楼梦	歧路灯	品花宝鉴	儿女英雄传	小额	何典	海上花列传	九尾龟	
补语	2	5	10	6	0	0	0	5	28
状语	1	7	9	2	0	1	0	4	24
定语	0	1	4	2	0	1	1	2	11

续　表

句法成分	语料及使用频次								合计
	北方方言背景					南方方言背景			
	红楼梦	歧路灯	品花宝鉴	儿女英雄传	小额	何典	海上花列传	九尾龟	
宾语	0	1	3	0	0	1	0	1	6
谓语	0	0	0	0	0	0	0	1	1
主语	0	0	1	0	0	0	0	0	1
合计	3	14	27	10	0	3	1	13	71

从表 5.22 和表 5.23 以及前面分析可以看出，明、清汉语中“(X+)如+Y”比拟式的使用频次虽然差异较大，但从句法功能上来说，两个时代的语料表现出了较高的一致性：该式最主要的语法功能依次都是在句中用作补语、状语和定语。

所检阅语料中还发现了 1 例“X 有/犹如 Y”比拟式，用作补语。即：

(81) 月娘与众姊妹吃了一回，但见银河清浅，珠斗烂斑，一轮团圆皎月从东而出，照得院宇犹如白昼。(《金瓶梅》第 24 回)

3.2.2　(X+)似 Y

这种比拟式在所统计的明清汉语语料中共出现了 40 次，整个结构在句中可用作补语(14 次)、状语(19 次)、定语(6 次)、主语(1 次)，没有用作谓语和宾语的情况。本体 X 多隐含不现。例如：

(82) 齐齐整整，把一座花果山造得似铁桶金城。(《西游记》第 3 回)

(83) 那边一人便俯在水面，两脚一蹬，似梭子的穿过来。(《品

花宝鉴》第20回)

(84) 不觉乌飞兔走,似箭光阴,半载有余。(《封神演义》第14回)

(85) 道人曰:“心似白云常自在,意如流水任东西。”(《封神演义》第5回)

以上例中“(X+)似+Y”分别用作补语、状语、定语和主语。

对明清语料中“(X+)似+Y”比拟式使用情况进行统计,具体见表5.24和5.25。

表5.24 明代汉语中“(X+)似+Y”比拟式使用情况

句法成分	语料及使用频次												合计
	北方方言背景					南方方言背景							
	三国演义	三遂平妖传	水浒传	金瓶梅	醒世姻缘传	封神演义	西游记	喻世明言	警世通言	醒世恒言	初刻拍案惊奇	二刻拍案惊奇	
补语	0	1	2	0	0	0	5	0	1	0	1	1	11
状语	0	0	2	1	0	3	3	0	3	0	2	1	15
定语	0	0	1	0	0	2	3	0	0	0	0	0	6
宾语	0	0	0	0	0	0	0	0	0	0	0	0	0
谓语	0	0	0	0	0	0	0	0	0	0	0	0	0
主语	0	0	0	0	0	1	0	0	0	0	0	0	1
合计	0	1	5	1	0	6	11	0	4	0	3	2	33

从表5.24和表5.25以及前面分析可以看出,“(X+)似+Y”比拟式与“(X+)如+Y”比拟式一样,在句中最主要的语法功能依然是补语和状语;随着时间推移,“(X+)似+Y”比拟式渐趋消亡。

表 5.25　清代汉语中“(X+)似+Y”比拟式使用情况

句法成分	语料及使用频次								合计
	北方方言背景					南方方言背景			
	红楼梦	歧路灯	品花宝鉴	儿女英雄传	小额	何典	海上花列传	九尾龟	
补语	0	0	2	1	0	0	0	0	3
状语	0	0	4	0	0	0	0	0	4
定语	0	0	0	0	0	0	0	0	0
宾语	0	0	0	0	0	0	0	0	0
谓语	0	0	0	0	0	0	0	0	0
主语	0	0	0	0	0	0	0	0	0
合计	0	0	6	1	0	0	0	0	7

在所检阅语料中还发现了 2 例“(X+)有似+Y”比拟式,均用作定语。即:

(86) 阮三在卧榻上听得堂中有似张远的声音,唤仆邀人房内。(《喻世明言》卷四)

(87) 老姥道:“小娘子说来,此间来万去千的人,不曾见有似舍人这等丰标的,必定是富贵家的出身。”(《二刻拍案惊奇》卷十七)

另外,《醒世姻缘传》中还有 4 例“(X)W+似+Y”比拟式用作定语的句子。例如:

(88) 虽是毒似龙、猛如虎的个婆客,怎禁得众人齐心作践!(《醒世姻缘传》第 94 回)

3.2.3　(X+)如 Y 一般

这种比拟式在所统计的明清汉语语料中共出现了 70 次,整个结构在句中可用作补语(26 次)、状语(38 次)、定语(3 次)、宾语(2 次)、主

语(1 次),没有用作谓语的情况。有时本体 X 隐含不现。例如:

(89) 次日,走到徐翰林私宅门首,与了门上人十两银子,喜得那人掇凳如马走的一般,请进晁大舍见了,拆开看了胡旦的书,收了晁大舍的金珠。(《醒世姻缘传》第 8 回)

(90) 只剩幼恽一人,无人可说,就如泥神土佛一般坐着。(《九尾龟》第 7 回)

(91) 杨大尉偶得瞥见,用势夺来,十分宠爱,立为第七位夫人,呼名筑玉,靓妆标致,如玉琢成一般的人,也就暗带着本来之意。(《二刻拍案惊奇》卷三十四)

(92) 况岁星正在通州分野,通州是安如磐石的一般。(《醒世姻缘传》第 7 回)

(93) 何止二三百回,其声如泥中螃蟹一般响之不绝。(《金瓶梅》第 29 回)

以上例中"(X+)如+Y 一般"分别用作补语、状语、定语、宾语和主语。其中例(92)还带有比拟结果(形容词"安")。

对明清语料中"(X+)如+Y 一般"比拟式使用情况进行统计,具体见表 5.26 和 5.27。

表 5.26　明代汉语中"(X+)如+Y 一般"比拟式使用情况

句法成分	语料及使用频次												合计
	北方方言背景					南方方言背景							
	三国演义	三遂平妖传	水浒传	金瓶梅	醒世姻缘传	封神演义	西游记	喻世明言	警世通言	醒世恒言	初刻拍案惊奇	二刻拍案惊奇	
补语	0	0	0	0	15	1	0	0	0	1	0	0	17
状语	0	0	11	0	10	1	1	0	1	2	0	0	26
定语	0	0	0	0	1	0	0	0	0	1	0	1	3

续 表

句法成分	语料及使用频次												合计
	北方方言背景					南方方言背景							
	三国演义	三遂平妖传	水浒传	金瓶梅	醒世姻缘传	封神演义	西游记	喻世明言	警世通言	醒世恒言	初刻拍案惊奇	二刻拍案惊奇	
宾语	0	0	0	0	2	0	0	0	0	0	0	0	2
谓语	0	0	0	0	0	0	0	0	0	0	0	0	0
主语	0	0	0	1	0	0	0	0	0	0	0	0	1
合计	0	0	11	1	28	2	1	0	1	4	0	1	49

表 5.27 清代汉语中"(X+)如+Y 一般"比拟式使用情况

句法成分	语料及使用频次								合计
	北方方言背景					南方方言背景			
	红楼梦	歧路灯	品花宝鉴	儿女英雄传	小额	何典	海上花列传	九尾龟	
补语	1	5	0	0	0	0	1	2	9
状语	3	1	0	0	0	1	0	7	12
定语	0	0	0	0	0	0	0	0	0
宾语	0	0	0	0	0	0	0	0	0
谓语	0	0	0	0	0	0	0	0	0
主语	0	0	0	0	0	0	0	0	0
合计	4	6	0	0	0	1	1	9	21

从表 5.26、表 5.27 以及前面的分析可以看出,与明代相比,"(X+)如+Y 一般"比拟式在清代汉语中不仅出现频次低,句法功能也逐渐归一,只用作状语和补语。

在所检阅语料中，还发现了 3 例“如同+Y 一般”，分别用作状语（2 例）和补语（1 例），1 例“犹如+Y 一般”，用作补语①，本体 X 全部隐现。例如：

（94） 前面雷横挺着朴刀，背后众士兵发着喊，一齐把庄门打开，都扑入里面，看时，火光照得如同白日一般明亮，并不曾见有一个。（《水浒传》第 18 回）

（95） 这妇人不听罢了，听了如同心上戳上几把刀子一般，骂了几句“负心贼”，由不得扑簌簌眼中流下泪来。（《金瓶梅》第 38 回）

（96） 陈云仙下去，只听得锣声一响，那板鼓的声音，打得犹如飘风疾雨一般，值场的掀开软帘，秋谷执刀在手，迅步登场。（《九尾龟》第 2 回）

以上例（94）（95）中“如同+Y 一般”分别用作状语、补语，例（96）“犹如+Y 一般”用作补语。

另外，在所检阅语料中还发现 8 例“如 Y 般”比拟式，全部用作状语②。例如：

（97） 那门楼上弓箭如雨点般射将来。（《水浒传》第 46 回）

（98） 所以古来达人义士，看得那仁义就似泰山般重，看得财物就如粪土般轻。（《醒世姻缘传》第 34 回）

3.2.4 （X+）如 Y 相似/也似

在所检阅语料中，此类比拟式非常少，仅 3 例，其中“（X+）如 Y 相似”1 例（用作补语），“（X+）如 Y 也似”2 例（用作状语）。即：

（99） 蓑衣里面，一片熟铜打就，披著如龟壳相似。（《水浒传》第

① “（X+）如同+Y 一般”分别出现在《水浒传》（1 例，状语）、《金瓶梅》（1 例，补语）和《儿女英雄传》（1 例，状语）；“（X+）犹如+Y 一般”出现在《九尾龟》中（1 例，补语）。

② 8 例状语分别出自《水浒传》（6 例）和《醒世姻缘传》（2 例）。

77 回)

(100) 把自己身上和王则身上的索子,就如烂葱也似都断了,枷自开了。(《三遂平妖传》第 15 回)

(101) 先假做些小买卖,慢慢衍将大来,不上几年,盖起房廊屋舍,开了解典库、粉房、磨房、油房、酒房,做的生意,就如水也似长将起来。(《初刻拍案惊奇》卷三十五)

3.2.5 (X+)似 Y 一般

这种比拟式在所统计的明清汉语语料中共出现了 38 次,整个结构在句中可用作补语(21 次)、状语(13 次)、定语(2 次)、宾语(2 次),没有用作主语和谓语的情况。比拟本体 X 有时隐含不现。例如:

(102) 薛蟠急的眼似铜铃一般,嚷道:"何苦来! 又不叫我去,又好好的赖我。将来宝玉活一日,我担一日的口舌,不如大家死了清净。"(《红楼梦》第 34 回)

(103) 说了这几句,不由得眼中珠泪好似雨点一般的落下来。(《九尾龟》第 184 回)

(104) 狄希陈取出那炮仗来,有一札长,小鸡蛋子粗,扎着头子,放的就似铳那一般怪响。(《醒世姻缘传》第 58 回)

(105) 那掌柜的因他是道里书办,教他似钟馗降小鬼的一般,那里敢动弹一动。(《醒世姻缘传》第 23 回)

以上例中"(X+)似 Y 一般"分别用作补语、状语、定语和宾语。

对明清语料中"(X+)似+Y 一般"比拟式的使用情况进行统计,具体见表 5.28 和 5.29。

通过以上表 5.26、表 5.27、表 5.28、表 5.29 以及前面的分析可以看出,"(X+)如+Y 一般"比拟式和"(X+)似+Y 一般"比拟式在句中主要功能都是用作补语和状语,前者用作状语的更多,而后者用作补语的更多,在句法功能上,二者表现出一定的互补性。从地域角度

表 5.28 明代汉语中“(X+)似+一般”比拟式使用情况

句法成分	语料及使用频次												合计
	北方方言背景					南方方言背景							
	三国演义	三遂平妖传	水浒传	金瓶梅	醒世姻缘传	封神演义	西游记	喻世明言	警世通言	醒世恒言	初刻拍案惊奇	二刻拍案惊奇	
补语	0	1	2	0	10	0	2	1	0	0	1	0	17
状语	0	1	3	1	4	1	0	0	0	0	0	0	10
定语	0	0	0	0	2	0	0	0	0	0	0	0	2
宾语	0	0	0	0	2	0	0	0	0	0	0	0	2
谓语	0	0	0	0	0	0	0	0	0	0	0	0	0
主语	0	0	0	0	0	0	0	0	0	0	0	0	0
合计	0	2	5	1	18	1	2	1	0	0	1	0	31

表 5.29 清代汉语中“(X+)似+Y 一般”比拟式使用情况

句法成分	语料及使用频次								合计
	北方方言背景					南方方言背景			
	红楼梦	歧路灯	品花宝鉴	儿女英雄传	小额	何典	海上花列传	九尾龟	
补语	3	0	0	1	0	0	0	0	4
状语	1	0	0	0	0	0	0	2	3
定语	0	0	0	0	0	0	0	0	0
宾语	0	0	0	0	0	0	0	0	0
谓语	0	0	0	0	0	0	0	0	0
主语	0	0	0	0	0	0	0	0	0
合计	4	0	0	1	0	0	0	2	7

看，“（X+）如+Y 一般”比拟式无明显地域差异；“（X+）似+Y 一般”比拟式则更倾向于使用在北方方言背景的语料中。但从总体上看，二者都呈现出消亡的趋势。

在所检阅语料中还发现了 6 例“（X+）似+Y 般 W”比拟式，均用作补语①。例如：

（106）见一月之间，西门庆也来行走三四次，与王六儿打的一似火炭般热。（《金瓶梅》第 39 回）

3.2.6　（X+）象 Y 一般

在所检阅语料中，“（X+）象+Y 一般”共出现 63 次，仅出现在《西游记》《三遂平妖传》《警世通言》《喻世明言》《醒世姻缘传》《儿女英雄传》《海上花列传》几部语料中。在句中主要用作补语和状语，有时也可用作定语，在这些用例中，本体 X 基本隐现。例如：

（107）大家忙的恨不得象孙行者一般，一个分为四五个才好。（《醒世姻缘传》第 46 回）

（108）明月，这些和尚也受得气哩，我们就象骂鸡一般，骂了这半会，通没个招声，想必他不曾偷吃。（《西游记》第 25 回）

（109）刘翁道：“我也日常在念，只是难得个十分如意的，像我船上宋小官恁般本事人才，千中选一，也就不能勾了。”（《警世通言》卷二十二）

以上例中“（X+）象+Y 一般”在句中分别用作补语、状语和定语。

对明清语料中“（X+）似+Y 一般”比拟式的使用情况进行统计，具体见表 5.30。

通过表 5.30 可以看出，明清汉语中的“（X+）像+Y 一般”类比拟式出现语料有限，且分布不均，使用频次最高的是《醒世姻缘传》，在句中主要也是用作补语和状语。

---

① 6 例补语分别出自《金瓶梅》（2 例）和《醒世姻缘传》（4 例）。

表 5.30 明清汉语中"(X+)像+Y 一般"类比拟式使用情况

句法成分	语料及使用频次							合计
	西游记	三遂平妖传	警世通言	喻世明言	醒世姻缘传	儿女英雄传	海上花列传	
补语	0	0	0	0	18	0	9	27
状语	4	1	0	3	16	1	0	25
定语	0	0	2	1	8	0	0	11
合计	4	1	2	4	42	1	9	63

在《九尾龟》中还见到了 2 例"(X+)和+Y 一般"用作状语的例子。即:

(110) 戏台上戏已经演毕,登时,那些看戏的人就和潮水一般的直拥出来。(《九尾龟》第 161 回)

(111) 要睡起来,只好和狗一般的就在那问号舍里头圈着,那里还有什么地方安放对象?(《九尾龟》第 182 回)

3.2.7 Y 似

在所检阅语料中,"Y 似"仅出现在明代汉语中,共出现了 18 次①,可用作状语(10 次)和定语(8 次)。例如:

(112) 那后生就空地当中把一条棒使得风车儿似转。(《水浒传》第 2 回)

(113) 戴一顶木瓜心攒顶头巾,穿一领银竺似白纱衫子。(《三遂平妖传》第 5 回)

上例中"Y 似"分别用作状语和定语。

① 分别是《水浒传》6 次(状语 5 次,定语 1 次),《西游记》1 次(状语),《金瓶梅》4 次(状语、定语各 2 次),《三遂平妖传》2 次(定语),《初刻拍案惊奇》2 次(定语),《喻世明言》3 次(状语 2 次,定语 1 次)。

3.2.8　Y 相似

在所检阅的明清汉语语料中，"Y 相似"共出现了 18 次①，均用作补语。例如：

（114）蔡瑁在外收拾得铁桶相似，将玄德带来三百军，都遣归馆舍，只待半酣，号起下手。（《三国演义》第 34 回）

（115）这位先生登时把脑袋摇的车轮相似。（《小额》）

《醒世恒言》中另有 1 例"Y 般相似"，也用作补语。即：

（116）不上一年，把家业挣得花锦般相似，驱奴使婢，甚有气象。（《醒世恒言》卷三）

3.2.9　Y 般/一般

在所统计的明清汉语语料中，"Y 般/一般"共出现了 148 次（其中"Y 般"比拟式明代语料未见使用），可用作补语、状语、定语、宾语和谓语。例如：

（117）陆秀才还嫌他做的不甚扎实，与他改得铁案一般，竟把个媳妇休将回去。（《醒世姻缘传》第 98 回）

（118）兄弟感承哥哥把做亲骨肉一般看待。（《水浒传》第 45 回）

（119）宝玉满口里说"好热"，一壁走，一壁便摘冠解带，将外面的大衣服都脱下来，麝月拿着，只穿着一件松花绫子夹袄，袄内露出血点般大红裤子来。（《红楼梦》第 78 回）

（120）因此人比他两个作江里吃人的水獭、水底坏船的海獭一般，叫他作"截江獭""避水獭"。（《儿女英雄传》第 21 回）

（121）看看菊花口里哼哼唧唧的，身上火炭一般，嘴唇皮结得很厚，鼻子里热气直冲，心里不忍。（《品花宝鉴》第 58 回）

---

① 分别是《三国演义》7 次，《水浒传》3 次，《西游记》1 次，《金瓶梅》3 次，《二刻拍案惊奇》1 次，《喻世明言》1 次，《小额》2 次。

以上例中“Y 般/一般”分别用作补语、状语、定语、宾语和谓语。

对明清语料中“Y 般/一般”比拟式使用情况进行统计，具体见表 5.31 和 5.32。

表 5.31　明代汉语中“Y 般/一般”比拟式使用情况

句法成分	语料及使用频次												合计
	北方方言背景					南方方言背景							
	三国演义	三遂平妖传	水浒传	金瓶梅	醒世姻缘传	封神演义	西游记	喻世明言	警世通言	醒世恒言	初刻拍案惊奇	二刻拍案惊奇	
补语	0	0	0	1	2	0	0	0	0	0	1	0	4
状语	0	0	11	2	0	0	11	0	0	1	0	0	25
定语	0	0	3	1	0	0	3	0	0	0	1	0	8
宾语	0	0	0	1	0	0	0	0	0	0	0	0	1
谓语	0	0	0	0	0	0	0	0	0	0	0	0	0
合计	0	0	14	5	2	0	14	0	0	1	2	0	38

表 5.32　清代汉语中“Y 般/一般”比拟式使用情况

句法成分	语料及使用频次								合计
	北方方言背景					南方方言背景			
	红楼梦	歧路灯	品花宝鉴	儿女英雄传	小额	何典	海上花列传	九尾龟	
补语	8	9	1	6	0	0	0	2	26
状语	4	0	1	0	0	1	0	31	37
定语	3	0	1	16	0	0	0	16	36

续　表

句法成分	语料及使用频次								合计
	北方方言背景					南方方言背景			
	红楼梦	歧路灯	品花宝鉴	儿女英雄传	小额	何典	海上花列传	九尾龟	
宾语	3	0	0	1	0	0	0	0	4
谓语	4	0	2	1	0	0	0	0	7
合计	22	9	5	24	0	1	0	49	110

从表5.31、表5.32可以看出，"Y般/一般"比拟式在清代更为常见（其中"Y般"仅出现于清代语料中），句法功能也更多样，使用频次上无明显地域差异。

所检阅语料中还可见"Y似一般"和"Y一般似W"各1例，在句中分别用作补语和定语。即：

（122）他走将来凶神似一般，大吆小喝，把丫头采的去了，反对主子面前轻事重报，惹的走来平白地把恁一场儿。（《金瓶梅》第11回）

（123）怎地及得武松虎一般似健的人，又有心来算他。（《水浒传》第29回）

3.2.10　Y也似/也似的

在所统计的明清汉语语料中，"Y也似/也似的"共出现了192次（其中"Y也似的"31次）①，可用作补语、状语、定语、宾语和谓语。例如：

（124）转过街口，只见号里一个小厮望见，飞也似跑了。（《歧路灯》第30回）

（125）看那小厮脱剥了上截衣服，玉碾也似白肉。（《三遂平妖

① 《儿女英雄传》中的8例均为"Y也似的"。

传》第 11 回)

(126) 单单只剩得一个何观察,捆做粽子也似,丢在船舱里。(《水浒传》第 19 回)

(127) 此人道:"正在内家轿边叫喊起来,随从的虞候虎狼也似,好不多人在那里,不兜住身子便算天大侥幸,还望财物哩!"(《二刻拍案惊奇》卷五)

(128) 怪囚根子,唬的鬼也似的!(《金瓶梅》第 26 回)

以上例中"Y 也似/也似的"分别用作状语、定语、宾语、谓语和补语。

对明清语料中出现过"Y 也似/也似的"比拟式用例的使用情况进行统计,具体见表 5.33。

表 5.33　明清时期汉语中"Y 也似/也似的"比拟式使用情况

句法成分	语料及使用频次											合计
	水浒传	金瓶梅	三遂平妖传	二刻拍案惊奇	警世通言	醒世恒言	喻世明言	醒世姻缘传	红楼梦	歧路灯	儿女英雄传	
补语	0	2	0	1	0	0	0	0	0	0	2	5
状语	56	19	12	23	7	2	4	16	4	20	2	165
定语	2	0	6	4	2	0	1	1	0	0	3	19
宾语	1	0	0	0	0	0	0	0	0	0	1	2
谓语	0	0	0	1	0	0	0	0	0	0	0	1
合计	59	21	18	29	9	2	5	17	4	20	8	192

从表 5.33 和前面的分析可以看出,明清时期汉语中"Y 也似/也

似的"比拟式在句中作状语已占绝对优势，但搭配比较单一，且呈现出明显的熟语化倾向（在所统计语料中，仅"飞也似"就出现了76次）。从时间上看，明代语料中使用更多；从地域上看，基本上出现在北方方言背景的语料中①。

在所检阅语料中，还有"Y也似般"（2次）、"Y也似一般"（2次）、"Y也似价"（10次）、"Y似价"（2次）等后比标记由不同时期比拟标记糅合而成的用例②。例如：

（129）那火顷刻间天也似般大。（《水浒传》第46回）

（130）那春花花枝也似一般的后生，兴趣正浓，弄得浑身酥麻。（《二刻拍案惊奇》卷十八）

（131）只那姨奶奶带了两三个婆子照料，几个村童来往穿梭也似价伺候，倒也颇为简便，且是干净。（《儿女英雄传》第15回）

（132）安太太听了，便同张太太各拈了一撮香，看着那张姑娘插烛似价拜了四拜，就把那个弹弓供在面前。（《儿女英雄传儿》第13回）

以上例中"Y也似般""Y也似一般""Y也似价""Y似价"分别用作状语（例129、131、132）和定语（例130）。

---

①　虽然南方方言背景的"三言二拍"中也有一些用例，但并不能改变"Y也似/也似的"多出现于北方方言背景的语言事实。正如前文所述，"三言二拍"这几部语料的性质比较特殊，不仅有作者自己的创作，也有不少是对已有材料的整理、编纂，但基本语言面貌仍是明代官话书面语，即当时通行的北方官话。如《二刻拍案惊奇》中，"Y也似/也似的"用作状语的23例中，仅熟语"飞也似"就有8例，这应该就是其夹杂有北方方言惯用表达的一种反映。

②　分别是《水浒传》中"Y也似般"（状语，2例）；《二刻拍案惊奇》"Y也似一般"（2例，定语）；《儿女英雄传》"Y也似价"（10例，状语6例，定语4例），"Y似价"（2例，状语）。"价"作为结构助词标记状语的用法宋代就已出现，在所检阅明清语料中，"价"和"似"相对出现用作状语，表示比拟的用例也偶或可见，例如："那马，浑身墨锭似黑，四蹄雪练价白，因此名为'踢雪乌骓。'"（《水浒传》第54回）因此，本书把"似价"和"也似价"也暂且看作后比标记糅合。

3.2.11　Y似的

这类比拟式清代开始出现，在所统计的清代语料中，北方方言背景语料均有用例，共出现101次（其中熟语化的“什么似的”共出现了15次），在句中可用作补语、状语、定语、宾语和谓语。例如：

（133）原来这老奶奶只有一个儿子，这儿子也只一个儿子，好容易养到十七八岁上死了，哭的什么似的。（《红楼梦》第39回）

（134）阿德保也不则声，屈一只腿压在他背上，提起拳来，擂鼓似的从肩膀直敲到屁股，敲得阿金杀猪也似叫起来。（《海上花列传》第3回）

（135）又听了一回戏，只见一个老头子弯着腰，颈脖上长着灰包似的一个大气瘤，手内托着一个小黄漆木盘。（《品花宝鉴》第3回）

（136）适才我说，咱进城来比不得在乡里，孩子们也要穿戴些，省的秃尾巴鹌鹑似的，也惹人笑话。（《歧路灯》第40回）

（137）就在这个功夫儿，就瞧起外头进来一个人，两只眼睛离鸡似的，进了门儿，东张西望。（《小额》）

以上例中“Y似的”分别用作补语、状语、定语、宾语和谓语。

对清代语料中出现过“Y似的”比拟式用例的使用情况进行统计，具体见表5.34。

表5.34　“Y似的”比拟式用例的使用情况

句法成分	语料及使用频次						合计
	红楼梦	歧路灯	品花宝鉴	儿女英雄传	小额	海上花列传	
补语	14	0	8	7	2	1	32
状语	9	0	3	5	3	1	21
定语	3	0	8	7	0	0	18

续　表

句法成分	语料及使用频次						合计
	红楼梦	歧路灯	品花宝鉴	儿女英雄传	小额	海上花列传	
宾语	7	1	3	0	2	0	13
谓语	8	0	2	5	2	0	17
合计	41	1	24	24	9	2	101

从表5.34和前面分析中可以看出，清代“Y似的”比拟式基本上只出现在北方方言背景语料中。南方方言背景的《海上花列传》中虽然出现了2例，但均出现在用当时官话写成的叙述语言中。

3.2.12　Y一样/样

在所检阅的语料中，仅清晚期语料《儿女英雄传》中出现了5例“Y样”比拟式，分别用作定语（4例）和状语（1例）；《九尾龟》中出现了1例“Y一样”比拟式，用作定语。例如：

（138）老爷此时肚子里就让有天大的道理，海样的学问，嘴里要想讲一个字儿，也不能了。（《儿女英雄传》第38回）

（139）锦样年华水样过，轮蹄风雨暗消磨。（《儿女英雄传》第38回）

（140）无论再是半老秋娘，暮年名妓，鸠盘一般的面貌，夜叉一样的形容，只要肯倒贴银钱，他也肯欣然笑纳。（《九尾龟》第32回）

以上例中“Y样/一样”分别用作定语、状语和定语。

在比拟式的9小类中，元代才开始萌芽的“Y也似”和清代才出现的“Y似的”等形式后来居上，共出现了309次，占整个比拟式总数（953次）的32.42%；从句法功能看，比拟式在句中做状语的有444次，占整个比拟式总数的46.59%；其次是做补语，274次，占整个比拟式总数的 28.75%;做主语的最少,只有 8 次。从时间角度看,明代语料中更倾向用前单标记(尤其是早期常用的“如”“似”等比拟式)以及双标记比拟式,清代更倾向用后单标记比拟式(尤其是新兴的后比标记)。从地域角度看,北方方言背景语料中比拟式的类型更多一些,清代新出现的比拟标记在北方方言背景的语料中都有使用。

3.3 小结

通过以上分析和数据统计可以看出,明清汉语的比拟句和比拟式具有以下几个特点:

第一,从使用频次上看,比拟句占绝对优势(4002 次),是比拟式(953 次)的 4 倍还多。但从比拟式与比拟句的使用比率来看,与前代相比,明清时期还是提高了不少(唐宋时期二者的比率仅为 2.35%,元代是 15.91%,明清则已上升至 23.81%)。从类型上看,比拟句类型更为丰富,尤其是前单标记句和双标记句,不仅比拟标记数量更多,双标记比拟句中前后标记搭配方式也更为多样,比拟标记糅合现象也时有出现。

第二,从比拟标记来看,无论是比拟句还是比拟式,都是单标记类型较多(尤其是后比拟标记),且使用频次很高;但与元代汉语相比,“如”字单标记句已经呈现明显的下降趋势,清代“像”字单标记句迅速崛起,尤其是在北方方言背景的语料中,已经比较常见。双标记比拟句前后标记搭配类型丰富,但总体使用频次不高(780 次),仅占整个比拟句的 19.49%。比拟式中,后单标记式使用更多,尤其是近代汉语中新出现的比拟标记,如“也似”“也似的”“似的”,使用比例占到了整个比拟式的三分之一强。

第三,从比拟结果看,无论是比拟句还是比拟式,大多不带比拟结果。这应该与比拟本身表达特点有关,而与时代和地域相关度不高。

第四,从时间角度看,在所统计语料中,比拟句明代使用频次为3234次,清代为768次;比拟式明代使用频次为571次,清代为382次。从统计学角度讲,二者具有明显差异,即明代倾向于使用比拟句,而清代更倾向于使用比拟式。另外,从比拟标记看,有些比拟标记的时代特点很是明显,比如,从上古汉语中即已使用的“耳”类双标记平比句和从中古即已使用的“相似”类双标记平比句,都仅出现在明代语料中;明代即已萌芽的后单标记中“似的”,作为比拟式使用时,仅出现在清代语料中。

第五,从语料角度看,所检阅的语料中,比较特殊的是《醒世姻缘传》一书,相对于同期其他语料,无论是比拟句(234)还是比拟式(135次),使用频次都相对较高①;从具体句式的使用看,也呈现出较鲜明的过渡特点,既有旧有比拟句的沿用(“X如/似Y”“X如Y一般”“X如Y相似”等的使用)与消亡(上古汉语即已使用的比拟标记词“若”“譬如”等都未出现),又有新比拟句的萌芽与发展(“X如Y似的”“X像Y似的”“X像Y一般”等的使用),从而形成了一套非常独特的比拟句系统。

第六,从地域角度看,明代语料中,无论是比拟句还是比拟式,地域差异并不明显;清代语料中,有些比拟句和比拟式的使用南北差异较为显著,如“似Y”“Y也似/也似的/似的/一样”等,基本只出现在北方方言背景的语料中。

四、总　　结

通过以上研究发现,明清汉语中的平比句和比拟句主要有以下几个特点:

---

① 在所检阅的明清语料中,《封神演义》比拟句的使用频次也很高(844次),但比拟式使用很少(仅32次)。另外,《封神演义》的比拟句形式比较单一,主要是“如”字单标记句(659次);后比标记主要是“一般”,元明新出现的比拟标记如“也似”“也似的”“似的”等都未见使用,这可能也与作者的南方方言背景有关。

第一，从使用频次上来看，明清汉语和前代一样，依然是平比句使用较少（共 669 次），只有比拟句（包括比拟式）总量（共 4955 次）的十三分之一强。从单、双标记类型的使用比率看，平比句和比拟句表现相左：平比句中，单标记平比句使用频次（67 次）仅是双标记平比句（602）的十分之一强；但比拟句（不含比拟式）中，单标记比拟句（3222 次）却是双标记比拟句（780 次）的 4 倍还多。即平比句是双标记句占绝对优势，比拟句是单标记句占绝对优势，这和现代汉语中两种句式的表现情况基本一致。

第二，从标记角度看，平比句和比拟句所用标记种类都很多，总计都超过了 40 种，尤其是双标记句，大多数前标记都可以和不同的后标记搭配使用，而且大部分标记都是“身兼两职”，既可用在平比句中，也可用在比拟句中。但也有些标记是只能出现在一类句式中，比如前标记“跟”“搭”“比”等，只能出现在平比句中；后比标记“相似”“也似/也似的”“似的”等只能出现在比拟句或比拟式中。这也从一个侧面表明，汉语中平比句和比拟句虽然是“斩不断，理还乱”，但二者在比较（比拟）参项以及标记的互选上终究还是存在着较为明显的不同，有必要做出切割。明清汉语中平比句比较标记主要沿袭元代用法，但多以双标记形式出现，前比标记“似”“与”字占绝对优势，同时也出现了新的前比标记“跟”字和“有”字句；后比标记虽然种类繁多，但近代汉语新出现的“一般”“一样”占据优势。比拟句中，前单比拟标记主要因袭古代用法，“如”“似”句占绝对优势；但后单比拟标记中，近代汉语才开始萌芽的比拟标记后来居上，元代才出现的“也似/也似的”以及明代才出现的“似的”，使用频次（共计 310 次）都已经相对较高，占到了整个比拟式的三分之一强。另外，平比句和比拟句也都出现了和差比标记糅合使用的现象。

第三，从比较/比拟参项看，平比句中比较主体和比较基准既有体词性成分，如代词、处所名词、时间词、定中短语、“的”字短语，也有谓词性成分，如述宾短语，甚至还有小句，但总体上还是以人名、人称代词、表时间和处所的名词为最多；比拟句中，单音节单前标记的本体和喻体由于受到标记类型和结构的限制，多是单音节名词，其他比拟标记类型的本体和喻体则形式丰富，既有代词、名词，也有光杆动词、数量短语、动宾短语，甚至还有少量小句，但总体上本体主要以体词性成分为主，喻体则各种类型都有使用。在平比句中，比较主体也可以省略，但省略比例远远低于比拟句中本体的省略比例。这可能是因为在比拟句中，比拟式本体和喻体之间具有明显的形象性关系，所以很容易根据上下文语义予以补充，这就正如袁毓林(1994)指出的那样："就语言成分的省略而言，汉语遵循着语义守恒的定律：一个成分缺省了，这个成分所表达的意义一定被其他成分(往往是谓语动词、形容词)所蕴含，并能被另一个成分(往往是主体名词)所激活。"

第四，从地域角度看，平比句和比拟句都表现出了一定程度的地域差异。首先，从比较/比拟标记来看，平比句前标记中，以北方方言为背景的语料，"与"字句居多，但随着时间的推移，"与"字句和"和(合)"字句二者用例呈现出一定的负相关关系，"与"字句整体有下降趋势，"和(合)"字句整体有上升趋势；南方方言为背景的语料中，"和(合)"字句使用最多；"比"字句、"搭"字句基本上只出现在南方方言为背景的语料中；"跟"字句在清晚期北方方言为背景的语料中已经萌芽，但使用频次极低，在南方方言为背景的语料中 20 世纪以后才偶见使用。平比句后标记中，北方方言为背景的语料中，"一样"占优势，"一般"出现频次相对较低；南方方言为背景的语料情况正好相反。比拟标记中，明代无明显地域差异，但清代语料中，"似 Y""Y 也似/也似的/似的/一样"等比拟式，基本只出现在北方方言背景的语料中①，可以说"似"类后比标记具有明显的北方方言色彩；另外，随着时间推移，"一般"类比拟式呈现出明显的优选南方方言背景语料的

① 南方方言背景语料中"也似的"也偶有用例，但都是熟语"飞也似的"。

倾向。其次，从语序上来看，明清时期平比句中"基准+结果"的使用频次超过了"结果+基准"，前者主要出现在北方方言背景的语料。仅就这一点而言，可以说北方方言背景语料中单标记平比句语序变化的脚步要更快一些。

第六章

汉语平比句和比拟句发展演变规律及机制探索

从先秦到清末,汉语平比句和比拟句无论是比较/比拟参项,还是比较/比拟标记、比较结果及语序,都发生了较为深刻的变化,尤其是比较/比拟标记。从总体上来看,在所检阅语料中,平比句的使用频次远远低于比拟句,但从具体语料看,实用性较强的语料,如法律文书、医学书籍、农学书籍等,平比句的使用频次却相对较高,甚至超过了比拟句。从地域角度看,两类句子的发展,尤其是语序的变化,呈现出一定的曲折反复:中古汉语中,南方方言背景语料中不仅句式种类丰富,且已零星出现了“基准+结果”的句法形式,之后南北差异逐渐消弭;但到了明清时期,不同方言背景中前后标记词的使用差异渐趋明显,北方方言背景语料中无论平比句还是比拟句,表现形式都更为丰富,而且“基准+结果”的使用频次超过了“结果+基准”,而南方仍以“结果+基准”为主。

在比较标记方面,先秦时期,前比标记有“如、若、犹、似、于、与、犹如、有若”等 8 个,发展到清代,前比标记已经有“如、若、似、象、与、和(合)、同、跟、搭、如同、异于、犹如、有如、有若、犹似、有似、不比、仿佛、宛然、好比、好象(像)、宛然如、不亚如”等 23 个;后比标记也由先秦的“同、等、异、殊、然”5 个,发展到清代的“耳、同、般、样、相同、相似、不同、同样、一般、一样、也似、似的、也似的、一般无二、差不(多)

多、一般样、一样相同、一般相似”等18个。这些比较标记,不仅构成了大量的单标记句式,也形成了丰富多样的前后标记搭配的双标记句式。很多标记词虽然为平比句与比拟句所共有,但两种句子在与比较标记的互选上,呈现出一定的差异与倾向性。平比句与比拟句在标记词的选择上,具体异同是什么?是什么原因导致了不同时期标记词的发展变化?而标记词的发展变化又对汉语平比句与比拟句的语序变化造成了什么样的影响?这些,都是本书希望探讨和回答的问题。

一、基于标记词视角的汉语平比句和比拟句发展演变规律

从已有研究看,平比标记,尤其是双标记平比句中的比较标记,能够预测比较结构的语序及其所属语言的基本语序,并有可能进一步将它与地理分布联系起来。基于此,本节拟以比较/比拟标记为切入点,通过考察分析不同标记平比句和比拟句在不同历史阶段比较/比拟参项、比较/比拟结果以及语序的变化,来探究汉语平比句和比拟句发展演变规律。

按照语义发生学,可以把汉语平比句和比拟句依据比较/比拟标记分为“如”类、“于”类、“与”类、“似样”类四大类。根据前文对不同历史阶段平比句和比拟句的统计、描写和分析,分别对四大类平比句和比拟句的演变规律总结如下。

1.1 “如”类句

“如”类句,是指比较标记从像义动词发展而来的平比句和比拟句,主要包括以“如、若、犹、似、像”等为标记的句子。

1.1.1 “如”字句

“如”类句中,使用时间最长、使用频次最高的就是“如”字句。从先秦到清末,“X如Y”句式最为常见,这种句式也是比拟句所独有的

形式。在“X 如 Y”类比拟句中,先秦时期本体和喻体大多为简单名词,到中古汉语中,由其他形式如动词性词组、主谓结构等充当喻体的用法增加较为明显;近代汉语中,本体和喻体不对称现象更为多见,仅从形式上看,有时本体为名词,喻体却是动词性结构。例如:

(1) 众诸侯听得关外鼓声大振,喊声大举,如天摧地塌,岳撼山崩,众皆失惊。(《三国演义》第 5 回)

例(1)中本体为名词“喊声”,喻体是动词性并列结构“天摧地塌,岳撼山崩”。不过,能充当喻体的动词性结构或主谓结构,没有陈述性,只有指代性,不再指具体的动作行为,而且缺少时间性特征,不能加“着、了、过”,在句中只是对本体做出描写与说明。

“XW 如 Y”“X 如 YW”是平比句和比拟句共有的句式,但都是比拟句更为常见。先秦时期,“X 如 YW”开始萌芽:平比句仅有 2 例,均出自《史记》,但因为 1 例比较主体和基准形式上不对称,1 例比较结果为数量短语,所以都还不是典型意义上的“基准+结果”类平比句。此类比拟句也仅有 2 例,而且均出自《诗经》,可能是因为韵律要求所致,并非当时语言实际情况的反映。中古汉语中,“X 如 YW”类平比句数量明显增加,但依然低于“XW 如 Y”类,比较结果多为单音节形容词(主要是“大”),是此期最为典型的平比句句法形式;“X 如 YW”类比拟句和上古汉语相比,并没有出现明显的不同,用例仍然很少。近代汉语是“X 如 YW”类句式“巨变”时期,无论是平比句还是比拟句,因为其他标记的出现,该类句式使用频次、各参项形式都发生了较大变化。从唐宋时期,“X 如 YW”“XW 如 Y”两类平比句的使用频次已经接近;元代忽又逆转,“如”字平比句仅剩下了“XW 如 Y”一种形式,比拟句两种形式虽然都有用例,但使用频次都不高,其中“XW 如 Y”使用频次(7 次)也高于“X 如 YW”类(2 次)。此期之所以会出现逆转,究其原因,应该与元代各种“似”类句大行其道密切相关。明清时期,“X 如 YW”类平比句和比拟句的使用频次虽然有小幅上升,但依然低于“XW 如 Y”类。从比较/比拟参项和比较/比拟结果看,“继承”大于“创新”,比较参项仍以名词性成分居多,比较结果除形容词外,偶或也有其他结构如动宾结构、并列结构等形式。

中古汉语开始,“如”字还可以作为前比标记,相继与“无异”“相似”“然”“样”“一般”“一样”等搭配,进入平比句和比拟句中。比较突出的是,元代“X 如 Y 一般”类平比句和比拟句的使用频次都相对较高。这可能也在一定程度上挤压了“X 如 YW”类句式的使用空间。

从整个历史发展来看,“如”字类平比句和比拟句使用频次上一直“名列前茅”,形式上也一直保持“古”色。现代汉语中,“如”字句偶或可见,但只出现在比拟句中,而且多为固定搭配。例如:

(2) 王贤良又发出一批信件,这次的一百封信如石沉大海,竟没有一处回音。(池莉《你是一条河》)

1.1.2 “若”字句

“若”字句上古汉语中就已经出现,最初使用频次仅次于“如”字句,且形式齐全,除无“X 若 YW”平比句外,“如”字所具有的形式,“若”字也都具备。但从总体上看,“若”字句主要用于比拟句中。中古汉语,“若”字没有平比句用例;唐宋汉语中,“若”字平比句虽有用例,但使用频次依然较低,比拟句使用范围也比较有限,一般只出现在与“如”“似”等对举的句子中,或者与后标记搭配使用。之后“若”字比拟句一直保持这种低频使用态势和使用条件,直至清代也还偶见用例。

从句中各参项看,能够进入到“若”字句中的比较/比拟参项、结果都相对简单,一般为简单名词和动词;从语序角度看,上古汉语中只有“XW 若 Y”式,中古汉语“X 若 YW”式开始出现,但使用频次很低(2 例),且只出现在诗歌中,所检阅唐宋时期语料中,“X 若 YW”式也只出现在诗歌类体裁中。

从总体上看,无论是平比句还是比拟句,“若”字句的发展一直受限，既没能争得过“第一”，也没能保持住“老二”的地位，而是随着时间的推移，逐步走向衰亡。

1.1.3 “犹”字句

“犹”字句是“如”类句中唯一一个没有平比句用法的标记词。从上古汉语开始，“犹”就可用来表示比拟，但仅限于“X 犹 Y”类比拟句。所考察的所有语料中，仅发现 2 例“XW 犹 Y”类比拟句，均出自中古汉语。唐宋时期，“犹”字比拟句虽然还有使用，但出现频次已经很低，元代基本不见用例，明清时期使用频次也非常低。不过，由“犹”与其他像义动词构成的双音节同义结构如“犹如”“犹若”等生命力却比较旺盛，从先秦到清代甚至现代的比拟句中都有使用，但使用频次也一直不高。例如：

(3) 我看到老人的脊背和牛背一样黝黑，两个进入垂暮的生命将那块古板的田地耕得哗哗翻动，犹如水面上掀起的波浪。（余华《活着》）

笔者认为，在“如”类句中，“若”“犹”之所以使用频次较低，使用句式也比较有限，可能与其本身所负载的其他义项较多有关，比如“若”在上古汉语中还经常表示“赶得上”“比得上”，“犹”则经常用作副词，表示“仍然、还”。二者进入比拟句中，由于义项较多，有可能对句子的理解造成一定障碍；同时，随着时间的推移，其他像义动词如“似”“像”等也陆续用于“如”类平比句和比拟句中，而且句子类型更为丰富，这些优势也在一定程度上挤压了“若”“犹”在比拟句中的“生存空间”。这些综合因素导致了“若”“犹”最终从比拟句中退出。这也再次说明，语言作为一个动态系统，新词的进入和旧词的退出，都需要在一定程度上保持系统的平衡。

1.1.4 “似”字句

“似”字句上古汉语开始出现，直至唐代之前，都仅用于比拟句中，且使用频次比较低。唐代，“似”字开始进入平比句，既可用于

“X+W+似+Y”句式,也可用于“X+似+Y+W”句式,但使用频次依然很低。不过,唐宋诗词中出现了一类比较特殊的、使用频次较高的平比句式的否定形式“X 不似 YW”。这种平比句否定形式的大量使用,带动了其他平比句语序的变化,使得“比较基准+结果”式平比句在唐宋汉语中使用频次大幅上升,与“结果+比较基准”齐肩,甚至在某些文献中超越了后者。

从唐代开始,“似”字比拟句使用频次也明显上升,一跃成为仅次于“如”的比拟句式,而且功能齐全,既可出现在“X 似 Y”比拟句中,也可出现在“X+W+似+Y”“X+似+Y+W”比拟句中。元代汉语中,“似”字句已经成为“如”类平比句和比拟句中使用频次最高的句式。与此同时,也出现了几个由“似”构成的新比拟标记,如“也似”“似的”“也似的”,而且使用频次也比较高。明清时期,“似”字句使用比率有所降低,但功能依然强大,既可出现在平比句中,也可出现在比拟句各类句式中。现代汉语,“似”单独用作比较/比拟标记的用法基本消失(仅保留在一些固定格式如“骄阳似火、光阴似箭、柔情似水”中),代之而起的则是元代新出现的比拟助词“似的”,其或独自出现构成比拟句或比拟式,或作为后标记词和其他前标记词如“仿佛、好像、像、跟”等共现,一起构成大量的双标记比拟句。例如:

(4) 她那少女莲蓬般的小乳房胀得大圆面包似的,乳头便内陷了。(池莉《太阳出世》)

(5) 谁靠谁传,渐渐的不甚了然起来,而终于归接到传阿 Q,仿佛思想里有鬼似的。(鲁迅《阿 Q 正传》)

(6) 再说那少的,三十大几了,还没结婚,模样儿长得一般啊,谈不上出类拔萃,但是在你们单位那唯一一个没结婚的男青年眼里,那跟一朵花儿似的。(王朔等《编辑部的故事》)

从比较/比拟参项及结果看,早期“似”字句的比较/比拟参项多为简单名词,结果也多为形容词;唐宋以后,随着“X 不似 YW”句式的出现,比较结果开始变得复杂,有些甚至以句子的形式出现。这可能是因为“X 不似 YW”形式上是平比,但语义上表差比,需要在比较结果中提供更多的信息,才能在一定程度上保证句义的准确。当然,以平比的否定形式来表示差比,也可使句子的表达更加委婉,这也许是“X 不似 YW”能保留到现代汉语中的一个重要原因。

元代是“似”字句发展的关键时期。金元之前,“似 Y”主要用作谓语;元代开始,由于受到阿尔泰语的影响,“Y 似”产生,在句中主要用作状语或定语等修饰语,并且成为金元时期作品语言的一个标志①。而蒙汉语言的大量接触,也促成了与“似”相关的其他比拟助词如“也似”“似的”“也似的”等的出现。“似”在元代的一系列发展变化,不仅丰富了已有的比拟助词系统,也促成了汉语比拟式语序的大改变。

1.1.5 “像”字句

“像”字句中古汉语中始现②,在中土文献中仅用于“X 像 Y”类比拟句中,在翻译佛经中,也有少量的“X 像 YW”类比拟句用例。与其他比拟词不同的是,“像”字比拟句一经出现,喻体就既可以是简单名词,也可以是复杂的主谓结构。唐宋时期,“像”字比拟句不仅使用频次进一步降低,而且使用范围更加有限,仅出现在“XW 像 Y”类比拟句中。这可能与“像”类比拟句虽然也是描写、说明本体和喻体在某方面的相似性,但整个句子更像是一种逻辑判断,而非人们对事物的形象化联想,即“象”类比拟句句义“实”大于“虚”,缺少比拟本身所具有的夸张、引发人们想象的修辞功能,所以整体使用较少。明清时期“像”和后比标记“一般”“一样”“似的”等搭配使用,整个句式的句义表达更加清楚;而且,后比标记后还经常出现表结果的形容词,使

① 参看江蓝生:《从语言渗透看汉语比拟式的发展》,《中国社会科学》1999 年第 4 期。

② “像”字在不同时期,书写形式不同,中古汉语始现时写作“象”,后来有时也写作“相”或“像”,清代基本统一为“像”。为了论述的方便,除例句遵照原文外,其他地方本书一律写作“像”。

得句义精确化程度更高，“X 象 Y 一般/一样 W”使用频次增加，“像”字句更加成熟，既可表示平比①，又可表示比拟，也成为现代汉语中使用频次很高的一类句式。例如：

(7) 苍蝇每日里象过节一般嗡得欢畅。（方方《白雾》）

(8) 给她写来长长的、热情的信，约她出去，她却象木头人一样无动于衷。（王朔《空中小姐》）

(9) 七巧直挺挺的站了起来，两手扶着桌子，垂着眼皮，脸庞的下半部抖得像嘴里含着滚烫的蜡烛油似的。（张爱玲《金锁记》）

在“像”字句的发展过程中，语序类型变化不大，“基准/喻体+结果”式最为常见；但“像”字结构语法功能变化相对较大。明代以前，“像”的动词性很强，“X 像 Y”“XW 像 Y”中的“像”单独用作谓语，明代进入“X 象 Y 一般/一样/似的（W）”框式结构以后，“像”字结构主要用作状语，有时也可用作补语。加之明清时期汉语平比句和比拟句语序类型已经相对稳定、比拟式句法功能多样，这都促使“像”字结构不仅能够保留下来，而且成为现代汉语中最为活跃的比拟结构之一。

在“如”类句式中，“比”字平比句相对较为特殊。“比”字句唐代始现，句法格式为“X 不比 YW”，此中的“比”相当于动词“类似”“相类”，整个句义为既可能是“X 不如 Y 那么 W”，也可能是“X 不像 Y 那么 W”。明清时期，“比”字又作为前比标记进入双标记平比句中，构成“X 比 Y 一般/相同/不同/不相同/差不多/差（仿）勿多”等句法格式。但这两种句法格式尤其是后一种格式，在现代汉语中已基本不见用例。其消失的原因，除了其语义表达不够精确（既可表差比，也可表平比），和此时“比”字句已成为使用频次最高的差比句有关。

① “像”字句能够用来表示平比，除了与其本身含有逻辑判断的功能有关外，其后比较结果的出现，也使得比较参项间的比较维度更加明确，从而具备了平比的功能。

1.1.6 “如”类双音节比拟句

在平比句和比拟句尤其是比拟句的历史发展中，比拟标记双音节化在中古及之后表现都比较突出。战国末期，双音节比拟标记开始萌芽，但仅有“犹如、有若”两个，使用频次很低，所用句式也非常有限[仅用于“X 犹如(有如)/有若(犹若)Y”中]。中古时期随着汉语词汇双音节化脚步加快，除上古已经使用的标记词之外，大量的“如”类双音节标记产生，如“譬犹、犹比、象如、象若、如似、比如、比若、似若”等，但主要还是用于“X+比拟词+Y”类比拟句中，偶尔也有个别双音节词(如“犹如”“譬如”)可出现在“X+W+比拟词+Y”“X+比拟词+Y+W”中。唐宋时期，除中古已有的双音节比拟词外，又新出现了两个双音节比拟标记“也似”“相似”。元明清时期，已有的“如”类双音节比拟标记开始趋于统一和规范，原有双音节比拟标记数量大幅减少，但同时也有新的比拟标记如“仿佛、好比、好像”等产生。现代汉语中，双音节比拟标记进一步减缩，只有“犹如、如同、仿佛、好比、好像”等保留了下来。

综上，“如”类句中，除“犹”外，其他标记词均既可用在平比句中，也可用于比拟句和比拟式中，且词义基本没有虚化。从语序角度看，大多都是既有“结果+基准/喻体”式，也有“基准/喻体+结果”式，近代汉语中，则基本归并为后者。从历史发展角度看，“如”类句中，“如”字生命力最强，也最具有活力；“像”字后来居上，成为现代汉语中最为常见的标记词；“若”虽然持续时间很长，但因使用频次低，且所用句式有限，“存在感”不强；“犹”则基本用于“古代汉语”中，单音节“似”使用频次总体呈上升趋势，但现代汉语中使用较少。

1.2 “于”字式

“于”字式是指表异同类的“XW 于 Y”平比句。唐代之前，异同类平比句都是使用频次最高的平比句式，上古汉语中，能够进入到该句式中的形容词有“同、齐、夷”等；中古汉语则只有“同、异”两个，但否定形式的比例有所增加。近代汉语中,“于”字类平比句式的使用频次急剧下降,但形式变化不太大,唐代有“X 同/异于 Y”和“X 不同/异于 Y”两种形式,元代未见用例,明清时期则仅有“X 异于 Y”一种形式。

“XW 于 Y”平比句之所以从曾经的高频表达到最后的消失不见,一方面和其表达不够精确有关。典型的平比句中,“W”表示比较主体 X 和比较基准 Y 所共同具有的性质、状态、行为等,而“于”字式中的“W”只是表明二者是否具有共同特征,并不能标示出具体特征。随着语言发展的精密化,其最终被淘汰成为一种必然之势。另一方面,唐宋时期表示异同的双标记平比句“X 似 Y 一般”“X 与 Y 一样”“X 如 Y 相似”都已出现,这都对“XW 于 Y”式平比句造成了一定的挤压。双重作用下,表异同的“XW 于 Y”式平比句最终消失。

1.3 “与”类句

“与”类句,是指由具有介词性质的前比标记所构成的双标记平比句或比拟句。主要包括“与”字句、“同”字句、“和(合)”字句、“跟”字句和“搭”字句等。

1.3.1 “与”字句

这是最早出现前比标记为介词的双标记句。唐代之前,介词性前比标记只有“与”一个,且只能出现在表异同关系的准双标记平比句中。上古汉语中,能与其搭配的准后比标记有“同、等、殊、异、无异”等形容词,平比句句尾经常带有语气词“耳”“也”等;中古汉语中,除了这些准后比标记继续使用外,还出现了“相同、相似、相等、相类、相似类”等形容词。这些表异同的准双标记平比句总体出现频次较高,其中最高的是“X 与 Y 同”“X 不与 Y 同”和“X 与 Y 不同”这三种。上古汉语中,“X 不与 Y 同”与“X 与 Y 不同”的否定焦点和立场表达有所不同,前者主观性更高,否定焦点是比较主体;后者主观性较弱,否定焦点为比较结果兼后比标记“同”。中古到唐宋,“X 不与 Y 同”和“X 与 Y 不同”的差别仍然存在,但有些“X 不与 Y 同”所表达的只是对客观事实的否定,不再带有主观性,其与“X 与 Y 不同”所表达语义已经无别。宋代以后,这种后标记为单音节异同词的准双标记平比句已趋于消失。

宋代汉语中,“一样”作为后比标记开始进入“与”字双标记平比句中,且其后常带有形容词(即“X 与 Y 一样 W”),此时真正意义上的框式平比句开始出现。元代,“X 与 Y 一般 W”类框式平比句产生。明清时期,后比标记“一样”“一般”继续使用;同时此类句法格式的后比标记位置上也出现了更多的表示“相同”意义的形容词和固定结构,如“相同、同样、相似、相类、仿佛、何异、不同、不相同、一般无二、不大差别、分毫不差、一模一样、一模二样”等,“与”字平比句使用达到巅峰。现代汉语中,“与”字平比句还时或可见,但后比标记词基本统一为“一样、相似、相同、不同”。例如:

(10) 他的手——与他的脚一样的污黑——紧紧抓在地上,把手指甲抠在方砖的缝子里,象是为增强抵抗苦痛的力量。(老舍《四世同堂》第 20 章)

(11) 他只好私下咽冷气,想这样热天,穿了袍儿套儿,讲废话,出臭汗,不是活受罪是什么?教育家的心理真与人不同!(钱钟书《围城》第 2 章)

清代,“X 与 Y 一样 W”也可用于比拟句中,现代汉语中已不见比拟句用例。

上古汉语“与”字句仅可用于表示异同关系的平比句中,其后一直是异同类平比句的高频使用标记,宋代偶尔也可用于比拟句中,但元代新产生了一些比拟标记,对其又造成了一定程度的挤压,“与”字比拟句最终并未能脱颖而出,而是在短暂的使用之后就消失不见了。

1.3.2 “同”字句

“同”字进入到双标记平比句是语法化为介词以后的唐宋时期，与后比标记“相似”搭配，构成“X 同 Y 相似”平比句；元代，此类双标记平比句继续使用，同时“同”还与“一般”搭配，构成了“X 同 Y 一般”平比句。明清，又可与“一样”搭配用于平比句和比拟式中，并且一直沿用到了现代汉语中。例如：

（12）不断运动、变化的云烟使人有飞机不动的感觉——同驶在海洋里的感觉一样。（王朔《空中小姐》）

“同”作为引进比较对象的介词，一直处于比较边缘的地位，也正因为如此，“同”进入双标记平比句后，使用频次也一直比较低。

1.3.3 “和（合）”字句

“和”字双标记句，元代才始见用例，最初只能与“一般”共现，明代开始表现出超强的搭配能力，不仅能与“一般、一样”共现，也能和“相同、同样、相似、相类、不同、不相同、一般无二、分毫不差、一模一样”等搭配使用表示平比，清代开始也可用于比拟句中，但二者的使用频次都很低。现代汉语中，“X 和 Y 一样（W）”依然既可用于平比句，也可用比拟句，且较为常见。例如：

（13）再说我爹年轻时也和我一样，我家祖上有两百多亩地，到他手上一折腾就剩一百多亩了。（余华《活着》）

（14）从类人猿到人经历了千万年的进化过程，但由人退回到猴子去，往往和蝉蜕一次壳一样容易。（梁晓声《冉之父》）

例（13）中，“X 和 Y 一样”用于平比句，其后用一个并列复句对“一样”的具体内容进行说明；例（14）中“X 和 Y 一样（W）”用于比拟句。

1.3.4 “跟”字句

在所检阅的语料中，“跟”字双标记句最早出现在清末以北方方言为背景的语料中，既可用于表示平比，也可表示比拟。20 世纪中叶,“跟”字双标记句开始大量使用,成为现代汉语中平比句和比拟句的高频使用句式之一,但从使用频次上看,还是北方方言为背景的语料中要多一些。例如:

(15) 你早该知道了,安姐儿就跟她娘一样的小家子气,不上台盘。(张爱玲《金锁记》)

(16) 小时候我可跟豆芽儿菜一样。(王朔等《编辑部的故事》)

例(15)(16)分别用于平比句和比拟句中。

现代汉语中,受到“与”“同”等双标记平比句类推力量的影响,“跟”也可与“相似”一起构成双标记平比句,但使用频次很低。例如:

(17) 这张牌本没具体、标准的形象,可是一叫出来,谁都觉得跟侯宝林确实相似;马三立的外号叫“牙签”,也算得极为贴切。(邓友梅《无事忙杂记》)

1.3.5 “搭”字句

“搭”为典型吴方言词汇,作为前比标记,只和“一样”共现,且只能使用在平比句中。

综上,“与”类双标记平比/比拟句,前后标记都经历了“由少到多”又“由多到少”的不断调整变化过程。句义也由最初的只表示平比,演变为后来的既可表示平比,也可表示比拟。正因为不断地整合与调整,“与”类双标记句除方言标记词“搭”继续在吴方言中使用外,由其他标记构成的双标记句也都保留在了现代汉语普通话中,有些还成为高频使用句式。

1.4 “似样”类句

“似样”类句是指后比标记为比拟助词或准比拟助词的平比句或比拟句。能单独充当这类句中后比标记的,既包括上古汉语中就已出现的比拟助词“然”,也包括中古汉语中新出现的比拟助词“馨”,近代汉语中新出现的比拟助词“也似的”“似的”“样”，以及中古和近代分别出现的准比拟助词“相似”“一般”“一样”①。

1.4.1 “……然”“……馨”句

分别出现在上古汉语和中古汉语中，“如……然”既可表比拟，也可表平比，“若……然”“如……馨”都只能表比拟，使用频次都很低。在所检阅语料中，唐宋及之后均未再见用例。

1.4.2 “相似”句

中古时期，“相似”作为后比标记，首先进入“与……相似”类双标记句中，此时“相似”实义还很强，整个句子表示的是类同关系。可能是受到了已有双标记句“X 如 Y 然”“X 如 Y 馨”的影响，唐宋汉语中，“X 如 Y 相似”句开始使用，既可表平比，也可表比拟，但一直到明代，使用频次都不太高，而清代则更是少见②。从整个句义来看，“X 与 Y 相似”最初只用来表示 X 与 Y 有相似之处，属于叙实的平比句；后来可能是受到了“X 如 Y 相似”表比拟的影响，明代“X 与 Y 相似”也开始进入比拟句中。虽然“X 与 Y 相似”的使用频次一直都很低，但到现代汉语中，偶尔还能看到一些用例。例如：

(18) 但一个缺少航海经验的人，是无从用想象去证实的，这也正与一个人的生命相似。（沈从文《水云》）

1.4.3 “一般”句

“一般”作为后比标记，唐代开始出现，最初只能与“似”搭配，构成“似……一般”平比句；元代开始，也可与“如、与”搭配，构成“似/如/与……一般”类平比句或比拟句，构成比拟式时，整个结构在句中

---

① 之所以称这几个词为“准比拟助词”，是因为它们虽然都可出现在后比标记词的位置上，但其实词义并未消失殆尽，在历史发展过程中，经常用作句子谓语，甚至到了现代汉语中，“相似”“一样”也依然如此。

② 在所检阅的清代语料中，未见“相似”与其他前比标记搭配使用的用例，但在其他语料中发现“相似”作为后标记还有使用。例如：“有一个故人与你面貌相似，多年不见，甚是想念他，故此吩咐家人，不时寻觅。”（李渔《十二楼》第 2 回）

用作状语或定语。明代汉语中,可与“一般”共现的前比标记急剧扩张,除“如”“似”“与”外,“像”“犹如”“有若”等也可与之共现,表示平比关系。清代,这种平比句式消失不见,转而只表示比拟,“一般”后有时还可出现形容词以及其他词类,直至现代汉语中,这种用法依然零星可见,整个结构主要用作状语。例如:

(19) 丁曼像猎犬一般警觉地耸起了身子。(池莉《你以为你是谁》)

1.4.4 “样/一样”句

“样/一样”宋代开始可出现在后比标记词的位置上。“样”与“如”共现构成双标记比拟句,但使用频次非常低;“一样”和“与”共现构成平比句,其后经常出现表等同属性的形容词。元代“如……样”继续使用,但“与……一样”未见用例。明清时期,和“一样”共现的前比标记开始增多,有“与、如、似、像、是、和、好像、如同”等,“一样”后以带形容词为常例。此期“样”作为后比标记独立使用,直接用在喻体Y后,整个结构(“Y样”)在句中用作状语和定语。从历史发展看,虽然有过短暂的停滞,但“一样”最终成了现代汉语中使用频次最高的准比拟助词,“Y样”则几乎不再使用。例如:

(20) 庵和春天时节一样静,白的墙壁和漆黑的门。(鲁迅《阿Q正传》)

(21) 她的另一只手常要去抚摸车座扶手,那只手很小,指甲盖像小孩子的一样光亮。(张炜《美妙雨夜》)

1.4.5 “也似的/似的”句

“也似的/似的”明代始现,是在比拟助词“似”“也似”后加结构助词“的”组合而成①。首先单独用在比拟句中(“Y似的”整个做谓语),明末清初,又可与“如”搭配,构成双标记比拟句;同时“Y也似

① 参看江蓝生:《从语言渗透看汉语比拟式的发展》,《中国社会科学》1999年第4期。

的/似的”也可在句中用作状语。可能是受到汉语双音节音步规律的限制，清代“Y也似的”使用频次逐渐下降，到现代汉语中已很少使用；而“Y似的”虽然也是受到了阿尔泰语的影响才产生的，但经过逐步调整、改造，融入汉语之后，反而发展成为现代汉语中一种比较常见的比拟表达式，在句中可用作定语、状语和补语。例如：

(22) 我做贼也似的悄悄掠过厨房，泥泞中用最快的步子回屋。(杨绛《干校六记·冒险记幸》)

(23) 罗家显然极不满意乡野村妇似的亲家母，要求艳春搬到县委机关单身宿舍里住。(池莉《你是一条河》)

(24) 我们就随手捡个钢盔狠狠揍那些不老实的脚，挨了揍的脚抽搐几下都跟冻僵似的硬了。(余华《活着》)

(25) 一天下班回家，浇得落汤鸡似的。(梁晓声《表弟》)

以上例(22)中“Y也似的”用作状语，例(23)(24)(25)中的“Y似的”分别用作定语、状语和补语。

综上，“似样”类句在不同的历史阶段后比标记表现各有不同：上古直至唐代为“然”字句，中古时期特有的是“馨”字句，唐代新出现的是“一般”句，宋代新出现的是“一样”句、“样”句，元明新出现的是“也似”句、“似的”句、“也似的”句等。其中“然”“馨”“一般”“一样”“样”都是汉语自身的产物，两组词之间具有较为明显的历时替换关系；“也似”“似的”“也似的”则应是语言接触与语言融合的产物。

1.5 小结

从比较/比拟标记的角度来看，汉语平比句和比拟句重合的标记词较多，除“于”字句只能用于平比，“犹”字句、“似的/也似的”句只能用于比拟之外，其他标记词几乎都是“身兼两职”。大部分标记词位置比较固定:“与”类只能位于前比标记的位置,“似样”类只能位于后比标记的位置,都需要和其他标记词搭配使用;“如”类标记词则既可单独使用,也可作为前比标记词与其他后比标记词搭配使用。要区分这些“身兼两职”标记词所在句子的句法属性,就需要根据比较/比拟参项的性质来决定。从标记词种类多寡来看,从古至今,经历了一个由少到多,又由多到少的过程,这与语言的明晰与经济性原则密切相关。

从比较标记与语序关系来看,“于”字句、“犹”字句都属于“结果+基准”类型,“与”类、“似样”类都属于“基准+结果”类型;“如”字句唐宋之前,以“比较结果+基准”类型为主,之后则以“基准+比较结果”类型为主。如果从语序角度看,唐宋时期可以说是汉语平比句和比拟句发展的分水岭,之前汉语平比句和比拟句属于“结果+基准”型,之后则属于“基准+结果”型。

二、平比句、比拟句与标记词的互选及发展变化

如前所述,在汉语发展的不同时期,平比句、比拟句都既有各自独有的标记词(如平比句所独有的标记词“于”,比拟句所独有的标记词“犹”“似的/也似的”“譬犹、犹比、象如、象若、如似、比如、比若、似若、仿佛、好比、好像”等),也有大量的共享标记词,且共享的句法形式也占绝对优势,这就造成了平比句和比拟句之间的“斩不断,理还乱”。但从统计分析看,即使是这些共享的标记词,在与平比句和比拟句的互选上,还是呈现出了一定的动态差异和较为明显的倾向性。

2.1 “如”类标记词与平比句、比拟句的互选及发展变化

在所检阅语料中,“象似”义单音节标记词“如、若、似、像”等既可用于平比句,也可用于比拟句,但不同时期,其与两类句子的互选情

况有所不同。具体情况如表6.1①。

表6.1　“象似”义前比标记词“如、若、似、像”与平比句、比拟句互选情况

标记词	时期及两类句子使用比率									
	上古汉语		中古汉语		唐　宋		元		明　清	
	平比/比拟	比率	平比/比拟	比率	平比/比拟	比率	平比/比拟	比率	平比/比拟	比率
如	31/468	0.066 2	207/1 263	0.163 9	54/1 175	0.045 9	16/260	0.061 5	99/2 645	0.037 4
若	1/255	0.003 9	0/290	0	0/84	0	0/27	0	1/135	0.007 4
似	0/70	0	0/68	0	25/523	0.047 8	22/274	0.080 3	22/1 103	0.019 9
像	0/0	0	0/13	0	0/2	0	0/0	0	52/256	0.203 1

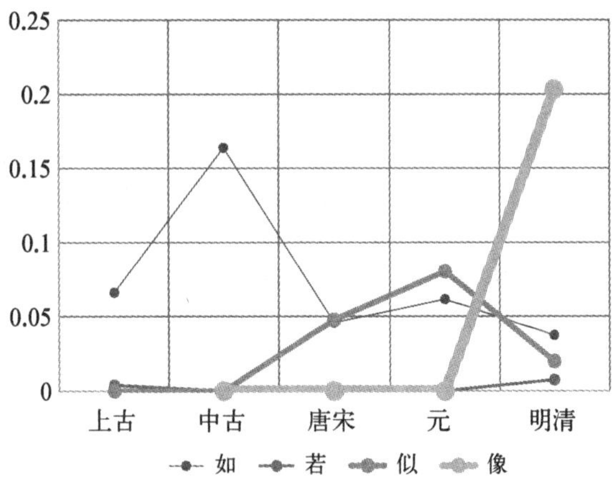

图6.1　平比句与比拟句中“象似”义前比标记词使用比率变化曲线图

① 统计时把比拟标记相同的比拟句和比拟式合计在一起，以下统计皆如此。另外，凡是比较标记为“不如”“不若”“不似”等形式上为平比句否定式，但语义上属于差比句的句子，不统计在平比句使用频次中。

从表 6.1、图 6.1 可以看出,总体上比拟句都是此类标记词的优选项。四个标记词中,“似、像”早期仅用于比拟句中,宋元时期才开始成为共享标记词,既可用于比拟句,也可用于平比句;“如、若”从上古到清代,两种句式都有使用。从历时角度看,“如”用于平比句的比率基本是逐步下降,唐宋时期几乎跌入谷底;“像”用于平比句的频次则是从无到有,明清时期用于平比句的比率明显高于其他像似义动词;“若”“似”变化一直不大,但从趋势上看,“若”用于平比句的比率元代以后稍有上升,“似”有所下降。

在“如”类双音节前比标记中,“譬犹、犹比、象如、象若、如似、比如、比若、似若、仿佛、好比、好像”等只用于比拟句中,但“如同”例外,既可用于比拟句(唐宋始现),也可用于平比句(元代始现),不过使用频次都比较有限。在所检阅语料中,“如同”用于平比句和比拟句的比率是 0.067(5/75),其用于平比句时,基本为双标记句(后标记为“相似”“一样”),这可能是“如同”中的“同”仅用于双标记平比句所致。从使用比率和具体用例情况来看,比拟句是“如同”的优选项,而由其构成的平比句也不是平比句家族中的典型成员。

2.2 “与”类标记词与平比句、比拟句的互选及发展变化

在所检阅语料中,伴随义介词“与、同、和、跟、搭”等多用于平比句,宋代以后,“与、和、跟”偶尔也可以用于比拟句中,但使用频次非常低。“与”表示比拟的用法仅出现在《全宋词》中(仅“X 与 Y 一般 W”一种用法,2 例),此后在所检阅的语料中再无表比拟的用例。随着时间推移,“与”在平比句中所占比率也发生了明显的变化①,唐宋占到了整个平比句总量的 64.72%,元代则断崖式下降,只占到了平比句总量的 6.78%,明清虽然有所回升,但依然较低。

---

① “与”字平比句在各时期平比句总量中的占比分别是:上古汉语 47.89%,中古汉语 56.31%,唐宋时期 64.72%,元代时期 6.78%,明清时期 15.02%。

“同”唐宋即开始用于平比句(且一直只用于平比句),使用频次很低,在所检阅的所有语料中,总共仅 8 例。前比标记词“和”元代始现,最初只用于平比句,明清开始也可用于比拟句,二者的使用频次都很低,但从使用比率看①,平比句是其优选项。前比标记词“跟”“搭”清后期出现,“跟”在平比句和比拟句中都只有 1 例,“搭”是方言词,只用于平比句。

从以上的分析可以看出,除“跟”之外,其他“与”类标记词的优选项都是平比句,但随着时间推移,“与”字呈现出明显的消亡趋势。

2.3 “似样”类后比标记与平比句、比拟句的互选及发展变化

在所检阅语料中,“似样”类后比标记词“相似”“一般”“一样”均既可用于平比句,也可用于比拟句,但出现时间不同,不同时期与两类句子的互选情况也有所不同。“相似”中古汉语中就已出现,最初只用于平比句中,唐宋开始也可以用于比拟句;“一般”唐代始现,“一样”宋代始现,均是一出现即可用于两类句中。三个标记词在不同时期与两类句子的互选情况如表 6.2。

表 6.2 “似样”类后比标记词与平比句、比拟句互选情况

标记词	时期及两类句子使用比率							
	中古汉语		唐　宋		元		明　清	
	平比/比拟	比率	平比/比拟	比率	平比/比拟	比率	平比/比拟	比率
相似	92/0	0	11/209	0.053	2/4	0.5	13/60	0.217
一般	0	0	125/14	8.929	26/39	0.667	203/945	0.215
一样	0	0	9/5	1.8	0	0	100/56	1.786

① 明清时期,“和”用于平比句的有 9 例,用于比拟句的 4 例。

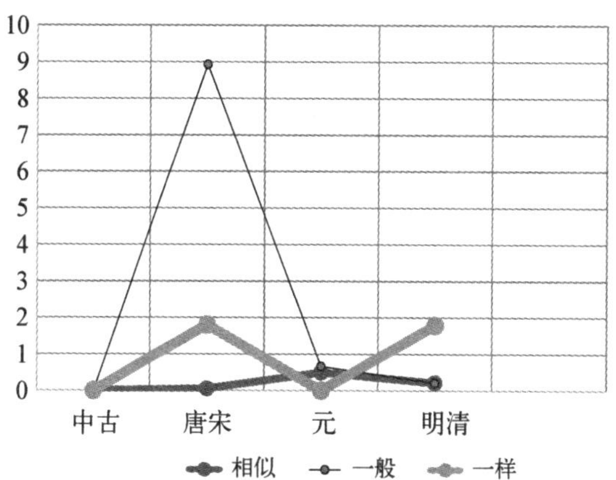

图 6.2　平比句与比拟句中"似样"类后比标记词使用比率变化曲线图

从表 6.2、图 6.2 可以看出,"似样"类后比标记词在其使用之初,平比句都是优选项,但随着时间推移,开始出现分化。"相似"唐宋开始,比拟句即成为优选项。"一般"变化最为显著:唐宋时期平比句占绝对优势,元代比拟句逆转为优选项,明清时期比拟句优势继续扩大。"一样"使用频次随着时间推移而有所增加,但平比句占绝对优势的地位没有变化。

2.4　小结

从以上考察可以看出,同一标记既可用于汉语平比句也可用于比拟句的情况比比皆是,但在历史发展中,不同标记词在对两类句子的选择上,随着时间的变化呈现出了不同的趋势,唐宋时期就是这些共享标记词选择变化的分水岭,此后比拟句成为"如"类标记词、"似样"类标记词中的"一般""相似"的优选句类。与此相对的是"与"类标记词,也是先用于平比句,之后进入到比拟句中,但平比句始终是此类标记词的优选项。

从标记词对平比句、比拟句选择的变化可以看出,绝大多数共享标记词都是先用于平比句,而后再进入到比拟句中的,这也与世界语言的普遍演化规律一致,即,平比标记→比拟标记①。

三、特殊构式来源及相关问题讨论

3.1 关于"X 如/似 Y 一般""X 与 Y 一样(W)"的来源及相关问题讨论

关于"X 如/似 Y 一般"的来源问题,学界存在一定的争议。主要有以下几种观点:

第一种:语序变化说。代表学者有 Peyraube。Peyraube(1989)指出:古汉语的平比句式最初是"X+A+如/若+Y",宋元时期发生了语序上的变化,成为"X+如/若+Y……",在 Y 后面,可以出现形容词"一般","一般"和古汉语中"如……然"句中"然"的性质一样。②

第二种,添加说。代表学者有李讷、石毓智、张美兰、姚尧,但几位学者对句式中"一般"词性的看法有所不同。李讷、石毓智(1998)认为这种结构是宋元时期"X 似 Y"式加上助词"一般"而来,且认为"一般"是一个羡余成分,主要作用是区别于比较级的"似"字句,"单从语义上讲,这个羡余成分实在没有必要"③。张美兰(2003)与此观点类似:"首先比拟句在古汉语中以'本体+像义动词+喻体(+助词)'的形式出现,到唐代新的比拟助词'相似、一般'出现(主要用'相似'),发展为'本体+像义动词+喻体+相似/一般'式。"④姚尧(2015)提出,"X 似/如/像 Y 一般"类比拟式是由"XY 一般"式加上像义动词"似/如/像"类而来,理由主要有三:第一是"XY 一般"句式在唐代

---

① 参看魏阳阳:《汉语平比范畴研究》,博士学位论文,华中师范大学,2019 年第 182 页。

② 参看 Peyraube, Alain (贝罗贝) 1989 *History of the Comparative Constructions in Chinese from the 5th Century B.C. to the 14th Century A.D.*, Reprinted Proceeding on the Second International Conference on Sinology Academia Sinica (Taipei).

③ 参看李讷、石毓智:《汉语比较句嬗变的动因》,《世界汉语教学》1998 年第 3 期。

④ 参看张美兰:《从偏正结构的认知基础看近代汉语比拟结构的发展》,《对外汉语的跨语言研究——汉语学习与认知语言国际研讨会论文集》,北京语言大学出版社,2003 年。

出现并普遍使用,出现时间早于"X 似/如一般",提供了"XY 一般"是"X 似/如 Y 一般"前身的时间证明;第二是由于"XY 一般"既能表达比较,又能表比拟,界限不清,需要加上像义动词使其在语义上更为明确;第三是从元至清,"Y 一般 VP"的用例不断减少,"似/如/像……一般"用例不断增加,因此说明"Y 一般 VP"是旧用法,所以在逐渐衰落①。

第三种,类推说。代表学者有魏培泉和张赪。魏培泉(2009)明确指出:唐宋时期的"一般"意思原本也相当"一种",其中"般"和"种"为近义词。因此推断唐宋的"X 如 Y 一般"是继承了中古的"X 如 Y 一种"②。张赪明确指出:"与……一般"是受比拟句"如/似……相似/一般"影响而产生的,比拟结构中比拟助词是必须出现的,因此"与……一般"是一个框式结构,"一般"也是必须出现的,"一般"为助词。(张赪 2010:64—65)

第四种,词汇兴替说。代表学者有姜南(2016)。姜文指出:宋代表示相同的"与……一般/一样"句可视为对中古框式等比结构"如……等/许"的词汇替换,之后遵循相同的生成机制,形成"与……一般/一样……"形式的框式平比句。③

张福通(2021)通过考察"一般""一样"的语法化过程,指出"一般"的语法化路径为数量短语>形容词>助词;"一样"的语法化路径为数名短语>形容词>助词,即"一般""一样"都是先进入到平比句和比拟句中,最后才语法化为比拟助词④。

汉语中"X 与 Y 一般/一样 W"类平比句和比拟句的发展历程究

---

① 参看姚尧:《"一般"的词汇化与语法化——兼谈"X 如 Y 一般"类比拟式的来源》,《语文研究》2015 年第 1 期。

② 参看魏培泉:《中古汉语时期汉文佛典的比拟式》,《台大文史哲学报》2009 年总第 70 期。

③ 参看姜南:《汉语比较句的混同发展与分立定型》,《语言教学与研究》2016 年第 5 期。

④ 参看张福通:《存续性语义特征视角下的语法化 ——基于"一概""一律""一般""一样"的分析》,第十二届中古汉语学术研讨会,2021 年。

竟是如何？该句式的产生对“一般”“一样”的语法化有何作用？还需进一步讨论。

首先，关于比拟助词添加说的问题。从所查阅和统计的语料看，“一般”最早进入类似结构的时间是唐代，但句法格式最初为“X与/似Y一般”（也偶见“XY一般”用例），整个句义表达的是“异同”关系，“一般”在句中做谓语，词汇意义比较明显，是表示“同样、没有差别”义的形容词。宋代，“X似/如Y一般”也开始表示比拟意义，从语义上看，此类格式中的“一般”确实稍显冗余。但从时间先后看，实词性“一般”先出现在此类格式中的，所以很难说是“X似/如Y一般”是由“X似/如Y”添加比拟助词“一般”而来。

其次，关于“X如Y一般”即“X如Y一种”的问题。“X如Y一种”“X如Y一般”使用语料范围明显有别，“X如Y一种”基本只用于佛经文献中，中土文献未见用例；“X如/似Y一般”唐代始现，唐宋都多出现在与佛经有关的中土文献中，所以有理由认为“X如/似Y一般”可能在一定程度上受到了“X如Y一种”的影响，但是否就是直接对“X如Y一种”的替换，还需要找出更多的例证。

最后，关于像义动词添加说的问题。此种观点的一个重要依据是添加像义动词后，可以使“XY一般”句义专门化、比拟义显化。但从本书所考察的语料看，“X似/如Y一般”并非只能用来表示比拟，即使在姚文所认为的“一般”已经语法化为比拟助词的元明清时期，“X似/如Y一般”表示平比的用法依然时或可见，如明清时期的“原来秦楼最广大，便似东京白樊楼一般，楼上有六十个合儿，下面散铺七八十副卓凳”（《喻世明言》卷二十四），就是用来表示平比。从这点上看，不能说“X似/如Y一般”是为了标记“XY一般”表比拟的用法而新产生的一种形式。在本书所考察的语料中，与“X似/如Y一般”相类似的“X像Y一般”也是既可表比拟，也可表平比。姚文的另一个证据是“Y一般VP”和“X如/似/像Y一般”两种句法格式的此消彼长。笔者认为，判断一种格式的新旧，不能完全依据用例的多寡，因为语言具有渐变性和社会适应性,即使晚出现的语言现象,如与通行语言不能很好地融合,也可能很快就退出历史舞台。如元代才出现的比拟助词"也似",现代汉语已经基本不用,而上古汉语就已使用的"如""似"等,却依然活跃在现代汉语中。

关于"一般""一样"类平比句和比拟句的来源问题,本书更倾向于类推说;关于二者的词性问题,本书认为进入平比句或比拟句之初都是形容词,当该句式中形容词性比较结果高频出现后,"一般""一样"才进一步虚化为比拟助词。

正如张福通(2021)所言,唐代"一般"由表"同一种类"的数量短语,进一步词化为形容词,表示局部特征相似,义为"同样的、没有差别的"①。当"一般"词化为形容词后,唐代经常出现的"XY 一般"受到"X 与 Y 相同"等异同句的影响,"X 与 Y 一般"句开始出现。因为"XY 一般"和"X 与 Y 一般"虽然都可表示 X 与 Y 相同,但"XY 一般"重在陈述 XY 具有相同之处,基本无比较意味,并不是本书所说的异同句;而"X 与 Y 一般"因有介词"与"的介引,使得 X、Y 在句中的地位变得不平等,X 与 Y 相同的结论是在与 Y 比较的基础上得出的,"X 与 Y 一般"是表示异同关系的平比句,"一般"在做谓语的同时,也可看作平比句的后比标记。可以说,唐代"X 与 Y 一般"平比句的出现,就是"X 与 Y 相同"类推的结果。唐代既可表示比拟也可表示异同的"X 如 Y 相似"出现,此类句式中的"相似"与"X 与 Y 一般"中的"一般"功能和句法位置相同,这为"一般"进入"如"类双标记句提供了可能。据此,本书认为宋代新出现的"X 如/似 Y 一般"应该也是唐代即已出现的"X 如 Y 相似"类推的结果②。宋代数名短语"一样"词化为形容词,受到同义"一般"的影响,平比句"X 与 Y 一样"也开始

① 参看张福通:《存续性语义特征视角下的语法化——基于"一概""一律""一般""一样"的分析》,第十二届中古汉语学术研讨会,2021 年。

② 正因为"X 与 Y 一般"早于"X 如/似 Y 一般",所以笔者认为词汇兴替说中关于"X 与 Y 一般"是对中古框式等比结构"如……等/许"的词汇替换后再遵循相同的生成机制形成的说法值得商榷。

出现。

关于框式平比句"X 与 Y 一般/一样 W"来源问题,张赪(2010)曾有明确论述,即此类句式不是由"X 与 Y 同"中的"同"换成形容词,再加上助词"一般、一样"而来,而是在"X 与 Y 一般/一样"这样的异同句的基础上加上表示比较结果的部分而成。笔者基本同意张文中的观点。但为何在"X 与 Y 一般/一样"出现不久就出现了"X 与 Y 一般/一样 W"式,而"X 与 Y 相同"发展了几千年,依然不能在其后加上形容词？通过考察发现,在整个异同句的历史发展过程中,每一阶段"X 与 Y 相同"都是其使用频率最高的句法格式,且比较参项单一(多为名词性成分),"相同"重在述实,句义相对明确。宋代"X 与 Y 一般"和"X 似 Y 一般"都可表示异同关系,"X 似 Y 一般"同时还可以表示比拟关系,比拟句强烈的主观性导致此类句式中的"一般"更多表达的是言者的主观评价,因此也使得"X 与 Y 一般"只有具备明确的比较属性(W),才能满足平比句"叙实"的句义要求。另外,宋代"基准+结果"类平比句也已占优势。正是这些因素一起,促成了"X 与 Y 一般"出现不久,"X 与 Y 一般 W"就紧接着出现了。而"X 与 Y 一样 W"只是"X 与 Y 一般 W"类推的结果。

"一般""一样"出现在表异同关系句中时,都是表示实在意义的形容词,"X 与 Y 一般/一样 W"格式出现后,因为比较属性 W 取代了"一般、一样"成为句中的谓语核心,"一般、一样"开始虚化,最后成为与古代汉语后比标记"然、馨"等一样的比拟助词。

3.2　"Y 相似/也似"来源问题的再讨论

关于"Y 相似/也似"中"相似""也似"的来源问题,学界争议较大。李思明(1998)认为,"相似"作为比拟助词,晚唐已经出现,是虚化的结果,是汉语自身发展的产物①;江蓝生(1999)指出,"这种比拟

---

① 参看李思明:《晚唐以来的比拟助词体系》,《语言研究》1998 年第 2 期。

式不是汉语原有的比拟式的继承和发展，而是模仿阿尔泰语（主要是蒙古语）比拟表达词序而产生的新兴的比拟式，是在特定历史社会条件下语言接触和融合的产物”①；石毓智、李讷（2001）认为“元明时期的词尾‘也似’有可能从汉语内部发展出来”②；张美兰（2003）认为“金元新的比拟结构的产生和使用是汉语比拟句自身发展的结果。它以汉语偏正结构产生的认知结构为基础，实现句式的转换和省略，是在比拟词的虚化与比拟助词的兴替交互作用下完成的”③。魏培泉（2009）认为“X 相似”是“如 X 相似”省略“如”的结果④；杨永龙（2014）支持并重申江文中的观点，他指出“‘X+相似/似/也似’及相关动源后置词的产生和发展既离不开汉语自身发展和结构制约，也受到语言接触的影响”⑤。

在所检阅语料中，唐宋汉语中“X 如 Y 相似”已经出现，但多出现在与佛教有关文献中。正如魏培泉（2009）所言：由于语义上“相似”和“如”近乎无别，加上又是要配合节律，“如”就有被省略的可能⑥。在本书所检阅的唐宋汉语中，“Y 相似”也出现了 22 次，二者在时间上有一定的相承关系，“Y 相似”由“X 如 Y 相似”省略而来成为可能。

金元时期用在名词、动词及其短语之后的“Y 也似”格式，和唐宋汉语中已有的“X 也似 Y”有何关系，值得进一步挖掘。从严格意义上看，唐宋汉语中“X 也似 Y”中的“也似”应该是一种跨层结构。但由

---

① 参看江蓝生：《从语言渗透看汉语比拟式的发展》，《中国社会科学》1999 年第 4 期。

② 参看李讷、石毓智：《汉语比较句嬗变的动因》，《世界汉语教学》1998 年第 3 期。

③ 参看张美兰：《从偏正结构的认知基础看近代汉语比拟结构的发展》，《对外汉语的跨语言研究——汉语学习与认知语言国际研讨会论文集》，北京语言大学出版社，2003 年。

④ 参看魏培泉：《中古汉语时期汉文佛典的比拟式》，《台大文史哲学报》2009 年总第 70 期。魏文中的“X”指喻体，相当于本文中的“Y”。这一观点也是对叶建军（2008）“（S）如/恰似/犹如/是 X 相似”是比拟句式“（S）如/恰似/犹如/是 X”与比拟句式“（S）X 相似”的糅合，即“比拟动词在 X 前与比拟动词在 X 后的比拟句式的糅合”的直接否定。

⑤ 参看杨永龙：《从语序类型的角度重新审视“X+相似/似/也似”的来源》，《中国语文》2014 年第 4 期。

⑥ 参看魏培泉：《中古汉语时期汉文佛典的比拟式》，《台大文史哲学报》2009 年总第 70 期。

于受汉语音步规律的影响，"X 也似 Y"句中的"也"和"似"似乎更倾向于按照一个语块（甚至可以说"词语"）去拼读和理解。但是为什么"X 也似 Y"唐宋时期才开始出现，元明以后就消失了呢？笔者认为，一方面可能是为了适应蒙古语语序的需要，直接将其后移；另一方面，也受到了汉语已有的"Y 相似"的影响，使其后移"有据可依"。"X 也似 Y"即"X 与 Y 相似"。"X 如 Y"受到"X 与 Y 无异"的影响而类推出"X 如 Y 无异"，"X 与 Y 相似"又受其影响类推出"X 如 Y 相似"，即"X 如 Y 相似"并非直接从"X+与+Y+相似"类推而来，而是从"X 如 Y 无异"类推而来，"X+与+Y+相似"是源头，是桥梁。之后"X 如 Y 相似"又省略为"Y 相似"①。

因此有理由认为，"Y 也似"就是"Y 相似"类推的结果。"Y 也似"产生后，受到直译的影响，其语法功能也产生了较大变化，由以前主要用作谓语，变化为主要用作状语。所以可以说，金元时期"Y 也似"格式的产生，从某种意义上来说也是一种"旧瓶装新酒"的现象。

3.3　关于"X 不比 YW"类比较句判断问题

谢仁友（2006）指出："X 不比 Y·Z"是个歧义句式②，包含三种语义类型：Ⅰ. 陈述差异，Ⅱ. 陈述差距，Ⅲ. 否定差距。其中，Ⅰ型是宋代以来汉语中一直存在的，其他两种类型则是五四运动以后在外语的影响下通过扩展或直接产生的。③

"X 不比 YW"在唐宋时期，尤其是唐诗宋词中使用很多，但正如张赪所言：这些句子大部分都有歧义，既可理解为平比句，也可理解为差比，"不借助其他成分或手段，单纯的'比'字比较句是很难明确表示平比或差比的"。（张赪，2010：87）

---

① 参看魏培泉：《中古汉语时期汉文佛典的比拟式》，《台大文史哲学报》2009 年总第 70 期。

② 这里的"Z"表结果，相当于本书所说的"X 不比 YW"中的"W"。

③ 参看谢仁友：《"X 不比 Y·Z"三种语义类型的历史来源》，《古汉语研究》2006 年第 4 期。

“比较”既是一种语义范畴,也是一种语法范畴,如果从语法形式上无法确认“X 不比 YW”的比较句属性,也可借助上下文或具体语境来判断。通过辨析所检阅的“X 不比 YW”句可以发现:当“X 弱 Y 强”时,“X 不比 YW”中的“不比”即为“比不上”“不如”,属于差比;当“X 强 Y 弱”时,“X 不比 YW”中的“不比”即为“不同于”“不像”,属于平比。

四、汉语平比句和比拟句发展演变机制探索

比较和比拟是人类认知世界的重要手段。大多数语言比较结构相对稳定,除韵律因素外,很少会发生改变,因此,比较结构就成为了判断某些语言基本语序的一个重要指标。通过考察发现,汉语平比句和比拟句情况有些例外,从古到今,不仅比较/比拟标记发生了较大变化,语序也以唐宋为分界线,前后呈现出明显的不同。而产生这些变化的动因和机制究竟是什么?韵律因素在其中扮演了什么角色?都需要进一步深入探讨。

4.1　汉语词汇双音节化的影响

在汉语平比句和比拟句的历史发展过程中,标记词的变化不仅表现在不同时期不同词汇的兴替上,也表现在同义标记词的音节变化上。中古时期,随着汉民族与外族交流的增多、佛教词汇的大量传入以及语言“形式美与精密化的需要”(柳士镇,2019:389),汉语词汇双音化脚步加快,同义复用词语也频繁出现。具体到汉语平比句和比拟句上,有两方面表现:

第一,同义复用的标记词大量出现。同义复用的标记词上古汉语即有使用,但只有“犹如、有若”两个;中古时期,同义复用的标记词则高达 15 个,有“犹如、有如、犹若、有若、有似、譬如、譬犹、犹比、象如、象若、如似、比如、比若、似如、似若”等。

第二,反义并列的比较结果的出现。中古时期,汉语表“异同”类的双标记平比句迅速增加,多个兼表比较结果的双音节后比标记如“相同、相似、相等、相类、不同、无异”等开始出现,而且使用频次较高,占到整个双标记平比句总量的24.82%,其中“X与Y相似”更是高达92次。同时,与此类构词法相类似的句法形式也开始出现,如“X如Y无有异”类平比句,这种“叠床架屋”的结构形式虽说也是语言精密化进程中的重要一环,但也在一定程度上影响了比较项居中原则。

另外,在中古汉语中,还出现了一些反义并列复合词如“大小”“大小厚薄”等充当比较结果表示质量程度相似的用例,如“四角锁上亦有金铎,铎大小如一石瓮子”(北魏杨衒之《洛阳伽蓝记》卷一)。魏培泉(2001)研究指出:平比句中反义并列复合词的运用,在一定程度压缩了“X+A+如(若)+Y”的使用空间,成为影响汉语平比句最终定型为“X+如+Y+A”众多因素中不可忽视的一个。①

因此可以说,汉语词汇的双音节化,不仅影响了汉语平比句和比拟句的比较/比拟标记,也在一定程度上影响了此类句式的语序类型。换句话说,韵律因素是影响汉语平比句和比拟句发展变化的一个重要动因。

4.2　词汇兴替与类推机制

词汇兴替是一种复杂的语言现象。就汉语平比句和比拟句而言,有些前比标记词的产生就是词汇兴替的结果,例如平比句中的“像”。汉语中,最初能够进入平比句和比拟句的前标记词主要有“如、若、似”等象义动词,近代汉语中“像”也开始进入平比句。从语义看,这些词都有“类似”义,具有共同的语义基础;从句法意义看,在

---

① 参看魏培泉:《中古汉语新兴的一种平比句》,《台大文史哲学报》2001年总第54期。

上古汉语中，“像（象）”就可用于“X象/比Y”类句中，表示X与Y类似、相似，如“雷殷殷而响起兮，声象君之车音”（汉·司马相如《长门赋》），“像”与“如、若、似”有共同的语法作用。从语言环境看，受到语言表达明晰化要求的限制，“若”退出“X+W+若/犹+Y”类平比句，这也为“像”进入平比句提供了空间。“X（+W）+像+Y”类平比句的形成并没有另外自身独立的发展演变过程，是一种较为典型的词汇替换的结果。

语法上的“类推”，有的学者也称之为“类化”。一般说来，能够发生类化的两者之间，成分意义、功能是相同的，因此，当其中一个发生了变化，另一个也就有可能随之发生途径、过程、结果基本相同的变化。汉语平比句和比拟句的发展演变，也与类推密切相关，如前文所述的“X如Y相似”“Y相似”“Y也似”的产生过程。另外，“X不比YW”类平比句的产生，也是由于受到了“X不如/不似YW”句式的影响和类推①。

4.3　语言接触

正如江蓝生（1999）所言：“语言不是一种同质系统，共时语言中的有些差异不一定都是其单线条历时层次的反映，而可能是语言渗透、语言融合造成的。”②从汉语平比句和比拟句的历史发展看，语言接触、语言融合是某些结构式产生的重要机制。从前面的分析可以看出，中古汉语和近代汉语尤其是元明清汉语中的平比句和比拟句相较于其他时期，都要更为复杂和多样。中古时期是汉民族和相关少数民族密切接触和深度融合的时期，也是佛经传入的早期阶段，佛典又以多用比拟为常；元明清时期，阿尔泰语与汉语的接触空前强烈，这两个时期都出现了一些与其他时期有别甚至迥然不同的平比

① 具体论证过程可参看谢仁友：《“X不比Y·Z”三种语义类型的历史来源》，《古汉语研究》2006年第4期。

② 参看江蓝生：《从语言渗透看汉语比拟式的发展》，《中国社会科学》1999年第4期。

句和比拟句类型,而某些类型的产生,确实是语言接触与融合的产物。比如,中古佛典中大量出现的新的平比句式如"X 如 Y 一种/相似"等,也在一定程度上强化了汉语平比句中"基准+结果"语序类型的地位,发展到唐代汉语中,汉语平比句中"基准+结果"已经成为主流语序,现代汉语中则已成为优势语序。另外,前文所述的元代汉语中新出现的"Y 也似"比拟式,虽说是由"Y 相似"类推而来,但其语法功能的变化,却是受到直译蒙古语的影响,由以前主要用作谓语,变化为主要用作状语。可以说,元代汉语中的"Y 也似"就是语言接触与语言融合的产物。

通过对汉语平比句不同历史时期表达方式的考察可以发现,汉语平比句的发展演变也存在着严格意义上的"语序创新"(语序演变)①,即"XW 如/似 Y"→"X 如/似 YW"。而之所以能发生这样的演变,既有语言自身因素如双音节化、语言经济性与明晰性要求的影响,也有外部因素如语言接触的影响。因此可以说,韵律因素、语言接触等是汉语平比句和比拟句发展演变的重要动因,双音节化、词汇兴替与类推则是其发展演变的重要机制。

通过对不同历史阶段汉语语料的考察可以发现,汉语平比句和比拟句在不同历史时期确实存在"你中有我,我中有你"的情况,但从整个历史发展来看,除了语义上"叙实""写虚"不同之外,在某些特定的历史时期,平比句和比拟句在形式上也有着严格的区分;从标记词来看,大部分标记词都是先进入平比句,而后再进入比拟句,而且不同标记词与两类句子的互选上也存在较大差异,比如比拟句是"相似"义标记词的优选项,而平比句则是伴随介词的优选项。

当然,由于自身所附有的修辞特征,汉语比拟句就如同副词一样,在一定程度上也是一个"大杂烩",既有与平比句的纠缠,也有与

① 关于"语序演变""语序创新""语序选择"等术语,参看吴福祥:《语序选择与语序创新——汉语语序演变的观察和断想》,《中国语文》2012 年第 4 期。

差比句的“剪不断、理还乱”。现代汉语普通话及不同方言中二者的具体表现形式有何差异？中国境内其他民族语言及世界不同语言在二者的使用上是否也有这种纠缠与对立？这些都是值得继续深究的问题。

参 考 文 献

蔡　莹　2012　《汉语平比句历史演变研究》，硕士学位论文，中国社会科学院。

车录彬　2016　《汉语"糅合构式"初论》，《汉语学习》第6期。

陈　勇　2017　《汉语"一般"的词汇化与语法化历程考探》，《上海对外经贸大学学报》第3期。

丁声树等　1999/1961　《现代汉语语法讲话》，商务印书馆。

邓文彬　1987　《"比"字句生成过程中的条件与制约》，《河南大学学报》第5期。

董志翘　1998　《试论〈洛阳伽蓝记〉在中古汉语词汇史研究上的语料价值》，《古汉语研究》第2期。

方一新、王云路　1993　《中古汉语读本》，吉林教育出版社。

冯春田　2000　《近代汉语语法研究》，山东教育出版社。

冯　赫　2013　《"(如)X许"比拟式与"许"的助词化》，《语言科学》第4期。

冯胜利　2010　《论语体的机制及语法属性》，《中国语文》第6期。

高育花　2007　《中古汉语副词研究》，黄山书社。

高育花　2007　《〈元刊全相平话五种〉语法研究》，河南大学出版社。

高育花、华雨　2016　《试论汉语的平比句和比拟句》，《励耘语言学刊》第2辑，学苑出版社。

高育花　2016　《元代汉语中平比句和比拟句》,《长江学术》第4期。

耿　直　2013　《基于语料库的比较句式"跟""有""比"的描写与分析》,复旦大学出版社。

顾之川　2000　《明代汉语词汇研究》,河南大学出版社。

胡承佼　2015　《"一般"的助词化及其主观描摹功能》,《汉语学习》第2期。

胡敕瑞　2013　《汉译佛典所反映的汉魏时期的文言与白话》,冯胜利主编《汉语书面语的历史与现状》,北京大学出版社。

黄健秦　2010　《"有"类平比标记的来源、发展及其机制》,《对外汉语研究》第6期。

黄映琼　2009　《梅县方言的比较句》,《现代语文》第4期。

江蓝生　1992　《助词"似的"的语法意义及其来源》,《中国语文》第6期。

江蓝生　1999　《从语言渗透看汉语比拟式的发展》,《中国社会科学》第4期。

姜　南　2012　《汉译佛经等比标记"如……等/许"探源》,《语言研究》第1期。

姜　南　2016　《汉语比较句的混同发展与分立定型》,《语言教学与研究》第5期。

蒋绍愚　2008　《唐代语言研究》,语文出版社。

蒋绍愚、曹广顺主编　2005　《近代汉语语法史研究综述》,商务印书馆。

蒋绍愚　2017　《近代汉语研究概要》(修订本),北京大学出版社。

蒋绍愚　2019　《汉语史的研究和汉语史的语料》,《语文研究》第3期。

李崇兴　2001　《元代直译体公文的口语基础》,《语言研究》第2期。

李崇兴　2005　《论元代蒙古语对汉语语法的影响》,《语言研究》第3期。

李崇兴、丁勇 2008 《元代汉语的比拟式》,《汉语学报》第1期。
李崇兴、祖生利、丁勇 2009 《元代汉语语法研究》,上海教育出版社。
李剑锋 2000 《"跟X一样"及相关句式考察》,《汉语学报》第6期。
李 讷、石毓智 1998 《汉语比较句嬗变的动因》,《世界汉语教学》第3期。
李思明 1998 《晚唐以来的比拟助词体系》,《语言研究》第2期。
李 焱、孟繁杰 2010 《汉语平比句的语法化研究》,南京大学出版社。
李韶山 2001 《语言研究中的统计学》,西安交通大学出版社。
李泰洙 2003 《〈老乞大〉四种版本语言研究》,语文出版社。
李向农 1999 《再说"跟……一样"及其相关句式》,《语言教学与研究》第3期。
梁启超 2001 《佛学研究十八篇》,上海古籍出版社。
梁伍镇 2000 《论元代汉语〈老乞大〉的语言特点》,《民族语文》第6期。
刘丹青 1996 《苏州方言的体范畴系统与半虚化体标记》,《汉语方言体貌论文集》,江苏教育出版社。
刘丹青 2003 《差比句的调查框架与研究思路》,戴庆厦、顾阳主编《现代语言学理论与中国少数民族语言研究》,民族出版社。
刘丹青 2003 《语序类型学与介词理论》,商务印书馆。
刘丹青 2008 《语法调查研究手册》,上海教育出版社。
刘明怡 2009 《〈风俗通义〉的文体特点及其文学意义》,《文学遗产》第2期。
刘 焱 2004 《现代汉语比较范畴的语义认知基础》,学林出版社。
柳士镇 2002 《萧统〈令旨解二帝义〉中的选择问句》,《古汉语研究》第4期。

柳士镇　2019　《魏晋南北朝历史语法》(修订本),商务印书馆。

龙国富　2013　《汉语处所指代词和平比句的一个早期形式及产生的原因》,《语言科学》第4期。

吕叔湘　1993/1942　《中国文法要略》,商务印书馆。

吕叔湘　1999　《现代汉语八百词》(增订本),商务印书馆。

陆俭明　1982　《析"像……似的"》,《语文月刊》第1期。

陆俭明　1989　《说量度形容词》,《语言教学与研究》第3期。

马建忠　1989/1898　《马氏文通》,商务印书馆。

钱乃荣　1999　《吴语中的虚词"仔"》,《方言》第2期。

钱锺书　1980　《管锥编》,中华书局。

桥本万太郎　2008　《语言地理类型学》,余志鸿译,世界图书出版公司。

屈承熹　1984　《汉语的语序及其变迁》,《语言研究》第1期。

盛新华、魏春妮　2011　《词汇化语法化的标准及其理据——以"一样"为例》,《湘潭大学学报》第1期。

史佩信、杨玉玲、韩永利　2006　《试论比字句的形成及其与先秦两汉有关句式的渊源关系——兼论词汇兴替》,《中国语文》第2期。

太田辰夫　2003　《中国语历史文法》(修订本),蒋绍愚、徐昌华译,北京大学出版社。

太田辰夫　1991　《汉语史通考》,江蓝生、白维国译,重庆出版社。

汪国胜　2000　《湖北大冶方言的比较句》,《方言》第3期。

汪维辉　2000　《东汉—隋常用词演变研究》,南京大学出版社。

王　强　2009　《"有""没有"型比较句研究》,硕士学位论文,上海师范大学。

王智杰　2006　《"似的"研究综述》,《北方论丛》第3期。

魏培泉　2001　《中古汉语新兴的一种平比句》,《台大文史哲学报》总第54期。

魏培泉　2009　《中古汉语时期汉文佛典的比拟式》,《台大文史哲学报》总第70期。

吴晓红　2009　《安徽颍上方言中的平比句》,《安徽农业大学学报》第6期。

魏阳阳　2019　《汉语平比范畴研究》,博士学位论文,华中师范大学。

吴福祥　2012　《语序选择与语序创新——汉语语序演变的观察和断想》,《中国语文》第4期。

夏　群　2009　《汉语比较句研究综述》,《汉语学习》第2期。

向　熹　1993　《简明汉语史》(下),高等教育出版社。

谢仁友　2003　《汉语比较句研究》,博士学位论文,北京大学。

谢仁友　2006　《"X不比Y·Z"三种语义类型的历史来源》,《古汉语研究》第4期。

邢福义　1993　《从"似X似的"看"像X似的"》,《语言研究》第1期。

熊仲儒　2016　《汉语量度有字句的句法分析》,《语言教学与研究》第4期。

许国萍　2005　《现代汉语差比范畴研究》,博士学位论文,复旦大学。

姚　尧　2015　《"一般"的词汇化与语法化——兼谈"X如Y一般"类比拟式的来源》,《语文研究》第1期。

杨永龙　2014　《从语序类型的角度重新审视"X+相似/似/也似"的来源》,《中国语文》第4期。

姚振武　2015　《上古汉语语法史》,上海古籍出版社。

叶建军　2004　《〈醒世姻缘传〉中的比拟式》,《安庆师范学院学报》第5期。

叶建军　2008　《〈祖堂集〉中四种糅合句式》,《语言研究》第1期。

叶建军　2013　《句式"X胜如Y"的形成及其演变》,《古汉语研究》

第2期。

叶建军 2020 《近代汉语句式糅合现象研究》,商务印书馆。

于立昌、夏群 2008 《比较句和比拟句试析》,《语言教学与研究》第1期。

袁毓林 1994 《一价名词的认知研究》,《中国语文》第4期。

袁毓林 1995 《词类范畴的家族相似性》,《中国社会科学》第1期。

张 赪 2005 《从汉语比较句看历时演变与共时地理分布的关系》,《语文研究》第1期。

张 赪 2010 《汉语语序的历史发展》,北京语言大学出版社。

张福通 2021 《存续性语义特征视角下的语法化——基于"一概""一律""一般""一样"的分析》,第十二届中古汉语学术研讨会,北京。

张美兰 2002 《从汉语比拟句式结构的发展看名词性偏正结构的形成》,《汉语学习》第2期。

张美兰 2003 《从偏正结构的认知基础看近代汉语比拟结构的发展》,《对外汉语的跨语言研究——汉语学习与认知语言国际研讨会论文集》,北京语言大学出版社。

张振羽 2012 《〈三言〉副词研究》,湖南师范大学出版社。

真大成 2020 《论中古"衍生性文本"的语料意义》,《中国语文》第1期。

郑慧仁 2012 《东北亚语言比较标记的类型学研究》,博士学位论文,北京大学。

志村良治 1995 《中国中世语法史研究》,江蓝生、白维国译,中华书局。

朱德熙 1982 《说"跟……一样"》,《汉语学习》第1期。

朱德熙 1985 《现代书面汉语里的虚化动词和名动词》,《北京大学学报》第5期。

朱冠明 2000 《比喻词的历时更替》,《修辞学习》第5、6期合刊。

竺洪波 2013 《英雄谱与英雄母题——〈三国演义〉与〈水浒传〉研究》,上海古籍出版社。

祖生利 2000 《元代白话碑文研究》,博士学位论文,中国社会科学院研究生院。

Andersen, Paul Kent 1983 *Word Order Typology Comparative Constructions*, John Benjamins Publishing Company, Amsterdam/Philadalphia.

Comrie, Bernard 1981 *Language Universals and Linguistic Typology*, the University of Chicago Press,《语言共性和语言类型学》1989（中译本）,沈家煊译,华夏出版社。

Greenberg, Joseph H. 1963 *Some Universals of Grammar with Particular Reference to the Order of Meaningful Elements*, Greenberg（ed.）. Universals of Language.Cambridge: MIT Press《某些主要跟语序有关的语法普遍现象》1984 陆丙甫、陆致极译,《国外语言学》第 2 期。

Haspelmath, M. & Oda, Buchholz. 1998 *Equative and similative constructions in the Languages of Europe*. John van der Auwrea. *Adberbial constructions in the Languages of Europe*. Berlin-New York: Mouton de Gruyter, 277 – 334.

Peter Henkelmann（Mainz）2006 *Constructions of Equative Comparison*, Sprachtypol.Univ.Forsch（STUF）59（2006）4, 370 – 398.

Peyraube, Alain 1989 *History of the Comparative Constructions in Chinese from the 5th Century B. C. to the 14th Century A. D.*, Reprinted Proceeding on the Second International Conference on Sinology Academia Sinica（Taipei）.

Ultan Russell 1973 *Some Features of Basic Comparative Constructions*, Working papers on Language universals（1972）9, 117 – 162.

主要引用书目

先秦

《十三经注疏》标点本,李学勤主编,北京大学出版社,1999.

《庄子集释》,(清) 郭庆藩,中华书局,1985.

《荀子集解》,(清) 王先谦撰,中华书局,1988.

《韩非子集释》,陈奇猷,中华书局,1958.

《吕氏春秋新校释》,陈奇猷,上海古籍出版社,2002.

《战国纵横家书》,马王堆汉墓帛书整理小组编,文物出版社,1976.

《睡虎地秦墓竹简》,睡虎地秦墓竹简小组编,文物出版社,1976.

西汉

《史记》,(西汉) 司马迁撰,中华书局,1982.

《战国策》,(西汉) 刘向集录,上海古籍出版社,1998.

《淮南子校释》(增订本),(西汉) 刘安撰,张双棣校释,北京大学出版社,2013.

《新书校注》,(西汉) 贾谊撰,严振益、钟夏校注,中华书局,2000.

《新语校注》,(西汉) 陆贾撰,王利器校注,中华书局,1986.

《盐铁论校注》,(西汉) 桓宽撰,王利器校注,中华书局,1992.

《春秋繁露义证》,(西汉) 董仲舒撰,中华书局,1992.

东汉魏晋南北朝隋

《汉书》,(东汉) 班固撰,中华书局,2007.
《论衡校释》,(东汉) 王充撰,黄晖校释,中华书局,1990.
《风俗通义校注》,(东汉) 应劭撰,王利器校注,中华书局,1981.
《潜夫论笺校正》,(东汉) 王符撰,彭铎校正,中华书局,1985.
《太平经合校》,王明编,中华书局,1960.
《伤寒论校注》,刘渡舟校注,人民卫生出版社,1989.
《三国志》,(西晋) 陈寿撰,(南朝宋) 裴松之注,中华书局,1999.
《抱朴子内篇校释》,(东晋) 葛洪撰,王明校释,中华书局,1985.
《搜神记》,(东晋) 干宝撰,汪绍楹校注,中华书局,1979.
《后汉书》,(南朝宋) 范晔撰,中华书局,1965.
《世说新语笺疏》(修订本),(南朝宋) 刘义庆撰,余嘉锡笺疏,中华书局,2007.
《宋书》,(南朝梁) 沈约撰,中华书局,1974.
《南齐书》,(南朝梁) 萧子显撰,中华书局,1972.
《水经注校证》,(北魏) 郦道元撰,陈桥驿校证,中华书局,2007.
《齐民要术校释》,(北魏) 贾思勰撰,缪启愉校释,中国农业出版社,1998.
《颜氏家训集解》,(北齐) 颜之推撰,王利器集解,上海古籍出版社,1980.
《洛阳伽蓝记校注》,(北魏) 杨衒之撰,范祥雍校注,上海古籍出版社,1978.
《大正新修大藏经》,(日本) 大正一切经刊行会,大正三十年.

唐宋

《入唐求法巡礼行记》,(日本) 圆仁撰,白文化、李鼎霞、许德楠校注,中华书局,2019.
《敦煌变文校注》,黄征、张涌泉校注,中华书局,1997.

《近代汉语语法资料汇编(唐五代卷)》,刘坚、蒋绍愚主编,商务印书馆,1990.
《祖堂集》,(五代) 静、筠二禅师编撰,中华书局,2007.
《全唐诗》,中华书局,1960.
《大唐三藏取经诗话》,古典文学出版社,1954.
《朱子语类》,(宋) 黎清德编,王星贤点校,中华书局,1986.
《近代汉语语法资料汇编(宋代卷)》,刘坚、蒋绍愚主编,商务印书馆,1992.
《全宋词》,中华书局,1965.

元代

《新校元刊杂剧三十种》,徐沁君校点,中华书局,1980.
《(原刊)〈老乞大〉研究》,郑光主编,外语教学与研究出版社,2000.
《大元圣政国朝典章·元典章·刑部》,李崇兴、祖生利校本,山西古籍出版社,2004.
《孝经直解》,(元) 贯云石注,来薰阁影印元刊本.
《直说通略》,台湾"中央研究院"傅斯年图书馆善本室藏(善本史部史钞类).
《全相平话五种》,文学古籍刊行社影印本,1956.
《近代汉语语法资料汇编(元明卷)》,刘坚、蒋绍愚主编,商务印书馆,1995.

明清

《水浒传》,(明) 施耐庵,人民文学出版社,1998.
《三国演义》,(明) 罗贯中,人民文学出版社,1998.
《喻世明言》,(明) 冯梦龙,中国文史出版社,2001.
《醒世恒言》,(明) 冯梦龙,中国文史出版社,2001.
《初刻拍案惊奇》,(明) 凌濛初,中国文史出版社,2001.

《二刻拍案惊奇》,(明)凌濛初,中国文史出版社,2001.
《西游记》,(明)吴承恩,中国文史出版社,2001.
《三遂平妖传》,(明)罗贯中,北京大学出版社,1983.
《金瓶梅词话》,(明)兰陵笑笑生,人民文学出版社,1985.
《醒世姻缘传》,(清)西周生,上海古籍出版社,1994.
《红楼梦》,(清)曹雪芹、高鹗,人民文学出版社,2000.
《歧路灯》,(清)李绿园,中州书画社,1980.
《儿女英雄传》,(清)文康,上海古籍出版社,2001.
《海上花列传》,(清)韩邦庆,人民文学出版社,1982.

专家评审意见(一)

本书稿运用历史句法学的理论和方法来研究汉语平比句和比拟句的历史演变,在充分占有语料的基础上,对汉语平比句和比拟句的发展演变及比较(比拟)标记产生的机制和动因进行了比较系统、深入的探讨,具有很高的学术价值。

其创获和贡献主要有三:

(一)首次对先秦至清代各个历史时期平比句和比拟句的具体类型和用法进行了比较全面系统的描写,并据此对汉语平比句和比拟句历史演变过程及其演变规律进行分析和解释,研究成果在一定程度上弥补了汉语语法演变研究的一些空缺,拓宽了汉语历史语法研究的领域。

(二)在视角和方法上,力求将汉语平比句和比拟句的演变置于人类语言演变和变异的大背景下来审视,注重运用语言类型学的理论和方法描述和解释汉语平比句和比拟句的演变过程。

(三)在描写和分析汉语平比句和比拟句的共时状态和历时演变过程中,既注意到汉语内部的动因,也关注到语言接触的因素。特别是后者,书稿有很多富有价值的讨论和分析。比如书稿认为,现代汉语标准语以及某些北方官话的比拟式"X 似地 VP"/"X 似的 NP"可追溯到金元时期的文献,这种比拟式语序跟汉语的语序类型并不一致,有证据显示,这种比拟式的产生跟金元时期阿尔泰语的影响密不可分。

书稿的不足主要是对不同时期汉语平比句和比拟句的形式分类过于琐细,不同结构形式的共性特点缺少深入分析。此外,书稿中有些解释尚欠深入。

总的说来,书稿对汉语平比句和比拟句历时演变的研究有突破,也有所创新,对汉语历史语法研究具有较高的参考价值,达到了出版水平。

吴福祥　北京语言大学

2020 年 11 月 19 日

专家评审意见(二)

比较句是汉语史上不多的内部结构语序发生了明显变化的句式,一直是汉语史研究中比较关注的问题,从吕叔湘、太田辰夫等学者开始,不断有学者进行相关研究。随着语言类型学和跨语言比较研究的兴起和深入,汉语比较句的语序因与多数 SVO 型语言不同而引起了国内外语言学界的特别兴趣,对于汉语比较句、特别是汉语比较句的历史演变一度成为学术研究的热点问题,涌现了许多有深度的研究。但是在这些研究中,多差比句研究,少平比句研究。这一方面是由于汉语平比句的情况比差比句复杂,无论是汉语史还是现代汉语方言中平比句的比较标记都要比差比句多样,平比句与比拟句也要比差比句与比拟句更难以区分,更难以厘清。另一方面,已有的类型学和跨语言比较对于平比句的研究也非常不充分,因而在研究中出现了重差比句、轻平比句的倾向。《汉语平比句和比拟句历史发展与演变机制研究》一书选择汉语的平比句和比拟句历史发展作为研究对象,选题基于汉语史的发展事实,研究结果不仅有助于揭示汉语史研究中还不甚清晰的平比句演变历程,对类型学和跨语言对比研究中的比较句研究的推进都是很有意义的。

平比句与比拟句的纠葛是影响平比句研究深入的重要因素。该书对以往关于平比句与比拟句区别的讨论作了全面系统的梳理,从结构形式、句义和比较参项的语义范畴等三方面提出了一套更为明确的区分汉语的平比句和比拟句的标准,并结合汉语史事实做了详细讨论,说明了汉语史语料中出现的特殊情况的处理方式。所提出的标准较以往更为科学,更有操作性。全书以此进行语料分析,并按平比句、比拟句两条线索结构全书,系统性强,结构严谨。

该书采取了汉语史研究经典的研究方法和结构安排,根据平比句、比拟句的历史发展分五个时期详尽描写各时期两种句式的标记词、结构构成、语序、使用频率及两种句式在不同语料和不同地域的分布情况,材料翔实,分析到位,十分清晰地呈现了各时期汉语平比句、比拟句的面貌。不仅推进了汉语史平比句、比拟句的研究,对语言学领域的相关研究也有参考和借鉴价值。书中特别注意到了语料的不同性质对句式使用情况的影响,提示汉语史的研究中要充分注意到语料的内容和语体差异对于句式出现频率的影响。

平比句与比拟句的区分是该书的一个重要贡献,但在涉及具体用例分析时,还需斟酌。如下面两例作者均看作比拟,但第 1 例可看作是对发与丝两种事物的颜色的对比,第 2 例也可看作是冰上骑羊和箭飞行速度的对比。

锦袷胡儿黑如漆,骑羊上冰如箭疾。(唐·贯休《塞上曲二首》)

临济曰:春煦发生铺地锦,婴儿垂发白如丝。(北宋·道元《景德传灯录》卷十一)

下面的例句可断句为“智慧如日出,无不开朗”,为两个陈述小句,不是平比句。

智慧未能发生。所有流布皆从意思中来。要作何用。智慧如日出无不开朗。(南宋·赜藏《古尊宿语录》卷三十一)

反义并列复合词的语义为名词性的,如“大小”指体积,“厚薄”指厚度,作者仍然将这种组合看作形容词,而将下面例句看作是平比句。如下例:

以手团之,大小厚薄如蒸饼剂,令下微浥浥。(北魏·贾思勰《齐民要术》卷七)

这些例句看作平比句的理由都应该作更充分地说明。对于平比句、比拟句同形的句式,如“X 同 Y 一般 W”等,在具体举例时,适当增加对该例句认定为比较句或比拟句的原因的阐述,可以更加突显两个句式之间的区别,更利于读者理解该书所提出的平比句与比拟句的区分标准。

该书注意到了平比句、比拟句两个句式发展的相互影响,全书结构分平比句、比拟句两条线索描写,注意到了两种句式发展的相互影响,如“从汉语历史发展看,有些平比句与比拟式的演变路径并不相同。比如元代汉语中新出现的双音节标记‘也似’,仅用于比拟式中;双标记句则基本沿袭先出现在平比句中,然后再兼用于比拟句的发展路径。”又如,宋代平比句已经是“基准+结果”占优势,而比拟句还是“结果+基准”占优势。不过,全书中这样的论述很少。从结构上说,最后应该有一节专门讨论两种句式的关系及历史演变。

一些语料时期的认定需要做更详细的说明。如《战国策》《三遂平妖传》。

一些术语的使用,要联系学界一般的使用习惯再做斟酌。如根据先秦和西汉时期平比句和比拟句共有的相同的句子类型多,而认为这在一定程度上反映了这一时期的汉语是“高度综合的汉语”。这一看法需要再考虑。

张　赪　清华大学

2020 年 10 月 3 日

《浙江大学汉语史研究丛刊》章程

浙江大学汉语史研究具有悠久的历史和雄厚的实力。作为教育部人文社科重点研究基地，浙江大学汉语史研究中心为进一步推进汉语史（包括汉字史）研究、推出一批高质量的新成果，拟组织出版《浙江大学汉语史研究丛刊》。

一、《浙江大学汉语史研究丛刊》由浙江大学汉语史研究中心负责组织编辑，面向海内外遴选高水平的汉语史研究专著（不含论文集），经同行专家和编委会审定后，由中西书局出版。每年出版 1—3 种。

二、申报《浙江大学汉语史研究丛刊》的著作须具备以下条件：

1. 研究成果的选题具有创新性，内容具有开拓性，处于学科前沿。

2. 以详实准确的汉语、汉字现象为材料依据，有清晰的理论思考、合乎逻辑的事实分析。

3. 行文简洁，表述缜密。

4. 实际字数不超过 40 万字。

5. 尚未获得副高职称的作者须有两名具有正高职称的本领域专家的推荐信。

三、《浙江大学汉语史研究丛刊》编辑委员会组成如下：

主编：汪维辉（浙江大学）、真大成（浙江大学）

编委（音序）：方一新（浙江大学）、冯胜利（北京语言大学）、胡敕瑞（北京大学）、李守奎（清华大学）、李无未（厦门大学）、李运富（郑州大学）、王云路（浙江大学）、魏培泉（台湾“中研院”）、吴福祥（北京语言大学）、徐丹（法国国立东方语言文化学院）、杨永龙（中国社会科学院）、远藤光晓（日本青山学院大学）、张洪明（澳门科技大学）、张涌泉（浙江大学）、朱庆之（香港教育大学）

编委会聘请蒋绍愚先生（北京大学）和江蓝生先生（中国社会科学院）为顾问。

四、编委会负责初步遴选申报的书稿并邀请同行专家实行双向匿名审读，召开评审会审定入选著作。

五、申报著作通过评审入选后，作者应根据审读专家及编委会的意见修改书稿，并自公布之日起两年内将定稿送交中西书局，逾期视同放弃出版。

六、有意申报者可以与浙江大学汉语史研究中心联系索取申报书。联系人：刘锋，电子邮箱：hyshi@zju.edu.cn。

浙江大学汉语史研究中心

2019 年 9 月 1 日

后　记

本书是我主持并完成的国家社科基金一般项目“汉语平比句和比拟式的历史发展与演变机制研究”（批准号：12BYY084）的结项成果。从项目批准至今，已经过去了整整十年。十年间，学术兴趣时有转移，但头脑中汉语平比句和比拟句似乎一直占有一隅。

对于平比句的关注，始于2010年在中国社会科学院语言研究所跟随吴福祥老师做访问学者期间。当时吴老师提出可关注一下汉语尤其是中古汉语平比句的发展，重点考虑平比句语序变化和汉语语序的关系，并将Haspelmath（1998）、魏培泉等人相关文章的电子版发给我，希望我能好好阅读并发现问题。因为当时学校不允许脱产学习，除了自己给学生每周要上8节课外，还同时兼任行政职务，所以一年访问学者下来，并未能如当初所想的那样，完成一篇与平比句相关的高水平论文，但对平比句的热情并未随之减退。在阅读相关研究成果和语料的过程中，我发现虽然汉语平比句和比拟句的语义和句法形式有着千丝万缕的联系，甚至相当一部分句法表现形式相同，但在某些历史时期，其标记词、结构形式却是泾渭分明。从上古汉语的“X+形容词+若/如+Y”“X+/如+Y+然”到现代汉语普通话中的“X+和/跟+Y一样+形容词”“X+像+Y+那样/似的”“X似地VP”“X似的NP”，其间经历了什么样的发展演变？新句式、新标记出现的动因是什么？是对汉语原有句式的继承和发展，还是特定社会历史条件下语言渗透、语言融合的产物？其演变的细节怎样？在不同历史阶段，不同标记词对平比句、比拟句的选择有无倾向性？这些都是我希望探究并能回答的问题。2012 年，我以“汉语平比句和比拟式的历史发展与演变机制研究”为题申报社科基金，很幸运，获得立项。

但研究过程之艰难，工作量之大，远远超出了预期。首先，平比句和比拟句如何界定？除了比较项和基准之间语义范畴存在差别外，形式上各自有无明显特征？如无，如何才能避免只靠语义判断而陷入的主观？其次，平比句和比拟句在同一时期不同语体的语料中，或者同一语体不同地域的语料中，表现形式有何差异？这些都给研究带来极大的困扰。尤其是在对不同时期语料性质判定时，不仅需要核实其使用场合（语体），还需要对其方言背景做考察。同时，繁复的行政工作也经常令我抓狂。我曾经一度想过放弃项目研究。但当前后两篇文章《试论汉语的平比句和比拟句》《元代汉语中的平比句和比拟句》得以发表并获得人大复印资料转载后，我又进一步坚定了研究下去的信心。虽然本书基本完成了立项时预设的内容，但由于能力所限，在语料判定、演变细节描写、理论探讨等方面可能都还存在着一些问题，错讹之处也一定不少，敬请读者批评指正。

在这十年平比句与比拟句研究中，我特别要感谢的是吴福祥老师。是吴老师带我走进了比较句研究的大门，也是吴老师不辞辛苦，在百忙之中帮我修改其中想要单独发表的部分章节，给了我很多建设性的意见，并鼓励我坚持做下去。同时，我还要感谢张美兰老师。张老师早在二十年前就已经开始了比拟句研究，而且著述颇丰。所以，每当我有疑惑或者所需资料不好找时，我都会想到张老师，而张老师也都是有求必应。另外，我也要感谢我们的前任院长魏崇新教授。当我遇到困难，疲惫不堪，想要放弃这个基金项目研究时，是魏院长找我谈话，要求我一定要坚持下去，一定要顺利结项，并提出如果需要，还可适当减少我的行政工作。正是这些前辈们的无私帮助和关怀，使得我最终坚持了下来。

感谢当时在读的 2012 级硕士研究生华雨帮忙搜集课题研究资料，同时手把手教我一些软件的使用！感谢 2021 级在读博士生张乐滔同学帮我校对文字！而这本书之所以能够面世，则要感谢浙江大学汉语史研究中心的资助，感谢中心真大成教授在提交评审材料过程中不厌其烦地回答我的各种问题以及真诚地鼓励！感谢书稿评审过程中评审专家所给予的肯定及修改建议！感谢真老师和中西书局姜慧老师对我拖延症的包容，感谢中西书局编辑过程中所付出的辛苦劳作！

最后，我要感谢我的爱人和女儿，感谢他们的陪伴和鼓励，他们是我在学术上努力向前的最大动力！

高育花

2022 年 3 月于北京

图书在版编目(CIP)数据

汉语平比句和比拟句历史发展与演变机制研究 / 高育花著. —上海：中西书局，2023
(浙江大学汉语史研究丛刊)
ISBN 978-7-5475-2073-4

Ⅰ.①汉… Ⅱ.①高… Ⅲ.①汉语-句型-研究 Ⅳ.①H146.3

中国国家版本馆 CIP 数据核字(2023)第 033387 号

HANYU PINGBIJU HE BINIJU LISHI FAZHAN YU YANBIAN JIZHI YANJIU

汉语平比句和比拟句历史发展与演变机制研究

高育花 著

责任编辑 姜 慧
装帧设计 梁业礼
责任印制 朱人杰

出版发行 上海世纪出版集团
中西書局(www.zxpress.com.cn)
地　　址 上海市闵行区号景路 159 弄 B 座(邮政编码：201101)
印　　刷 上海肖华印务有限公司
开　　本 890 毫米×1240 毫米 1/32
印　　张 9.625
字　　数 250 000
版　　次 2023 年 3 月第 1 版 2023 年 3 月第 1 次印刷
书　　号 ISBN 978-7-5475-2073-4/H·136
定　　价 68.00 元